근현대 전환기 중화의식의 지속과 변용

박명희(단국대학교 문과대학 부교수)
이재령(단국대학교 문과대학 조교수)
김지훈(성균관대학교 현대중국연구소 연구교수)
이찬원(숭실대학교 사학과)

근현대 전환기 중화의식의 지속과 변용

펴낸곳 _ 단국대학교출판부
등 록 _ 1968.2.27 : No. 제03-00095호

주 소 _ 경기도 용인시 수지구 죽전동 126번지
전 화 _ 031-8005-2405 팩 스 _ 031-8005-2406

2008년 8월 25일 초판 인쇄
2008년 8월 30일 초판 발행

인 쇄 _ 네오프린텍

[값 18,000원]

Published by Dankook University Press

printed in Korea

ISBN 978-89-7092-410-6 93910

근현대 전환기 중화의식의 지속과 변용

박명희 · 이재령 · 김지훈 · 이찬원

단국대학교출판부

책을 내면서

한국과 중국은 1992년 수교 이후 선린우호 협력 관계에서 최근에는 전략적 동반자 관계로 발전하였다. 중국은 한국의 최대 교역국으로 부상하였고, 정치·경제뿐 아니라 안보·사회·문화·교육 등 다방면에서 관계가 발전하고 있다. 특히 최근 몇 년 사이 한국의 대중문화가 중국에 소개되어 '한류' 열풍이 일어났으며 한국에서도 중국에 대한 관심과 중국어 학습 붐이 지속되고 있다.

이렇듯 밀접한 양국 관계 속에서 북한 탈북자 문제, 동북공정과 고구려사 문제 등으로 인한 양 국민의 감정적 갈등은 한중 관계의 그늘을 보여주고 있다. 이러한 일련의 사건들은 한국과 중국의 정치·경제 방면의 밀접한 관계 속에서 보이는 또 다른 한중 관계의 이면이라고 할 수 있다.

이러한 사건을 경험하면서 우리는 한중 간 전략적 동반자 관계 속에서도 보이지 않는 차이가 존재하고 있음을 알 수 있다. 중국의 경제적 정치적 성장 속에서 현재는 물론 미래의 한중 관계를 결정하는 요소 중 하나로 양국 국민들이 서로를 어떻게 인식하고 있는가 하는 점을 파악하는 작업은 매우 의미 있고 중요한 작업이다.

한중 관계의 바탕은 양국의 상호 인식에서 그 뿌리를 찾을 수 있다. 중국인의 한국인식은 전통적인 중화의식의 틀 속에서 지속되어 온 측면과 근현대사를 겪으면서 변용되어 온 측면이 함께 존재하고 있다. 외면적으로 한중 관계는 시간의 변화와 함께 우월에서 연대 관계로, 연대에서 우호·협력의 관계로, 그리고 동반관계로 발전하였다. 이러한 지속과 변용의 변주 속에서 현재 중국의 대한인식이 형성된 것이다. 한중 관계가 밀접해지면서 우리에게 중국이란 무엇인가라는 의문과 함께 중국에게 우리는 어떻게 비춰지고 있는가라는 질문을 던지게 된다. 이러한 질문에 대답하기 위해서는 중국인의 한국관에서 전통의 지속과 근대 이후 변용의 관계를 살펴보지 않을 수 없다.

이 책은 단국대학교 동양학연구소의 '근현대 전환기 중화의식의 지속과 변용'이라는 2003년 학술진흥재단 기초 학문 분야 연구팀의 공동 연구의 소산이다. 이 연구에는 박명희, 이재령, 김지훈, 이찬원 등 4명의 중국사 연구자가 참여하였으며, 2004년 5월의 국제학술대회에 홍콩의 주해대학(珠海大學) 문학원 원장 호춘혜(胡春惠) 교수와 상해 화동사범대학교(華東師範大學校)의 사준미(謝俊美) 교수가 참가하여 옥고를 발표하여 주셨다.

이 책은 본문과 부록으로 나뉘어져 있으며 본문은 1장에서 4장으로 구성되어 있다. 본문의 제1장은 청말민초 시기 중국 조야의 대한국관에 대해 박명희가 집필하였고, 제2장은 남경국민정부 시기 중국의 한국인식에 대해 이재령이 집필하였다. 제3장은 중일전쟁기 중국공산당의 한국인식을 김지훈이, 제4장은 근대중국 지식인의 대한국관에 대해 이찬원이 집필하였다.

제1장에서는 청나라 말기부터 1919년 5·4운동을 전후한 시기 중국 조야의 한국인식에 관해서 살펴보고 있다. 중국은 서구 열강의 침입을 받는 과정에서 근대적 민족주의 사상이 형성되었으며 특히 한국 민족의 대일 항거가 중국민족운동의 참조 기준이 되었다. 중국에서 민족 위기가 증가함에 따라 지식인층의 대한국관은 전통적 중화의식에서 파생된 우월에서부터 연대로 전환되어 갔다. 한반도에서 3·1운동이 전개되자 중국의 각종 신문들은 한국 민족의 기개에 대해 존경의 뜻을 포함한 기사를 보도하였다. 중국 지식인은 3·1운동을 보면서 대한국관에 변화를 일으켜 과거 조공의 예속 관계에서 항일 민족운동의 투쟁방법 및 책략을 배우는 대상으로 나아가서 우호연대의 관계로 변화하게 되었다. 해외로 망명한 한인 애국지사들은 상해에 임시정부를 수립하고 중국인과 항일공동전선을 결성하기도 하였다. 즉 한중 민족간의 우의를 증진시키고 공동의 적인 일제침략정책에 대한 공동 투쟁과 상호원조를 위하여 중국 각지에 사회단체를 결성하고 출판물을 발간하였다. 결론적으로 1919년 3·1운동을 계기로 중국은 과거 일방적인 우월적 중화의식에서 벗어나 상호 연대하는 대한국정책을 취하게 되었다.

제2장에서는 남경국민정부 시기 만보산사건과 관련하여 중국 국민당이 한국을 어떻게 인식하고 있었는지를 분석하고 있다. 남경국민정부의 통치이념인 손문의 삼민주의(三民主義) 가운데 민족주의는 서구 열강과 일제의 침략에 맞선 중국의 대외관계를 규정지은 사상으로 전통적 중화의식이 호혜평등과 상호부조에 의한 반제연대투쟁으로 변용되었다. 이 시기 중국은 조선에 대해 이중잣대를 가지고 대하였다. 즉 공동의 적인 일본제국주의에 대항하기 위해서는 우호 협력이 필요했던 반면, 만주 및 중국 내에 거주

하고 있던 조선인과의 갈등, 대립이 끊이지 않았다. 이러한 이중구조 속에서 만보산사건이 발생하자 국민당은 일본의 계획적이며 조직적인 대륙침략정책의 하나로 보았다. 뒤이은 조선배화폭동도 일본의 충동질과 강압에 의해 꾸며진 사건으로 보았다. 그러나 국민당은 외교 절충에 의한 타협방식으로 사건을 처리하였다. 만보산사건 처리 과정에서 국민당과 중국 언론은 폭력 사태에 직접 간여한 조선인들을 일제 침략의 하수인이라고 비하하였다. 이 시기 중국인의 대한인식은 역사적 자부심과 문화적 경제적 우월감, 지정학적 대국의식, 전통적 주종관계에 따른 보호의식 등이 복잡하게 뒤얽힌 채 특유의 중화의식이 호혜평등과 상호부조에 의한 반제연대투쟁이란 형태로 변용되어 표출된 것이다. 남경정부 시기 중국인의 한국인식은 중화의식에 의한 주종관념 대신 식민지 조선에 대한 연민과 동정 속에서 반제투쟁을 위한 동지적 관계로 바뀌었다. 그러나 재만(在滿)한인에 대한 통제와 핍박, 조선인에 관한 부정적 시각 등 이중적 성격이 강하였다.

제3장에서는 1921년 중국공산당이 창당되어 중일전쟁 시기까지의 한국인식을 살펴보고 있다. 중국공산당의 한국을 포함한 주변 국가에 대한 인식은 전통적인 중화의식 속에서 1920년 이후 코민테른의 이론적 지도의 영향이 있었고, 동시에 중국이 처해 있던 국내외 환경의 변화와도 밀접한 관련을 가지고 있었다. 중국공산당은 1930년대 장정(長征) 이후 시기에는 조선과 대만을 포함한 주변 국가들과 손을 잡고 항일을 하자고 주장하였다. 중국공산당의 주변 국가에 대한 인식은 나라의 "크기는 크지만 힘이 약한 나라"라는 현실 속에서 비록 주변 국가들을 속국이라고 보는 내적 인식이 변화하지는 않았지만 이들과 연대를 하여야 할 필요가 있었기 때문에 주변 국가와 민족에게 항일을 위해 연대할

것을 지속적으로 제의하였다. 그러나 중국공산당의 주변 국가에 대한 전통적 인식은 1939년의 「중국혁명과 중국공산당」의 논문에서 한국, 대만 등 주변 국가를 속국으로 파악하고 있는 점에서 드러나듯이 중화의식이 내재해 있었다고 할 수 있다. 그러나 1943년 카이로회담에서 조선의 독립이 국제적으로 인정받게 되자 중국공산당은 카이로선언을 수용하였다.

제4장에서는 중국의 대표적인 지식인이었던 황염배(黃炎培)가 한국을 어떻게 이해하고 있었는지에 관하여, 그가 집필한 『조선』을 중심으로 살펴보고 있다. 황염배는 한국, 일본, 동남아시아를 여러 차례 방문하여 각국의 국정을 잘 파악하고 있었다. 그는 한국을 세 차례 방문하였으며 두 번째 방문 후에 『조선』이라는 책을 출간하였다. 중국 근대사회에서 황염배 만큼 한국에 대하여 자세히 서술한 사람은 드물다고 할 수 있다. 일본이 동아시아에서 세력을 확장하고 있던 당시에 황염배는 한국에 대한 연구가 중국의 전도와 직접 관련이 있다고 생각하였다. 따라서 중국인이 한국을 주목해야 하며 한국의 대한 일본의 통치와 민정, 재정, 역사 등을 파악할 것을 강조하였다. 그러나 황염배가 『조선』에서 다룬 내용은 주로 일본에서 출판된 자료에 근거하였기 때문에 실제 상황과 다른 부분이 많이 있다. 이에 대하여 이시영(李始榮)은 황염배의 서술에 대하여 상세하게 비판하였다. 황염배의 『조선』을 통하여 우리는 중국인이 일반적으로 한국에 대하여 잘 알지 못하였으며 황염배의 한국에 대한 인식도 많이 왜곡되어 있음을 알 수 있다. 그가 『조선』을 저술한 이유는 일본에 의하여 식민지가 된 조선을 통하여 중국인이 일본에 어떻게 대응해야 하는가를 각성시키려는 것에서 찾을 수 있다.

이 책에는 부록으로 타이완 중국국민당 당사회가 소장하고 있는 한국 관련 특 16당안 목록과 중한관계 신문기사목록, 그리고 타이완 중앙연구원 근대사연구소의『국민정부와 한국독립운동사료(朱家驊檔案)』의 색인목록이 수록되어 있다.

『한특16당안(韓特16檔案)』은 중국국민당 중앙위원회 당사회에 소장되어 있는 '한국 관련 特16당안자료(韓國關聯 特16檔案資料)'의 목록이다. 목록의 내용을 통하여 1940년대 전반기 국민당과 장개석정부의 한국독립운동에 대한 지원이 매우 많았다는 사실을 파악할 수 있으며, 한국의 독립운동단체와 독립지사 및 국민당의 밀접한 관계를 파악할 수 있는 귀한 자료라 생각된다. 중한관계 신문기사목록은 근래에 출판된 몇몇 목록집과 당시의 신문기사를 토대로 하여 작성하였으며 새로 발굴한 자료들도 추가하였다.

이 책이 나오기까지 우리 연구팀은 여러 분들의 도움을 받았다. 이 지면을 빌어 이 연구가 수행될 수 있도록 지원해 주신 학술진흥재단에 감사드린다. 이 지원은 한국의 기초학문 진흥에 초석이 될 것임을 믿어 의심치 않는다. 단국대학교 동양학연구소는 연구팀을 위한 공간과 행정상의 많은 편의를 제공해 주었다. 이러한 지원은 단국대학교 동양학연구소의 동양학 발전을 위한 굳은 의지가 있었기 때문에 가능했다. 마지막으로 이 책의 출간을 맡아주신 단국대학교 출판부의 관계자 여러분들께도 감사드린다. 이 책이 한국과 중국의 상호인식에 대한 연구와 교육을 위한 작은 밑거름이 되기를 기원한다.

2008년 여름

연구책임자 박 명 희

목 차

들어가는 말

한국과 중국은 1992년 수교 이후 정치 · 안보 · 사회 · 문화 · 교육 등 다방면에서 관계가 발전하고 있다. 특히 최근 몇 년 사이 한국의 대중문화가 중국의 일부 젊은 계층의 호응을 받으며 '한류' 열풍을 일으키고 있다. 그러나 양국의 교류가 확대되면서 "동북공정"이란 이름으로 불거진 고구려의 중국사 편입문제나 단오(端午) 등 양국이 공유하고 있는 전통문화 등에 관한 편협한 해석이 일부 언론보도를 통하여 증폭되면서 양 국민 사이에 미묘한 감정적 갈등을 일으키고 있다. 이것은 곧 한중간 전략적 동반자관계의 이면에 보이지 않는 차이와 갈등요소가 존재하고 있음을 의미한다. 따라서 현재는 물론 미래의 한중관계를 결정짓는 요소 중 하나로 양국 국민들이 서로를 어떻게 인식하고 있는가 하는 점을 파악하는 작업은 매우 중요하다.

지금까지 한중관계의 연구는 극히 제한적인 범위에서 이루어졌다. 주로 조공체제(朝貢體制)나 사대교린(事大交隣)이라는 정치적 경제적 이해관계에 중점을 두고 양국의 교류 및 교역을 다루었다. 연구대상과 시기도 근현대 이전에 집중되었으며 부분적이고 단선적인 범위이었다. 이를 극복하기 위하여 한중 관계가 조공(朝貢)과 사대(事大)라는 일방적 수직적 관계 즉, 우월감을 근간으로 한 전통적 인식에서 벗어나 이른바 중화질서(中華秩序)가 해체된 이후의 20세기에 전개된 상호관계를 현재적 수평적 관점에서 이해할 필요가 있다.

20세기 전반 한국과 중국은 일본과 서구 제국주의열강의 침략을 받았다는 공통점이 있다. 또한 두 나라는 식민지 혹은 반식민지(半植民地) 상황을 탈피하려는 지향성도 공유한 시기였다. 따라서 1894년에 청일전쟁(淸日戰爭)으로 동아시아의 전통적 국제질서인 조공체제가 무너진 이후, 특히 신해혁명(辛亥革命)부터 1949년 중화인민공화국이 수립되기까지 전환기 중국의 한국인식에 관하여 검토해 볼 필요가 있다.

해방 이후 한중 양국간 상호인식과 교류는 다분히 이념적이며 체제 옹호적 가치판단에 따라 좌우되었다. 1970년대 후반, 중국의 개혁개방과 특히 한중 수교 이후 그동안 제한적이던 연구 분야가 확대되면서 근현대 한중관계에 대한 관심이 고조되었다. 최근 중국인의 한국관에 대해서는 일부 연구가 있으나 가장 중요한 변용시기인 20세기 전반 중국의 한국인식에 관한 연구가 없어서 체계적이고 계통적인 이해에 장애가 되었다.[1)]

상대적으로 한국의 중국인식에 관해서는 일제 식민통치의 한계를 염두에 두고 한국인, 한국언론을 통해 본 중국관을 분석해 왔다.[2)] 그 내용상 자료수집 및 정리의 성격을 띤 글들이 많았고,

1) 한국독립운동에 관한 중국정부의 지원 및 협력관계를 다룬 기존의 연구는 다음과 같다. 崔鳳春, 「大韓民國臨時政府와 中華民國政府의 關係」, 『韓國民族獨立運動史硏究』 16 (서울: 韓國民族獨立運動史硏究會, 1997); 胡春惠 지음, 신승하 옮김, 『중국에서의 한국독립운동』 (서울: 단국대출판부, 1978).

2) 이와 관련된 연구 성과는 이재령, 「南京國民政府時期 韓國言論의

주제별로는 중국에서 활동하던 한국 특파원들이 쓴 글을 통해 중국을 이해하고 있다. 그밖에 한국과 중국이 함께 관련된 특정 사건에 관한 언론분석을 통해 양국간 상호인식 및 대응과정을 규명한 연구가 있다.[3] 그러나 같은 시기에 중국인의 시각에서 바라본 한국인식 즉, 식민지하의 한국 상황과 그와 관련된 대한인식(對韓認識)을 다룬 연구는 미약한 실정이다.[4]

특정 국가에 대한 이미지의 형성 및 변화과정은 기본적으로 그 나라의 역사배경이나 정치·경제·사회·문화의 상호관계와 외교정책 등에 의해 큰 틀이 형성된다. 또한 그 나라와 직결된 특정 사건을 둘러싼 정부간 인식과 대응 및 이에 대한 구성원의 여론이나 반응이 실질적 영향을 미친다. 이런 점에서 근현대 전환기 한중관계와 그에 따른 상호인식은 한국의 피식민 지배와 중국의 혁명운동이란 정치상황에 의해 제한받을 수밖에 없다.

한국은 그 지정학적 특성으로 인하여 근현대시기 동아시아에서의 국제정치 변화에 밀접하게 관련되어 왔다. 19세기 중엽이래, 서구열강의 아시아에 대한 침략정책이 격렬하게 진행되면서

中國認識 -『東亞日報』(1929-1935) 기사를 중심으로-」, 『中國學論叢』 第15輯 (서울: 韓國中國文化學會, 2003.), 286-287쪽 참조.

3) 閔斗基, 「滿洲에서의 萬寶山사건(1931)과 한국 언론의 대응 -상이한 민족주의적 시각-」, 『東洋史學硏究』 第65輯 (서울: 동양사학회, 1999.); 孫乘會, 「萬寶山事件과 中國共産黨」, 『東洋史學硏究』 第83輯 (서울: 동양사학회, 2003.).

4) 선행연구로는 裵京漢, 「孫文의 중화의식과 한국 독립운동」, 『역사비평』 1999년 봄호 (서울: 역사문제연구소, 1999); 배경한, 『쑨원과 한국 -중화주의와 사대주의의 교차』 (서울: 한울, 2007) 劉鏞泰, 「中國人의 '南朝鮮 漢城' -20세기 中華主義-」, 『동아시아역사연구』 제4집 (서울: 동아시아역사연구회, 1998); 진재교 외 지음, 『근대전환기 동아시아 속의 한국』 (서울: 성균관대학교 출판부, 2004) 등이 있다.

한·중·일 3국은 비로소 그 문호를 개방하고 본격적으로 근대화 작업을 전개하게 되었고 그 과정에서 일본은 서양의 문물제도를 본받아 근대국가로 성장하여 단연코 선두에 나서게 되었다. 그 후 일본이 취하게 된 해외진출정책이 침략의 성격을 띠면서 조공체제로 표현되는 중국중심의 세계질서가 큰 타격을 입게 되었다.[5] 정한론(征韓論), 유구병합(琉球併合), 대만출병(臺灣出兵) 등으로 일본의 팽창주의가 노골화되면서 청의 한반도에 대한 관심이 점차 커지게 되어 조선문제는 중국의 대외정책에 있어서 중요성을 띠게 되었다.

전통적 한중관계는 유교적 동양문화의 특색을 띠고 있으며 양국의 국가이익을 극대화시키는 목적에서 이루어졌다고 볼 수 있다. 즉 조선은 중국적 질서에 복속함으로써 왕의 정치적 정통성을 인정받고 외침으로부터 보호받았다. 또한 중국의 안보 유지에 한국은 결정적으로 중요한 위치를 차지하고 있었는데 여기에서 순치(脣齒)관계의 의미를 이해할 수 있다. 그러나 1870년대 이후 한국에 대한 일본·러시아의 영토확장적 야심은 이러한 전통적 한중관계에 변질을 요구하게 되었다. 따라서 종래의 정교(政敎)·금령(禁令)·불간섭(不干涉)의 원칙은 파기되고 실질적 간섭통제정책으로 수정하여 제국주의적 성격과 면모를 갖추게 되었다. 중국은 청일전쟁에 패함으로서 한반도에서의 영향력을 상실하게 되었고, 일본은 대륙진출을 꾀하며 1910년 한국을 병탄하고 제1차 세계대전이 진행되던 시기인 1915년에 중국을 향하여 21개조 요구를 강요하는 등 중국을 적극적으로 공략하게 되자 중국조야(中國朝野)는 위기의식이 높아지기 시작하였다.

5) 朴明熙, 「전통중국의 국제질서체계와 그 현재적 의미」, 『21세기의 세계질서: 변혁시대의 적응논리』 (서울: 오름, 2003), 191-192쪽.

이와 같이 일본의 한국에 대한 침략정책의 전면적 강화 및 그 침략정책이 남만주 일대로 확장·연장되자 일제에 대응하여 전개한 한민족의 투쟁은 중국 지식인들로 하여금 한국에 대한 관심을 집중시키는 조건이 되었다. 따라서 일제에 의한 한국의 식민지화는 중국의 민족운동 전개에 중요한 원동력이 되었다. 한편 일제의 강압에 의한 한국인들의 전면적 저항은 비슷한 입장에 처해있던 중국인들을 크게 격려하고 고무하였다. 특히 중국의 언론매체들은 한국의 3·1운동에 대해 적극적으로 보도함으로써 중국에서도 한국에서와 같은 제국주의에 대한 대중적 저항운동이 일어날 수 있는 분위기를 조성하였다. 따라서 3·1운동의 선행이 없었다면 5·4운동은 별도의 과정을 거쳤을 것이고 5·4운동의 계기가 없었다면 한국의 민족투쟁은 곤란에 봉착했을 것이라고 보는 견해는 수긍이 간다.[6]

20세기 초까지 중국지식인의 한국에 대한 인식은 전통적 천조상국(天朝上國)의 중화의식, 즉 문화적 우월의식의 영향에서 벗어나지 못하였으나 3·1운동을 계기로 대한의식을 수정하게 되었다. 특히 5·4운동을 경험한 이후부터 한중관계는 일제라는 공동의 적을 맞아 과거의 '번속조공(藩屬朝貢)'의 예속관계(隷屬關係)로부터 한국과 중국이 병견작전(竝肩作戰)하는 연대관계로 변화하게 되었다.

---

6) 3·1운동과 5·4운동의 관련성에 대한 연구성과는 적지 않다. 국내뿐 아니라 국외에서 특히 당사국에서 이루어진 연구결과 중 林明德, 「'三一運動'與'五四運動'的關聯」, 『近代中日關係史』 (臺北: 三民書局, 民國73); 小島晋治, 「'三一運動'與'五四運動' -其關聯性」, 『韓國學報』 第2期(臺北:中華民國韓國硏究學會, 民國70); 朴明熙, 「'五四'與'三一'運動發生背景之比較硏究」 (政治大學歷史硏究所碩士論文, 民國75)의 중문논문과 小野信爾, 「3·1運動과 5·4運動」, 『日帝下韓國社會構成體論』(서울: 청아출판사, 1986)가 있다.

1920년대 후반부터 1940년대까지 중국을 지배했던 남경국민정부(南京國民政府 이하 南京政府)는 장개석(蔣介石)의 주도하에 북벌(北伐)을 완성하고 훈정(訓政)에 의한 근대국민국가를 지향하였다. 하지만 남경정부는 당내의 반장세력(反蔣勢力)과 공산당의 도전에 직면하였고, 일본의 계속된 침략으로 온전한 국가기능을 수행하기 어려웠다. 식민지 한국도 임시정부의 형태로만 존재할 뿐이어서 중국정부와 정상적인 교류는 기대할 수 없었다. 이 때문에 남경정부시기의 한중관계는 국가간 외교관계보다 민간접촉에 따른 현안을 토대로 규명하는 것이 실질적이다. 말하자면 중국의 대한국관에 직접 영향을 미친 사건을 중심으로 분석할 필요가 있는데 재만한인 및 조선 화교사회에서 발생한 문제나 중국 내의 한국독립운동 등을 통해 중국의 대한국관을 이해하는 것이 첩경이다.[7)]

1931년 7월에 발생한 만보산사건(萬寶山事件)과 조선배화사태(朝鮮排華事態)는 한중 양국간 첨예한 대립양상을 띠었던 사안으로,[8)] 이에 대한 상황인식과 대응양상 및 해결과정 등을 통해

---

7) 이와 관련하여 재만한인의 이주실태와 그에 따른 토지문제, 법적 지위, 중국당국의 구축정책 등을 중심으로 중국인과 재만한인의 갈등원인 및 사태추이에 대한 검토가 있었다. 그러나 정책과 법제 위주의 연구결과 한중 양국간 갈등구조에 직간접 영향을 미친 상호인식에 관한 분석은 미흡하였다. 吳世昌, 「在滿韓人의 社會的 實態(1910-1930) -中國의 對韓人政策을 中心으로-」, 『白山學報』 第9號 (서울: 백산학회, 1970); 박영석, 「장학량 중국동북정권의 대한인정책 -길림성 관내의 판법·밀령·훈령을 중심으로-」, 『한민족독립운동사』 6 (서울: 국사편찬위원회, 1989); 劉秉虎, 「在滿韓人의 國籍問題에 대한 연구 -1900년대초 韓·淸 양국의 갈등을 중심으로-」, 『史林』 第18號(2002).

8) 선행연구는 일본 대륙침략정책의 하나로 파악하고 한중연대란 민족주의시각을 부각시켰고<(朴永錫, 『萬寶山事件硏究』(서울: 亞細亞文化史, 1978)>, 사건에 관한 중일간 외교교섭을 분석하거나 <(兪

중국인의 한국관을 파악할 수 있다. 당시 중국은 장개석을 중심으로 한 남경정부와 만주를 장악하고 있던 장학량(張學良), 강서와 복건성 등 10여 곳의 소비에트구를 중심으로 국민당통치에 대항하던 공산당, 상공계층, 교육 · 언론 · 문화계의 지식인, 그리고 일반 대중들까지 제각각 국가건설의 전망이나 절차, 대내외 현안 등을 둘러싸고 다투고 있었다. 만보산사건이 발생하자 모두들 공분(公憤)하며 배일투쟁(排日鬪爭)의 의지를 분명히 했지만 대응에 있어서는 각양각색이었다. 식민지 조선에서 발행된 『동아일보(東亞日報)』와 『조선일보(朝鮮日報)』마저도 각각의 입장과 견해에 따라 사건에 관한 상이한 대응을 보여주고 있다.[9)]

국민당의 대한국인식과 더불어 현재 중국의 집권당인 중국공산당이 20세기 전반에 한국에 대하여 어떠한 인식을 가지고 있었는가는 1949년 중화인민공화국의 수립과 한국전쟁에서 현재에 이르기까지의 대한국인식에 중요한 기초가 된다고 할 수 있다.[10)] 중국의 연구자들은 중국공산당이 1922년 대한민국임시정부와 정식으로 접촉한 이후 1945년 8월 일본이 항복하기까지 20여 년 동안 시종일관 반제투쟁과 식민지민족해방운동을 지지하

辛淳 지음, 신승하 옮김, 『만주사변기의 중일외교사』 (서울: 고려원, 1994)>, 한중간 갈등요소로서 재만한인에 관한 연구가 많다. 叢成義, 『萬寶山事件之硏究』 (臺灣大學政治硏究所碩士論文, 民國72); 叢,成義, 「九一八前的東北韓人問題與中日糾紛」, 『韓國學報』 3 (1983. 12); 胡春惠, 「萬寶山事件中的韓僑問題」, 『韓國學報』 11(1992. 6).

9) 閔斗基, 앞의 글, 169-171쪽.

10) 최홍빈, 「중국공산당과 한민족 독립운동 관계연구」. 『해방50주년, 세계 속의 한국학』 (인하대학교 한국학연구소 제2회 한국학 국제학술회의 발표문, 1995); 황민호, 「1930년 재만 한인사회주의자들과 중국공산당의 합동에 관한 연구」, 『역사학보』 141호 (서울: 역사학회, 1994); 김창순, 「중국공산당과 좌파 한국독립운동」, 『한민족독립운동사』 6 (서울: 국사편찬위원회, 1989).

는 입장에서 한국독립운동에 최대한의 지원을 하였고, 한국의 혁명가들도 중국혁명과 중일전쟁에 참가하여 중국공산당이 지도하던 반제반봉건투쟁에 큰 역할을 하였다고 높이 평가한다.[11] 이 과정에서 중국공산당은 한국의 독립운동 세력 내부의 파벌투쟁에 대해서 정확한 비판을 하였다고 보고 있다.[12]

이에 대하여 한국의 연구자들은 중국공산당이 창당시기부터 상해임시정부와 밀접한 연계를 하고 있었으며, 지속적으로 중국 내에서 활동하던 한국독립운동가들을 도왔고 한국의 독립운동가들도 중국혁명에 적극적으로 참여하여 큰 공헌을 하였다는 점에 대하여 대체로 동의한다. 그러나 중국국민당과 공산당 정권이 재중한인들의 민족운동을 지원하여 우리 민족이 독립하는데 상당한 기여를 하였으나 양 정권의 대립과 투쟁은 재중 한인들의 민족운동에 영향을 끼쳐 우리 민족운동의 통합과 단결을 저해하였고, 남북분단과 냉전의 심화, 분단의 고착화에 간접적으로 영향을 미쳤다고 본다.[13] 또한 중국공산당은 한인들에게 민족자치와 소수민족으로서의 권리 보장을 약속했지만 한인의 민족문제는 중국공산당과 국민당의 모순 속으로 함몰되어 버렸다. 중국공산당을 위해 좌경모험주의노선도 불사하였던 한인세력은 중국공산당내 노선투쟁의 희생양이 되었고, 생존자들은

---

11) 謝俊美, 「中國共産黨和韓國獨立運動」, 『韓國獨立運動血史新論』(上海: 上海人民出版社, 1996), 35-50쪽.

12) 石源華, 『韓國反日獨立運動史論』(北京: 中國社會科學出版社, 1998); 石源華, 「중국공산당과 대한민국임시정부의 관계」, 『한국독립운동과 중국 -1930년대를 중심으로-』(서울: 국학자료원, 1998); 石源華, 「論中國共産黨與韓國臨時政府的關係」, 『韓國獨立運動硏究』(北京: 學苑出版社, 1999); 石源華, 『中國共産黨援助朝鮮獨立運動紀事(1921-1945)』(北京: 中國社會科學出版社, 2000).

13) 장세윤, 「抗日戰爭期 中國共産黨의 한국 독립문제 인식과 대응」, 『한국독립운동사연구』 9집 (천안: 한국독립운동사연구소, 1995).

동북항일연군이라는 중공식(中共式) 통일전선에 편입되었다고 비판하고 있다.[14)]

중국공산당은 1949년 이후 중국의 집권당이 되어 현재에 이르고 있다. 따라서 중일전쟁시기 중국공산당이 한국을 어떻게 인식하고 있었는지를 살펴보는 것은 현재의 한중관계를 보다 깊이 있게 이해하는 데 도움이 되는 중요한 요소라고 할 수 있다.

중국공산당의 한국인식이 형성되는 데는 코민테른의 이념과 민족해방운동전략이 영향을 미쳤다. 이와 함께 중국혁명에 참여하였던 한국인들과의 교류와 당시 중국에서 발행되던 신문과 잡지 등의 한국관련 보도내용도 큰 영향을 미쳤다. 그러나 중국공산당의 한국인식에서도 전통적인 책봉·조공국인 조선을 '속국(屬國)'으로 보는 전통적인 중화의식이 내재하고 있었다.[15)]

기왕의 연구는 국가 혹은 정부의 관계에서 상대방의 태도나 인식을 살펴보았으며 그것이 시사하는 바는 매우 크다고 할 수 있다. 이러한 연구 성과에 바탕을 두고 황염배(黃炎培 1878~1965)라는 지식인의 한국인식에도 주목해야 한다. 황염배는 청말을 거쳐 신해혁명, 중화민국, 중화인민공화국의 건립을 두루 경험하였으며 교육가로서 민주당파(民主黨派)의 지도자로서 중국사회에 많은 영향을 끼쳤다.[16)]

---

14) 한상도, 「해외 좌파진영과 민족문제」, 『한국독립운동과 국제환경』 (서울: 한울, 2000), 84-101쪽.

15) 金志勳, 「中日戰爭期 中國共産黨의 韓國認識」, 『歷史學報』 184輯 (서울: 역사학회, 2004); 김지훈, 「중일전쟁시기 해방일보의 한국인식」, 『사림』 25 (서울: 수선사학회, 2006) 참조.

16) 중국에서는 그의 교육활동과 민주당파의 활동에 주목하여 많은 논저가 출간되었다. 傳記로서는 尙丁, 『黃炎培』 (北京: 人民出版社, 1986); 논문집으로는 黃炎培故居管理所·朱宗震·陳偉忠 主編, 『黃炎培硏究文集』 一 (成都: 四川人民出版社, 1997). 朱宗震·陳偉忠 主編, 『黃炎培硏究文集』 2 (上海: 文匯出版社, 2001); 회고록으로는 黃

황염배는 한국과 일본을 비롯하여 동남아시아를 여러 번 여행한 경험이 있어 각국의 국정(國情)을 다른 지식인보다 잘 알고 있었다. 그가 이 지역을 여행한 목적은 교육과 경제의 상황을 알기 위한 것이며 특히, 중국과 수백 년 이상 역사적으로 밀접한 관계를 맺고 있기 때문에 그 흥망성쇠를 파악하여 '국인(國人)의 고감(考鑒)'으로 제공하기 위한 것이라고 하였다.[17] 이러한 관심에서 그는 한국을 세 차례에 걸쳐 여행하였다. 첫 번째는 1918년 6월 말~7월 초에 걸쳐 신의주, 서울, 인천 등을 여행하였고 두 번째는 1927년 10월 서울, 수원, 인천, 평양 등지를 여행하였으며 세 번째는 1931년 4월 서울과 부산 등지를 여행하였다. 그는 두 번째 여행에서 수집한 자료를 바탕으로 한국의 역사와 당시의 정치와 경제, 사회 상황을 소개한 『조선(朝鮮)』을 집필·출간하였고 세 번째 여행에서 돌아온 후 『황해환유기(黃海環遊記)』[18]라는 기행문을 출간하였다. 알려진 바로는 황염배처럼 중국근대시기에 한국에 관하여 이처럼 자세한 서적을 펴낸 사람은 없을 듯하다.

그런데 황염배의 『조선』에 대해서 그 내용과 인용 자료에 치우침이 있어서 객관적인 역사관을 살펴보기가 힘들다는 지적이 있다. 당시 한국인 이시영(李始榮)이 청말부터 한국에 관한 중국인의 저서가 6~7종이 있지만 내용이 황당무계하고 편견이 심하

炎培, 『八十年來』(上海: 文匯出版社, 2000); 연보로는 許漢三 編, 『黃炎培年報』(北京: 文史資料出版社, 1985); 문집으로는 中華職業教育社 編, 『黃炎培教育文選』(上海: 上海教育出版社, 1985); 中華職業教育社 編, 『黃炎培教育文集』(北京: 中國文史出版社, 199?) 등이 대표적이다.

17) 黃炎培, 『朝鮮』, 「開券語」(上海: 商務印書館, 1929), 1쪽(이하 『朝鮮』이라 약칭).

18) 黃炎培, 『黃海環遊記』(上海: 生活書店, 1933)

여 볼만한 것이 없다고 평가하였다. 특히 황염배의 『조선』은 공력을 많이 들였지만 오류가 많고 일본인의 저작을 인용하여 서술하고 깊이 연구하지 않았으며, 일본인을 대신하여 일본의 정책을 선전한 것에 불과하다고 혹평하였다.[19]

이시영의 지적은 민족주의적인 입장에서 불만을 토로한 점이 없지 않지만 『조선』이 한국의 역사와 당시 한국의 상황을 서술하였으며, 그의 한국에 대한 인식은 당시 중국사회에 상당한 영향을 주었을 것[20]이라고 생각한다면 이후 한국에 대한 중국 지식인의 태도와 인식을 파악하는 데 매우 중요한 자료가 아닐 수 없다.

지난 20세기 후반 적대관계에 있던 한국과 중국은 새 천년에 즈음하여 새로운 관계와 질서를 모색하고 있다. 이와 같은 한중 간의 새로운 모색은 냉전 이후 유일한 초강대국인 미국의 세력 확대와 그에 대응하는 유럽공동체의 성립, 그리고 동아시아에서 정치적 경제적 연대를 조성하기 위한 지정학적 변화에 기인한 것이라 할 수 있다.

이 시점에서 우리는 21세기의 바람직한 한중 관계를 위해서 양국 간의 상호이해를 심화시켜야 한다. 이를 위해서는 근현대 전환기 한중 관계에 대한 역사적 접근을 통하여 상호이해의 기초를 마련해야 한다. 20세기 전반기 한국과 중국은 일본과 서구 제국주의국가의 침략을 받았다는 공통점이 있다. 그리고 양국은 이 시기 식민지 혹은 반식민지 상황을 탈피하려는 지향성(指向性)도 공유한 시기였다. 특히 올바른 한중 관계를 유지하고 발전시키기 위해서 20세기 전반 중국인의 한국관을 규명하고자 한다.

---

19) 始林山人, 『駁黃炎培之韓史觀』, 출판지 불명, 1934, 1쪽.
20) 柳鏞泰, 「中國人의 '南朝鮮 漢城' - 20세기 中華主義-」, 『동아시아 역사연구』 제4집, 1998, 149쪽.

이를 위하여 1894년 청일전쟁으로 동아시아의 전통적 국제질서인 조공체제가 무너진 이후, 특히 신해혁명부터 1949년 중화인민공화국이 수립되기까지 전환기 중국조야의 한국관에 관하여 검토해 볼 것이다. 중국의 한국인식은 한국에 대해 알고 있는 것과 한국에서 알고 싶은 것으로 구별되는 두 측면이 상호 침투하는 동태적인 과정으로 이루어진다. 또 한 가지 주의해야 할 것은 중국과 중국인은 일반적으로 하나의 이미지를 그리게 되지만 실제로는 계층과 정파에 따라 한국에 관한 인식에서 공통성과 차별성이 동시에 존재하고 있었다는 점이다. 그러므로 이러한 점을 고려하면서 청말민초부터 국민혁명 및 중일전쟁을 거쳐 중화인민공화국 성립까지의 중국 정부와 언론 그리고 국민당·공산당·민주당파 등의 한국관을 살펴 볼 것이다.

제1장 청말민초(淸末民初) 시기 중국 조야의 한국관
—5·4시기 중국 관내(關內)의 언론을 중심으로—

1. 청말의 대조선정책과 조선문제 인식

1) 중국의 전통적 세계 질서관과 조선

중국인은 근대적 국가 의식이 생기기 이전부터 중국이 세계의 중앙이요 문화의 중심 또는 번영의 중심이라는 자존적(自尊的) 우월의식을 바탕으로 자국중심의 세계 질서관을 형성하였고, 이를 근거로 하여 회유·질책·무력 사용 등의 방식으로 주변 민족을 복속시키며 영향력을 행사하였다.[1] 이러한 시각은 중국의 전통적인 세계관이나 국제 질서 등이 중국인 특유의 중화의식과 불가분의 관계에 있다는 인식을 전제로 하고 있다. 중화의식은 대외적으로 중국의 우월성을 신뢰하는 중국인의 믿음이었다. 지리적으로 천하의 중심이고 문화적으로는 천하의 본산이며, 정치

---

1) 박명희, 「전통중국의 국제질서체계와 그 현재적 의미」, 181-184쪽.

적으로 천하를 통일하는 중심으로 자임하는 뿌리 깊은 신념이었다. 이와 같이 서주(西周: B.C 1120-770) 이래 3천여 년의 오랜 역사를 통해 형성되었던 중화의식은 분명히 중국을 중심으로 하는 지리적 개념과 진한(秦漢) 이래 통일국가를 형성했던 한민족(漢民族)을 중심으로 하는 민족적·문화적 개념을 의미하는 것으로써, 그것은 타민족에 대한 민족적·문화적 우월감과 타국에 대한 권위를 상징하는 것이기도 하였다.[2)] 이와 같은 우월의식은 대외관계에서 정치적인 권위주의와 연결되어 중국은 곧 천조(天朝, Celestrial Empire)라는 개념으로 주변 국가들에 군신관계를 요구하고 상위국으로 군림하며 '군(君)'에 대한 '충(忠)'의 의무를 요구하였다. 즉 영도자의 지위에서 주변 국가와 주종번속관계를 유지했으며 이런 의무는 바로 조공(朝貢, Tributary System)과 책봉(册封)이라는 제도적 장치를 통해 표현되었다. 이것은 중국인의 대외관이나 국제 질서가 중국을 상위 개념으로 하는 불평등 관계에 기초하고 있음을 의미하며 여기에서 종주국의 관념이 생기게 되었다.[3)]

중국을 중심으로 하는 전통적 세계 질서의 운영체제를 정치적으로 규정하는 것은 조공관계로서 한중 양국 관계사를 통해볼 때 가장 중요한 부분을 차지하고 있음을 부인하기 어렵다.[4)]

---

2) 梁啓超, 「中國學術思想變遷之大勢」, 『飮冰室專集』 第9冊 (臺北: 臺灣中華書局 影印本), 1-4쪽.

3) 중국인의 세계 질서관을 형성하는데 기본적 요소였던 중화의식의 역사적 근거를 제시하는 데에는 중국적인 주관적 성격이 강하여 설득력에 의심이 간다. 그러나 중화의식은 중국의 기본민족인 한족(漢族)에 의해 설정되었고 그들이 중심이 되어 초기의 문명단계 이래 동아시아에서 가장 선진된 문명을 유지·발전시켰을 뿐 아니라 강력한 정치조직을 배경으로 주변의 족군(族群) 위에 군림하면서 역대의 중국왕조에 의해서 계승되어 왔다는 점은 특기할 만하다. 박명희, 「전통중국의 국제 질서와 그 현대적 의미」, 182쪽.

조공관계는 '봉(封)'과 '공(貢)'의 두 요소로 구성되어 있다.

조선왕조의 정치적 지배권의 대외적 정통성을 더욱 강한 힘인 중국 황제로부터 승인(책봉)받는 절차가 봉이며 이로써 조선은 중국을 정점으로 하는 국제 질서에 편입되었던 것이다. 또한 봉은 대내적으로 왕조의 정통성 확보라는 측면에서도 필요했는데 그 실례로 이성계(李成桂)가 1392년에 조선왕조를 건립한 후 대내적으로 고려의 찬탈자를 면하기 위해 국호조차 명(明)왕조에 자문을 구하는 등 책봉받기 위해 노력하며 명에 대한 사대주의를 국시로 삼았음에서 이의 중요성을 짐작할 수 있다. 이른바 중국적 세계질서 속에서 조선은 중국의 울타리가 되는 번국(藩國)이었고, 그 번국의 수장인 조선국왕은 중국의 승인을 받아서야만 통치의 근거와 정당성을 획득할 수 있었다. 이와 같이 군신(君臣)·상하(上下) 관계를 확인하는 절차가 공이다.

봉에 수반되는 공은 중국 황제에 대한 신종을 약속하며 공물을 바쳐야 했으며 여기에는 중국 측의 하사(下賜)·상사(賞賜) 등의 답례물이 따름으로써 공동의 경제적 문화적 권역을 형성할 수 있었다. 그러나 조공에 수반되는 공물은 사대주의를 채택하였던 조선에 있어서는 큰 부담이었으며 따라서 국가경제에 막대한 손실을 가져오기도 하였다.[5)]

이상에서와 같이 조공제도는 정치적 문화적 경제적인 면과 아울러 사상적으로 중화주의에 결부되어 있어 조선에 있어서는 무엇보다도 굴욕적이고 불평등한 국가의 지위를 감수해야만 했다. 이러한 관계는 대체적으로 중국의 천조관념(天朝觀念)이 대외적으로 서구열강에 의해 도전을 받는 청말까지 계속되었다. 특히

---

4) 全海宗, 「韓中朝貢關係史概觀」, 『韓中關係史硏究』(서울: 일조각, 1979), 26-58쪽.

5) 全海宗, 「淸代中韓朝貢關係考」, 위의 책, 77-107쪽.

중국은 청일전쟁에 패배함으로써 자존적 우월의식의 전통적 세계 질서관을 수정하여야만 했으며, 이로써 한중 양국의 전통적 관계는 끊어지고 형식상 근대적 관계가 이루어지게 되었다.

2) 청말시기 조정의 대조선정책의 강화

19세기 중엽 이래 서구세력의 동방진출로 중국 주변은 열강제국의 각축이라는 새로운 현상이 출현하였다. 특히 1870년대와 1880년대에 이르러 서구열강 및 명치유신(明治維新)으로 근대화에 성공한 일본이 조선에 대하여 외교적 공세를 강화시키면서 이들에 비해 상대적으로 국세가 약한 상태의 청은 그 주변 국가와의 관계가 복잡해지게 되었으며, 이에 따라 중국의 전통적 세계질서관도 심각한 도전에 직면하게 되었다.

이 시기 번방(藩邦)문제 중에서도 조선 문제는 지정학적인 견지에서 다른 번방보다 청조의 국방상 전략상 가장 중요한 관계로 인식되고 있다. 따라서 조선 문제는 청조의 양무관료(洋務官僚)들의 주의를 요하게 하였으며 특히 동치(同治)·광서(光緖) 초기에 있어서 일본과 러시아의 영토적 야심으로 야기된 조선 문제에 대하여 만청왕조의 방위(防衛)를 위해서는 운남(雲南)·귀주(貴州) 등을 프랑스 세력에 넘겨준다하여도 조선만은 열강에 빼앗길 수 없다는 절박한 주장이 대두되고 있다.[6] 여기에서 청조의 국제정세의 변화에 대한 위기의식과 이에 따른 조선 문제에 대한 관심을 엿볼 수 있다. 일본과의 수호조약체결 이후 청

6) 「朝鮮雖係外國, 而遠近論之, 卽失雲貴不可失朝鮮」, 『長白先生奏議』 下, 保護屬國條, 125쪽.

일전쟁까지 조선 문제는 청조의 중요한 정치적 외교적 문제로 인식되었다.

이 시기 한반도에 미친 국제정세의 영향은 네 가지로 요약된다. 첫째, 조선을 침탈하여 만주로 침입하는 교두보역할을 하게 하는 일본의 대륙정책; 둘째, 아시아에서 부동항을 찾으려는 러시아의 동진정책; 셋째, 조선시장을 개방시키려는 미국의 의도와 러시아 세력의 남하를 저지하려는 영국의 움직임; 넷째, 중국의 번속국과 국방상의 안전을 보호 지속시키려는 중국의 동향이 그것이었다.[7)]

주지하는 바와 같이 만주(滿洲)에서 발상한 청조는 건국 초기부터 이른바 그 용흥지지(龍興之地)의 안전과 방위를 위한 조선반도의 전략적 중요성에 대해 매우 예민하였다. 근대에 이르러 조선반도에 대한 서방·러·일의 위협이 증대됨에 따라 조선에 대한 청조의 관심은 주로 북양대신(北洋大臣) 이홍장(李鴻章)에 의해 피력되었다. 대만출병으로 일본의 침략적 팽창주의가 노골화됨에 따라 이홍장은 일본의 다음 목표가 한국이라고 예측하고 총리아문(總理衙門)에 보낸 서함에서 일본이 조선에 “침략을 강화하면 동삼성(東三省)의 근본중지(根本重地)가 울타리를 잃는 것으로 순망치한(脣亡齒寒)의 우려가 있어 그 후환은 이루 다 말로 할 수 없다”고 하였다.[8)] 이홍장은 또 러시아의 동진·남진정책에 의해 조선이 침략되는 경우에도 청국은 비슷한 처지가 될 것이라고 보았다. 그러므로 이홍장은 총리아문에 보내는 서함에

---

7) 林明德, 「甲申政變前後 中國의 對韓政策」, 『思想與政策』 第1卷 第4號, 72쪽.

8) 「加以侵佔, 東三省根本重地, 遂失藩蔽, 有脣亡齒寒之憂, 後患尤不勝言」, 『淸季中日韓關係史料』 2 (臺北: 中央硏究院近代史硏究所, 民國61), 276-277쪽.

서 러시아가 만약 "조선을 합병한다면 곧 우리 동삼성의 등을 때리는 것으로 중국을 불안하게 할 것"이라고 하였다.[9] 이는 조청 관계를 순치상의(脣齒相依)하는 형세로 본 것으로 조선의 안전은 동삼성의 안전, 나아가서는 중국 전체의 안전과 직결된다는 사실을 인식하고 있었음을 알 수 있다.

청대의 조청 관계는 전통적인 조공관계로 양국 관계는 주로 의례적인 것이었고 정치적 직접 지배를 의도하는 것이 아닌 복종의 형식으로 유지되었으며,[10] 청조가 조선에 대해 정교(政敎)·금령(禁令)에 간섭이나 개입을 한 적은 없다. 당시의 중국 상황을 보더라도 현실적으로 조선 문제에 개입하고 그 안전을 책임질만한 군사적 역량을 갖추지 못하고 있었던 것도 사실이다. 그러므로 이러한 정세 아래에서 이홍장은 비군사적 방법과 수단으로 한반도의 안전보장책을 강구하게 되고, 그 결과 채택한 것이 조선에 대한 서구열강과의 입약권도책(立約勸導策)이었다.[11] 이것은 서방 국가들이 도입한 근대적 국제법질서(조약체제)에 조선을 편입시켜 조선반도에 서방 국가들의 경제적 이권을 조성하여 이를 일본과 러시아의 일방적 침투를 막는 수단으로 삼는 것이며, 또한 한반도에서의 세력균형(Balance of Power)을 이루자는 구상이다.[12] 이것은 중국이 전통적으로 대

9) 「若呑併朝鮮, 卽拊我東三省之背, 使中國岌岌, 不能自安」, 『淸季中日韓關係史料』 2, 417쪽.

10) 全海宗, 「中國과 韓國」, 『韓中關係史硏究』, 23쪽.

11) 李鴻章은 조선이 서양 각국과 입약통상(立約通商)하는 것은 "조선을 위한 계책이기는 하나 실제로는 중국을 위한 계책(爲朝鮮計, 實爲中國計)"이라고 밝혀 청의 이익을 위해 입약을 권고하였음을 알 수 있다. 『淸季中日韓關係史料』 2, 366-369쪽.

12) Key-hiuk Kim, *The Last Phase of the East Asian World Order: Korea, Japan and the Chinese Empire 1860-1882* (Berkeley: Univ. of Califonia Press, 1980), 276-278쪽, 341-344쪽.

외정책에서 운용하여 왔던 이이제이(以夷制夷)책략에 부합되는 것이다. 조청 종속관계사상 전례가 없는 이러한 결정은 두 가지 방면에서 그 의의를 지적할 수 있다. 하나는 전통적으로 예부(禮部) 소관이던 대조선 업무를 북양대신이 담당하게 하여 조청관계가 단순히 의례적이 아닌 실질적(외교・통상・군사)인 관계로 변하게 하였다는 것이고, 다른 하나는 대조선 교섭을 총리아문이 아닌 북양대신이 담당하게 하여 청조의 직접적 통제 아래에 넣는 것을 의미하였다.[13)]

청정부가 대한권도책을 결정하는 계기가 된 사건은 일본의 유구병합사건과 청러간에 존재했던 이리(伊犁)문제이다. 당시 주일청국공사(駐日淸國公使) 하여장(何如璋)은 러시아의 위협에 대처할 방안으로 일본에 도착한 조선의 수신사(修信使) 김홍집(金弘集)에게 연미론(聯美論)을 제기하였다.[14)] 또한 하여장이 참찬관(參贊官) 황준헌(黃遵憲)을 시켜 작성한 『조선책략(朝鮮策略)』에서도 한국이 러시아의 위협에 대처하기 위한 방아책(防俄策)은 친중국(親中國)・결일본(結日本)・연미국(聯美國)하여 자강(自强)을 도모하는 데 있다고 강조하였다. 황준헌의 소책자는 조선의 고종(高宗)이 이홍장의 권유를 수락하기로 결정하는 데 큰 역할을 하여 결국 1882년 5월 조미간의 수호통상조약을 체결하게 하였다. 조미조약이 조인된 후 1개월여 내에 영국・독일과도 조약을 체결하였고, 또한 그 해 10월 조청상민수륙무역장정(朝淸商民水陸貿易章程)을 성립시켜 일련의 조약체결로 서방에 문호를 개방하고 비로소 근대 국제사회의 일원으로 등장하게 되었다.

이 과정에서 한국조정의 보수성으로 인하여 이홍장은 결과적

---

13) 金基赫, 「近代初期에 있어서 韓・淸・日關係의 展開」, 『思想과 政策』 第1卷 第4號, 68쪽.

14) 『朝鮮檔案』 文書番號 332卷, 403쪽.

으로 한국외교의 주도권을 장악하고 조약체결협상의 주도자역할을 하며 내정·외교의 자주라는 전통적인 조청 종속관계의 기본정신을 파괴하였다. 이로써 조청 관계는 근본적으로 변질되는 계기가 되어 '사대이례(事大以禮), 자소이덕(字小以德)'이라는 유교적 도덕기초는 완전히 파괴되고, 적자생존(適者生存)으로 표현되는 사회적 다윈주의(Social Darwinism) 가치관에 입각한 청조의 대한정책은 외교적 전략적 경제적 특권과 이익을 추구하는 제국주의적 성격으로 변질되고 말았다.[15] 특히 임오군란(壬午軍亂) 이후 원세개(袁世凱)가 이러한 경향을 대표하며 갑신정변(甲申政變)은 청조의 한국에 대한 간섭정책의 반발이었다.

청의 조선에 대한 간섭정책의 강화는 갑신정변에서 보이는 것과 같이 조선인의 반청적(反淸的) 민족감정을 고취시켰다. 또한 조선의 정세변화에 따라 청조의 조선에 대한 독점적 지배권을 강화하기 위해 제시되었던 이른바 감국정책(監國政策)은 원세개로 하여금 조선의 내정과 외교에 깊숙이 간여하는 정책을 공개적으로 추진하게 하였으나 조선조정의 반감이 생길 것을 두려워하여 과감하게 실시하지는 못했다.[16] 청조는 원세개를 통해 국가적 권위를 재수립하려는 정책을 추진하게 되었으며 조선에 대한 속국화 정책은 청일전쟁까지 계속 추진되었다.

청일전쟁에서 패퇴하자 청이 조선에 구축한 종속적 기반은 와해되었고, 이후 조선정부에서는 정치적 개혁을 단행하며 제국(帝國)체제로 개편하면서 조청 관계는 자주·평등의 우방관계를 형성하게 되었다.

---

15) 金基赫, 「近代初期에 있어서 韓·淸·日關係의 展開」, 70쪽.
16) 林明德, 『袁世凱在朝鮮』 (臺北: 中央硏究院近代史硏究所, 民國59), 96-97쪽.

3) 청일전쟁 이후 중국 지식인계층의 대조선 인식

전통적으로 한국은 중국적 세계질서 속에서 중국을 상위국(上位國)으로 하는 유기적 체제를 구성하고 정치·문화적인 면에서 밀접한 관계를 계속하여왔다. 그러나 19세기 말부터 20세기 초에 걸쳐 서구열강의 아시아에 대한 침략정책이 격렬하게 진행됨에 따라, 당시 상대적으로 허약하고 낙후되어 있던 한국사회는 열강간의 이해관계에서 침략의 희생물이 되고 말았다. 그러므로 한국민족은 외세의 압박 하에서 민족적 굴욕감과 비애를 다른 민족보다 먼저 느꼈고 이에 대항하여 격렬한 민족투쟁을 전개하게 되었다. 이러한 민족저항이 훗날 일본의 전면적 침략위기에 놓이게 된 중국민중에게 영향을 미치게 되었다. 그러나 당시 중국조야의 대한국 인식은 과거 자국의 조공국이라는 것이 지배적이어서 초기에는 영향을 받지 못하다가 대체로 1905년 러일전쟁 직후부터 일련의 한국 사태에 대해 주시하기 시작하였다.

한편, 명치유신으로 근대화에 성공한 일본은 청일전쟁의 승리를 계기로 대륙침략의 야욕을 드러내며 전통적인 중국적 세계질서에서 이탈하여 근대 국제사회에서 서구열강과 평등한 지위를 획득하고자 하였다. 구체적으로 서방열강과의 사이에 현존하는 불평등조약을 평등 쌍무적 방식으로 개정하고 동아시아 국가들에 대해서는 서방열강이 강요한 것과 같은 불평등조약을 체결함으로써, 일본으로 하여금 외교통상관계에서 특권을 확보하도록 하는 것이다. 그러나 중국은 전통적인 자국의 종주권만을 행사하려하며 일제의 대륙침략은 한국의 완충역할로 제지될 것이라고 간주하였는데, 이러한 대한국인식은 러일전쟁까지 변함이 없었다.

한국은 청일전쟁 이전부터 청·일·러 삼국의 각축장으로 변하였고 전쟁 패배 이후 청조의 세력은 자연히 소멸되어 점차 러·일의 대립으로 전환되었다. 이러한 외국세력의 간섭 아래 국내에는 독립협회(獨立協會)가 조직되어 민권·자강의 부국운동을 전개하였지만 집정자는 당시의 위기를 이해하지 못하였으므로 결국에는 실패하였다. 한편 일본과 러시아의 대립이 점차 첨예하게 되어 마침내 1904년 2월 7일 일본은 한국의 서해안에서 러시아 선박을 급습함으로써 러일전쟁을 야기시켰다. 당시 한국조정은 중립을 선포하였지만 일본은 군대로 위협하여 강제적으로 이른바 협약을 체결하고 고문을 파견하여 한국의 재정·군사·외무·치안·교육 등을 관장하게 되었다. 일본은 러일전쟁에서 승리한 후 다시 을사보호조약(乙巳保護條約)을 체결하여 한국외교 일체를 관리하고 돌연히 한국의 보호를 자처하게 되었다. 이후 일본은 한국군대를 해산하고 매국노를 이용, 민의를 조작하면서 1910년 한국을 합병에 이르게 하여 식민지 계획을 완결시켰다. 이에 대하여 한국조야는 격렬히 저항하며 상소(上疏)·순국(殉國)·의병(義兵)의 무력항쟁 등 형태로 항일투쟁을 전개하였다. 당시 유인석(柳麟錫)·민긍호(閔肯鎬)·최익현(崔益鉉) 등 일부 관료와 유학자들은 민비(閔妃)의 피살과 일본조야가 일치하여 한국을 박해하는 등의 음모에 대하여 민족정기를 쟁취하기 위한 봉기를 단행하였으나 그 효과는 크지 못했다. 군대가 해산당한 후, 그들은 분분히 의병조직에 가담하였고 그 조직을 강화시키려고 하였지만 의병 자체가 통일 단결되지 못하였으므로 한국멸망의 불운을 되돌리지는 못하였다.[17] 그 밖에 일부 지

17) 趙芝薰, 「韓國民族運動史」, 『韓國文化史大系』 I (서울: 고대민족문화연구소, 1964), 611-618쪽.

식인들은 민족부흥 사업에 착수하기 시작하였는데, 그들은 신문여론의 형성에 종사하여 백성의 주의를 환기시키려는 목적으로 『월남망국사(越南亡國史)』·『폴란드망국사(波蘭亡國史)』·『이태리건국사(義大利建國史)』 등을 발행하여 계몽을 통한 한국 민중의 민족의식을 고취시키는 한편 격렬한 반일언론투쟁을 전개하였다.[18] 그 외에도 국채보상운동(國債報償運動)·일본기 파기운동(日本旗破棄運動)·시장세 반대투쟁(市場稅反對鬪爭) 등의 반일구국투쟁을 전개하였는데, 이런 방법은 1915년 이후 중국의 민족운동에서도 그대로 반영되고 있음을 볼 수 있다.[19]

한국인은 세계 각국에 대한 호소가 정의로운 반응을 얻지 못하자, 애국정서의 분출 행위로서의 암살 투쟁이 초기 한국독립운동에 또 다른 수단으로 되었다. 이러한 상황에서 1909년 10월 26일 안중근(安重根)이 하얼빈에서 이등박문(伊藤博文)을 사살하는 사건이 발생하였다. 중국의 언론계는 이 사건을 상세하게 보도하였고, 혁명당원 우우임(于右任) 등이 주관하는 『신주일보(神州日報)』 및 『민우보(民吁報)』의 반응은 특히 열렬하였다.[20] 1909년 10월 31일자의 『민우보』는 "청국외교 위기의 심각화 및 현

18) 國史編纂委員會, 『韓國獨立運動史』 (1) (서울: 國史編纂委員會, 1965), 331-405쪽.

19) 國史編纂委員會, 위의 책, 87-90쪽.

20) 『民吁報』는 1909년 10월 26일에서 11월 14일의 20일간 93편의 문장을 게재하여 한인의 반일민족운동을 찬양하였다.<李雲漢, 「孫逸仙博士與亞洲民族獨立運動」, 『孫中山先生與辛亥革命』 (臺北: 中華民國史料硏究中心, 民國70), 677쪽>. 또한 민중들로 하여금 安重根案을 이해시키기 위하여 순백화문으로 『유혈의 풍운아: 이등박문전』을 써서 세 차례로 나누어 게재하였다. 이들의 내용을 총괄하면 다음과 같다. 즉 일본의 한국에 대한 잔악함을 통렬히 비판하고, 이등박문의 한국통감시절의 권력남용을 비판하며 안중근의 애국영웅의 기개를 찬양하고, 중국인은 망국위기에 직면하여서도 각성하지 않음을 슬퍼하며 민중을 계몽하였다.

대 세계경쟁의 극렬함은 동아의 일우에서 특히 심하다. 고려는 이미 망하였고 중국도 역시 화살의 표적이 되고 있다"고 언급하고 있다.

이와 같이 1910년에 이르러 한국이 일본에 강제 병합되고 한국 조정이 멸망되자, 중국은 일본의 대한국 식민지정책의 전 과정을 통해 한국의 운명과 일본 침략정책의 의미를 보여주는 실례로서 한국이 인식되고 있음을 볼 수 있다. 실제로 중국의 무정부주의자인 경매구(景梅九)는 1910년 일본에서 귀국하는 도중에 인천을 경유하였던 기록에서 일제의 압박 하에 놓이게 된 한국의 비참한 상황을 「유일회고(留日回顧)」에서 서술한 바 있다.[21]

산서군벌(山西軍閥) 염석산(閻錫山)도 1909년에 일본유학을 마치고 귀국하는 도중에 서울・평양을 경유하였는데 "망국의 백성은 생명・재산・염치도 보존할 수 없음"을 느꼈다고 서술한 바 있다. 그러므로 신해혁명 성공 이후에는 산서민중에게 망국의 두려움을 강연하며 "구국은 나라가 멸망하기 이전에 하여야 할 노력"이라는 구호를 제시하기도 하였다.[22] 전계군벌(滇系軍閥) 당계요(唐繼堯)도 일본유학시절 일본정부의 중국 및 한국 유학생에 대한 규제로부터 한국의 현실을 이해할 수 있었다고 하며 귀국도중에 한국을 경유하면서 받은 인상을 다음과 같이 기술하였

---

21) 景梅九는 『留日回顧』에서 "…배는 반나절을 항해하여 조선 인천에 닿아 상륙하였다. 일본의 경관들이 조선 인부를 구타하는 것을 보고 말할 수 없는 분노가 치밀었다. 당시로 말하면 일본이 마관조약을 위반하고 조선을 병합하여 일체의 정치권력이 일본인의 손아귀에 들어가 있는 상황이었기 때문에 그들이 조선을 견마노예(犬馬奴隷)와 같이 생각하고 있다는 것은 일찍부터 상상하고 있었다."라고 기술하고 있다. 李聖根, 『東北亞의 政治와 思想』(서울: 삼중당, 1980), 176-177쪽에서 재인용.

22) 閻錫山, 『閻錫山早年回憶錄』(臺北: 傳記文學出版社, 民國57), 13쪽.

다. 즉 "일본 사관학교를 졸업하고 귀국할 때 서울을 경유하였는데 거리를 지나가는 학생을 보니 모두 생기발랄하고 영준 유능하여 결코 망국민 같지 않았다"고 하였으며, 또한 그는 중국인들에게 "한국국민은 망국의 백성이 아니다. 반드시 조만간 구제를 받게 될 것"이라고 설명하였음을 술회하고 있다.[23]

상술의 회고기록에서 나타나는 것처럼 일제에 의해 견마노예(犬馬奴隷)와 같이 비참한 운명에 처해 있는 한국민족의 참상을 통하여 제2의 조선과 같은 처지의 중국미래를 우려하는 심정은 중국 지식인층에 팽배하고 있던 민족적 위기의식에 연결되고 있다. 당시 중국의 민족주의자들은 신해혁명 전후시기부터 재중 한국민족주의자 신규식(申圭植)·박은식(朴殷植)·조소앙(趙素昻) 등과 왕래가 있었고, 그들을 통해 남만(南滿)문제와 관련하여 한국독립운동에의 관심을 심화시켰다. 예를 들어 신규식은 손문(孫文) 측근인 대계도(戴季陶)가 『민권보(民權報)』를 창간했을 때 자금난으로 허덕이게 되자 전 재산을 헌납하여 이 신문을 지원하였다.[24] 그는 중국혁명을 피압박 민족에게는 정신적으로 무한한 고무와 희망을 주는 것으로 인식하여 중국혁명이 성공하는 날이 곧 한국독립해방의 시점으로 평가하였다. 따라서 중국혁명의 순리적인 성공을 지지하기 위하여 금전적인 지원 외에도 중국혁명단체에 가입하여 거사에 호응하며 이후의 한국독립운동이 중국혁명과 밀접한 관계를 유지하게 하였다. 그러므로 대계도는 진기미(陳其美)·송교인(宋敎仁)·주집신(朱執新)·호한민(胡漢民) 등의 혁명지사와 연합하여 신규식과 함께 상해에서 신아동제사(新亞同濟社)를 조직, 한국독립운동을 적극적으로 지원하였다.[25]

23) 閔石麟 編著, 「韓·中 外交史話」, 『韓國魂』 (서울: 보신각, 1971), 76-77쪽.

24) 위의 책, 100쪽.

특히 1912년 1월 손문이 남경(南京)에서 중화민국 임시대총통에 취임하였을 때, 신규식은 송교인의 소개로 손문을 직접 만나 한국독립을 지원해 줄 것을 간청하였다.[26] 송교인은 1911년 3월에 쓴 「일본의 경제침략과 그 의도(日本的經濟侵略與其意圖)」 논문에서 일본정부의 대중국 차관계획을 비판하면서 러일전쟁 후 일본의 대한국 차관은 한국을 폐허로 만드는 수단이었다고 지적하며 이것이 이후의 한국합병을 위해 길을 닦은 것으로 보고, 이 선례를 중국은 전철로 삼아야 할 것이라고 강조하였다. 그 외에도 대계도는 『민권보』에 사설 「형벌과 인도 -"문명국" 일본의 진면목(刑罰與人道 -"文明國"日本的眞面目)」을 발표하여 형벌 폐지의 입법주의를 채택하고 있는 일본이 한국인에게 잔혹한 체형을 가하고 비인도적 방법을 사용하여 한국인의 토지를 탈취하

---

25) 新亞同濟社에 가담한 중국 측 혁명파 인사로는 이들 외에도 殷汝驪·柏文蔚·鄒魯·呂天民·廖仲愷·徐謙·張博泉·張靜江·吳鐵城·屈映光·胡露·唐紹儀·楊春時·陳果夫 등 40여 명에 이르고 있다. 申圭植 遺著, 「韓國魂」; 閔石麟, 『睨觀申圭植先生傳記』(臺北: 睨觀先生紀念會, 民國44), 72-75쪽.

26) 신규식은 손문과 접촉하여 일본의 한국합병 이래 한인이 받는 망국의 고통을 호소하고 지원을 요청하였으며, 중국정부는 가능한 범위 내에서 원조한다는 승인을 하였다. <金正明, 『朝鮮獨立運動 Ⅱ -民族主義運動篇』(東京: 原書房, 1966), 259쪽> 그러나 손문이 원세개에게 양위하였으므로 한국 지원의 약속은 결과를 얻지 못하였다. 손문의 혁명세력이 국내적으로 혼란기에 빠져 들어가 비록 임시정부의 기반과 지원을 포함한 한국독립운동을 크게 지원할 수는 없었지만 한중 연대활동은 그러한 제약 속에서도 여전히 밀접한 교류와 합작을 유지하였다. 특히 한국독립운동지도자 신규식·조성환(曺成煥) 등은 진기미를 협조하여 토원운동(討袁運動)에 종사하였고 이로써 중국의 혁명지도자들은 한국독립운동에 "성심을 다하여 서로 돕고 항상 근심을 나누는" 정도에 이르게 되었다. 胡春惠, 『韓國獨立運動在中國』(臺北: 中華民國史料硏究中心, 民國65), 40쪽.

는 등등에 대해 예리한 필봉으로 힐난을 퍼부었다. 대계도는 이 글에서 우리 "남만일대(南滿一帶)의 친애하는 동포는 머지않아 한국인과 같은 운명에 처하게 될 것"이라고 호소하였다.[27]

1914년 7월 제1차 세계대전이 발발하여 서구열강들이 동방을 돌볼 여유가 없던 틈을 타서 일본은 남만주일대의 식민지화로부터 중국에 대한 전면적인 침략행동을 전개하였다. 먼저 독일의 조차지였던 산동에 대한 군사적 침략을 자행하며 중국에 대한 노예화정책을 표명하였는데 이는 중국민중의 새로운 저항을 야기시키는 계기가 되었다. 즉 일본상품 배척운동, 국산품 애용운동, 구국 저금운동 등이 전국적으로 전개되었는데 이러한 저항운동이 일본경제계에 미친 영향은 상당히 크다.[28]

중국 지식인들은 일제가 한국을 병합할 때에 강요하였던 침략조약의 내용을 참조로 하여 일본의 21개조요구, 서원차관(西原借款), 중일공동방적협정(中日共同防敵協定) 등으로 진행되는 대륙진출의 야심으로부터 조선의 망국과정을 인식하고 극도로 고조된 위기의식 아래에서 상술한 반일운동을 전개하였다. 또한 그들은 일제식민지 선례로서 한국의 비참한 현실에서 중국정세를 고찰하고, "오늘의 고려는 미래 중국의 선도이며 과거의 고려는 금일 중국의 축소판"이라고 인식하였다.[29] 이러한 인식이 중국 지식인들을 자극하여 한국의 식민지화가 중국에게는 타산지석이 되었으며, 한국민족의 대일항거는 중국 측에 참고기준이 되어 대일항쟁의 분발을 촉구하였다.

---

27) 伊東昭雄 等編, 『中國人的日本人觀100年史』 (東京: 自由國民社, 1974), 92-93쪽.

28) 朴明熙, 「馬克思主義在中韓兩國早期的反響」(1918-1928), 國立政治大學東亞硏究所博士論文 (臺北: 民國80), 79쪽.

29) 『晨報』 (1919年 6月).

이와 같이 중국에서의 민족적 위기의 증가는 지식인층의 대한국관을 우월에서 연대로 전환시키게 되었다. 즉 한국과 중국이 서로 도와나가는 것이 공동의 필요라는 인식이 생기게 되었고 이러한 인식은 1919년 3·1운동을 계기로 급속히 증대되었다.

2. 3·1운동과 중국 언론계의 반응

1) 중국 여론계의 3·1운동에 대한 보도

한국은 지리적으로 중국과 국경을 접하고 있을 뿐 아니라 양 민족은 동일한 문화권 내에서 역사적으로도 밀접한 상호관계를 유지하여 왔다. 따라서 당시 식민지로 전락된 한국의 운명을 중국은 현실적인 문제로 받아들이고 있었다. 이러한 상황인식 아래 발생한 한국의 3·1운동은 일본의 식민통치에 타격을 주었을 뿐만 아니라 당시 일제의 침략을 전면적으로 받고 있던 중국민중에게 큰 자극을 주게 되었다. 이 사건은 국제적으로도 강렬한 반향을 불러일으켰는데 중국·일본·미국을 비롯한 국제 여론계는 상이한 시각과 입장에서 3·1운동의 실태를 대량으로 보도하였다.30)

---

30) 1919년 초부터 1년간 중국에서 발행되는 주요 신문·잡지에 소개된 한국독립운동의 보도목록은 다음과 같다. 「朝鮮革命黨之來函」, 『進化』 第1號(1919.1.20); 「朝鮮之獨立運動」, 『進化』 第3號(1919.3); 「朝鮮獨立運動消息 -民族自決的思潮, 也流到遠東來了!」, 『每週評論』 第13號(1919.3.16); 「朝鮮獨立活動的情狀-生氣和殺氣相冲, 公理和强權苦戰, 且着那最後一天, 到底是誰勝誰敗?」, 『每週評論』 第14號(1919.3.23); 「高麗宣布獨立詳情」(1-4), 『民國日報』 (1919.3.12-15); 「韓國獨立運動之感想」, 『民國日報』 (1919.3.22); 「朝鮮獨立運動之眞相-日人迁怒於英法敎士」, 『民國日報』 (1919.3.29); 「韓人復國運動之繼起」, 『民國日報』 (1919.4.17);

3·1운동이 발발하자 한국의 애국지사들은 국제사회에 반일 민족독립투쟁에 대한 동정과 지지를 호소하는 서한을 발송하여 국제 여론계의 주목을 끌었다. 그 실례로 안중근의 동생 우근(又根)은 3월 4일자로 중국에 밀서를 보내 "오로지 피로서 국가독립을 바꿀 것이며 귀국 형제들의 의로운 도움을 간절히 기대한다"고 하면서 중국민중의 지지를 호소하였다.[31] 그는 「중화민국 동포에 드리는 글(致中華民國同胞書)」에서 "조선독립국민 안중근의 동생 우근이 삼가 우리의 가장 친근한 대중화민국 각계 인

「韓人爲復國而監禁者-全韓計三千餘名」, 『民國日報』 (1919.3.16); 「朝鮮復國運動大寫眞」, 『民國日報』 (1919.4.16); 「日本對韓之殺戮政策」, 「日軍處置韓人之殘暴」, 『民國日報』 (1919.4.18); 「朝鮮木浦之復國運動」, 『民國日報』 (1919.4.18); 「朝鮮臨時政府之宣告」, 『民國日報』 (1919.4.22); 「延吉之韓人復國運動」, 『民國日報』 (1919.4.27); 「朝鮮獨立活動續聞」, 『民國日報』 (1919.4.22); 「韓人之血淚語-(字林報)論日本對韓策」, 『民國日報』 (1919.4.25); 「高麗獨立之四股活動」, 『民國日報』 (1919.4.27); 「朝鮮獨立之活動」, 『民國日報』 (1919.4.26); 「高麗發現臨時政府」, 『民國日報』 (1919.5.2); 楚僧, 「可敬可佩的朝鮮人」, 『國民』 第1卷 4號(1919.4.1); 傅斯年, 「朝鮮獨立運動之新教訓」, 『新潮』 (1919.4.1); 陳兆疇, 「朝鮮獨立運動感言」, 『新潮』 第4號 (1919.4.1); 孟眞, 「朝鮮獨立運動中之教訓」, 『晨報副刊』(1919.3.20); 隻眼, 「朝鮮獨立運動之感想」, 『晨報副刊』 (1919.3.26); 若愚, 「朝鮮革命與外蒙騷亂」, 『晨報副刊』 (1919.3.27); 「高麗獨立風潮來息-被拘三萬死亡三千」, 『每週評論』 (1919.5.6); 蕭東升, 「朝鮮獨立軍和平會議」, 『新潮南』 第1卷 第1期(1919.6.15); 金奎植, 「新韓青年黨致和平會議書」, 『新潮南』 第1卷 第1期(1919.6.15); 蕭東升, 「在法韓國代表最近之活動」, 『新湖南』; 戴季陶, 「讀黎明會的朝鮮問題號」, 『星期評論』 第12號; 「高麗的臨時政府軍廣東政府」, 『星期評論』 第17號; 先進, 「朝鮮的獨立精神如何?」, 『星期評論』 第35號; 民意, 「朝鮮代表在和會之請願」, 『建設』 第1卷 第4號, 第2卷 第2號; 「朝鮮人之獨立運動」, 『黑潮』 第2號 (1919.10); 「朝鮮人的革命運動」, 『寧波工歷周刊』 第2期 (1919.11.22); 「朝鮮獨立記實史」, 『閩星』 第1卷 第1號 (1919.12.22); 「朝鮮總督被刺」, 『旅歐周刊』 第1號 (1919.11.15); 上海社會科學院 編, 「五四運動在上海史料選集」 (上海: 人民出版社, 1960), 120쪽.

31) 國史編纂委員會, 『韓國獨立運動史』 (2), 997쪽.

사에 글을 보내오니 대신하여 귀국의 각 신문사에 투고하여 주시기 바랍니다. 우리 전 조선인민은 3월 1일 오후 2시 가장 문명적이고 가장 정중한 행동으로 독립을 선포하였습니다. … 귀국 형제들이… 만약 우리에 호응하여 일본에게 타격을 주고 우리를 지원해주신다면, 우리 2천만 동포는 감격의 눈물을 흘릴 것입니다"라고 하였다.[32] 또한 한국 신문계의 선우혁(鮮于爀) 등 28명은 「중화민국 관 · 상 · 보 · 학계 제군에 고하는 글(告中華民國官 · 商 · 報 · 學界諸君書)」을 발표하여 중국과 한국의 전통적인 순치상의 관계를 환기시키고 중국이 한국과 동맹 협력하여 일본을 토멸할 것을 호소하였다.[33]

중국 언론의 3 · 1운동에 관한 취재원은 주로 다음의 세 가지이다. 하나는 한국인의 투고 및 관련 자료의 제공으로, 사건발생 후 중국 언론계는 앞에 예시한 안우근 서함과 같은 밀서 형식의 편지를 많이 받았다. 두 번째는 영국의 로이터통신사 및 중미통신사(中美通訊社) 등 서양통신사의 취재에 의거하였다. 당시의 서방기자들은 현지에서 직접 목도한 사실을 취재하였는데 일부는 "한국에 20년을 거주하여 한국 언어에 상당히 능숙한 사람"도 있었으며 한국문화에도 익숙하였다.[34] 또 다른 취재원은 일본에 파견된 중국기자들의 보도에 의거한 것이다. 그러나 동 · 서방기자를 막론하고 그들이 기사를 본국에 송고하는데 있어 일본관헌의 간섭과 방해를 심하게 받았다. 그러나 3 · 1운동에 대한 국제 여론계의 반향에 대해 일본 언론계는 침묵을 지켰으며,[35]

---

32) 「關於朝鮮獨立之書函」, 『上海時報』 (民國8年 3月 14日).

33) 姜德相, 『現代史資料』 25 (東京: 三鈴書房), 514쪽.

34) 「高麗獨立運動之見聞」, 『大公報』 (民國8年 3月 14日).

35) 3 · 1운동에 대한 일본의 보도는 3월 3일 『동경조일신문(東京朝日新聞)』과 『동경일일신문(東京日日新聞)』이었으며 3월 8일 조선총독부가 공식 발표한 「조선소요경과(朝鮮騷擾經過)」의 보도기사를

도리어 국익이라는 명분으로 일본제국주의의 입장을 합리화하고 죄악적 사실을 은폐하기 위해 모든 수단을 동원하여 사실을 날조하고 심지어는 기자를 추방하거나 감금하기까지 하였다.[36] 이와 같이 3·1운동의 발생소식은 일본 통치당국이 보도를 봉쇄하여 즉시 외부에 전해질 수는 없었으나, 3월 30일 오사카에 있는 서양통신사를 통해 고려인이 이왕(李王)의 장례기회를 틈타 사건이 발생하였음을 폭로하였다.

중국에서 가장 먼저 3·1운동을 보도한 매체는 3월 5일에 발행된 상해 『신보(申報)』와 북경 『신보(晨報)』였다. 그 신문들은 "토요일 오후 서울에서 한국인 수천 명이 시위했으며 또한 수백 명이 전 황제의 영구가 안치되어 있는 궁중으로 몰려들어 고려독립을 크게 외쳤다"고 보도하였으며, 또한 「고려인의 혁명열기(高麗人的革命熱)」 상황을 보도하였다.[37] 이어서 3월 6일 천진 『대공보(大公報)』에 「고려난사의 서신(高麗亂事之西訊)」, 같은 날 북경 『신보』에 「고려 혁명운동의 상보(高麗革命運動詳報)」가 게재되어 3월 1일의 거사에서부터 3월 3일 이왕의 장례식까지의 상황을 보도하였다. 3월 7일에는 『동경일일신문(東京日日新聞)』의 기사를 인용하여 「조선통치 개선의 예고(朝鮮統治改善之先聲)」를 실어 조선총독경질설을 보도하였으며, 또한 3월 9일에는 상해 『민국일보(民國日報)』에 「조선의 혁명운동(朝鮮革命運動)」이 보도되는 등 중국의 신문들은 3·1운동의 상황을 광범위하게

게재하면서 전 일본신문이 일제히 다루고 있다. 이들 보도는 12일부터 통제를 받았으나 일본에서는 3월 14일경까지는 속보가 나왔고 3월 15일 이후에는 모든 신문이 침묵을 지키고 있다. 申國柱, 「三一運動과 日本言論의 反響」, 『3·1운동 50주년 기념논집』 (서울: 동아일보사, 1978 再版), 485-489쪽.

36) 「日本虐待韓人之西訊」, 『上海時報』 (民國8年 3月 30日)

37) 「三一運動」, 『申報』 (民國8年 4月 30日).

보도하였다.

상해 『신보』는 광범위한 영향력을 가진 신문으로 이 운동에 대해 대량의 상세한 내용, 즉 3·1운동의 발생 경과 및 살상자의 숫자 등 일본의 비인도적 행위를 중복적으로 보도하였으며, 3월과 4월에 발표된 소식·선언·평론·전보 등의 문장은 모두 42편이었다. 중국국민당 기관보 『민국일보』에도 3월과 4월에 103편의 소식이 보도되어 한국인에 대한 열렬한 공명을 표명하였다. 로이터 통신사가 제공한 자료로 작성한 「고려(조선)가 선포한 독립상황(高麗(朝鮮)宣布獨立詳情)」(1-4)을 3월 12일부터 3월 15일까지 게제하는 등 연속적으로 서울·평양·신의주 등 한국 각지에서 전개된 군중시위의 소식을 전면적으로 소개하였다. 그중 3월 23일의 기사에서는 3·1운동의 의의에 대해 다음과 같이 쓰고 있다.[38)]

> 한국인의 봉기는 실로 일본인의 폭악 무도함 때문이었다. 일본은 십수 년 동안 한국인의 국가사상을 소멸시키고 그 독립의 희망을 말살하는데 진력하였다. 그러나 한국 민중은 여전히 떨쳐 일어나 반항하고 있다.… 한번 불붙은 한인의 자유사상은 절대로 가볍게 소멸될 수 없으며 그들은 일본의 압박에서 필연코 해방될 것이다. … 이번의 독립운동에 일본은 전에 없는 가혹수단을 썼다. 그러나 이것은 전 세계에 일본인의 잔학무도함을 폭로했을 뿐이며 좋은 일이라 할 수는 없는 것이다. 일본은 이런 폭행을 은폐하고 싶겠지만 실제로는 이미 천하에 폭로되어 한국 민족으로 볼 때는 일종의 희망인 셈이다.

북경에서 간행되는 진보당(進步黨) 연구계(研究系)의 『신보』 역시도 3·1운동에 많은 지면을 할애하여 3월과 4월 사이에 68편의 기사를 게재하였다. 이 신문에는 당시 저명인사들의 평론이 실렸었는데 중미통신사가 서울에서 타전한 「고려 각지의 독

38) 『民國日報』(民國8年 3月 23日).

립운동(高麗各地獨立運動)」(1~6) 및 「조선독립활동의 속보(朝鮮獨立活動之續文)」 등이 게재되었다. 3월 13일에는 손병희(孫秉熙) 등이 서명한 독립선언이 게재되었고 3월 18일에는 33인의 명단을 게재하는 등 한국 각지에서의 독립운동상황을 체계적으로 소개하였다.

중국신문은 한국본토의 상황뿐 아니라 중국 내에서 일어난 한국교민의 독립운동 소식도 보도하였는데 한국과 가까운 곳에 위치하고 있어 한인이 집단 거주하던 길림성의 『길장일보(吉長日報)』 및 심양의 『성경일보(盛京日報)』의 경우, 일본의 침략이 강화되고 있던 동북지방의 정세 때문에 한인의 독립운동 사실을 충실하게 전달하지 못하였다. 따라서 3·1운동을 「일본근정(日本近情)」 중의 하나로 몇 차례 언급했을 뿐이며 그것도 오로지 동경발(東京發) 기사에만 의거하고 있었으므로 「조선인의 폭동책화(朝鮮人策劃暴動)」 등으로 왜곡되게 보도하기도 하였다.[39]

1919년 3월부터 한국독립운동에 관계되는 내용을 게재한 중국의 신문·간행물들은 상술한 신문들 이외에 중국에 주재하는 외국인이 발행하는 『북경일보(北京日報)』·『상해관보(上海官報)』·『북경천진시보(北京天津時報)』·『광동시보(廣東時報)』·『화북일보(華北日報)』 등의 영자신문이 있었고, 이외에도 『상해시보(上海時報)』·홍콩 『화자일보(華字日報)』·천진 『대공보』 및 『매주평론(每週評論)』·『신조(新潮)』·『건설잡지(建設雜誌)』·『동방잡지(東方雜誌)』 등이 있었다. 이 신문들은 한인이 민족독립을 쟁취하기 위하여 비폭력의 평화시위운동을 벌인 사실과 이에 대하여 일제의 무장진압정책이 초래한 유혈사건 등을 적극적으로 보도하

39) 李龍範, 「3·1운동에 대한 중국의 반응」, 『3·1운동 50주년논집』, 533-535쪽; 金光洙, 「3·1운동에 대한 중국 언론계의 반응」, 『韓國民族獨立運動史的諸問題』 (서울: 범우사, 1992), 121-122쪽.

고, 일제의 폭력정책을 규탄하여 한국의 독립운동을 찬양・지지하며 중국민족을 계몽하였다. 3・1운동으로 생성된 일본에 대한 민족위기감은 전국 각 계층으로 확대되어 5・4운동에 표출되었다. 당시 학생・노동자 및 상인단체가 발표한 성명・선언・전보・연설・연극 등에는 3・1운동이 적지 않게 언급되고 있다.

중국재야의 각 계층은 민족적 위기의식과 대한국관을 갖고 3・1운동에 반응하였는데 여기에 표현된 관심을 질적으로 분석해 볼 때 여론계의 지지는 도의적 혹은 정신적인 원조는 많았지만 민국초기의 혼란정국으로 인하여 실질적이고 구체적인 도움은 많지 않았다. 그러나 양적으로는 재야의 관심이 정부 측보다 훨씬 열렬하였고 언론태도도 정부보다 훨씬 격정적이고 공개적이었다. 따라서 한국민족의 반일행동이 있을 때마다 보도문에 공동의 적에 대한 적개심을 노출시키며 일본의 한국통치정책을 비판하고 독자들의 마음을 결집시켰으므로[40] 민족위기의 인식이 생겨나게 되었다.

2) 중국 여론계의 3·1운동에 대한 논조

중국의 언론계는 3・1운동에 관한 소식을 보도할 때 중국의 사회현상과 결부시켜 논평함으로써 한국독립운동에 대하여 성원과 지지를 보내는 동시에 중국민중의 각성을 촉구하여 일본제국주의의 본질을 명확히 인식하게 하였다. 당시 청년지식층에 막강한 영향력을 발휘하며 정치문제를 중점으로 다루던 주간지 『매주평론』은 제13호에서 신문화운동의 최고지도자인 진독수(陳獨秀)의 「조선독립운동의 소식(朝鮮獨立運動消息)－민족자결사조가

40) 林明德, 「三一運動與五四運動」, 『近代中國關係史』 (臺北: 三民書局, 民國73), 216쪽.

원동에도 흘러왔도다(民族自決的思潮也流到遠東來了)」를 싣고, 2 · 8독립선언서와 3 · 1독립선언서를 소개하며[41] 3 · 1운동의 시위상황을 해설하고 분석하였다. 이 글에서 진독수는 "이번의 조선독립운동은 표면적으로는 유럽전쟁의 영향을 받은 것처럼 보이지만 실제로는 뜻을 세운지 얼마나 오래되었는지 모른다. 현재 그들의 독립준비가 매우 주도면밀하고 그 거동이 매우 문명스러운 것을 볼 때 조선혁명은 조직적이고 또 훈련받은 것임을 알 수 있다"[42]고 지적하였다.

『매주평론』 제14호에서도 진독수는 한국독립활동을 다룬 문장 「조선독립활동의 상황(朝鮮獨立活動的情狀) – 생기와 살기가 상충하고 공리와 강권이 다툴 때, 최종적으로 어떻게 승패가 나겠는가?(生氣和殺氣相沖, 公理和强權苦戰, 且看那最後一天, 到底是誰勝誰敗?)」을 통해 한국민족의 일본제국주의에 대한 영웅불굴의 투쟁을 높이 평가하였다.[43] 즉 한국민족의 독립운동을 '생기'와 '공리'로, 그리고 일제의 통치를 '살기'와 '강권'으로 표현하며 비록 생기와 공리가 잠시 좌절된다 하더라도 그것은 잠시적일 뿐이라고 주장하였다. 따라서 궁극적으로는 생기가 살기를 이기고 공

41) 진독수는 '2 · 8'과 '3 · 1'의 독립선언서를 소개하며 독립요구의 원인을 다음의 세 가지로 요약하였다. 즉 첫째, 일본은 조약을 어기고 완전히 사기와 폭력의 방법으로 조선에 대응하였는바 이는 커다란 치욕이므로 인류의 치욕을 씻기 위해 당연히 독립주장은 필수이다. 둘째, 정치 · 경제 · 교육 등 방면에서 조선인은 불평등 대우에 시달리고 있어 생존권의 쟁취를 위해 독립주장을 하지 않을 수 없다. 셋째, 러시아는 일찍이 군국주의를 포기하였고 국제연맹도 군국주의를 금지하며 제한을 가하려 하고 있다. 만약 우리가 군국주의를 타도하지 않으면 동양을 교란시키는 화근이 될 것이므로 동아평화를 위하여 필수적으로 조선독립을 요구한다. 『每週評論』 第13號(民國8.3.16).

42) 『每週評論』 第13號(民國8년 3月 16日).

43) 『每週評論』 第14號(民國8년 3月 23日).

리가 강권을 배제할 것이어서 '조선민족 독립자치의 영광'은 실현될 것임을 강조하여 한국독립운동의 지지를 분명히 하였다. 또한 같은 호에서 진독수는 '척안(隻眼)'의 필명으로 사설「조선독립운동의 감상(朝鮮獨立運動之感想)」을 쓰고 한국민족의 일제에 대한 투쟁을 높이 평가하며 '세계혁명사의 신기원을 개척하였다'고 격찬하였는데 이를 인용하면 다음과 같다.44)

> 이번 조선의 독립운동은 위대·성실·비장의 명료하고 정확한 개념으로 민의를 사용하였으되 무력을 사용하지 않아 세계혁명사의 새로운 기원을 개척하였다. 우리는 이에 찬미·애상·흥분·희망·참괴 등등의 감상을 갖게 된다. … 우리는 조선민족의 영광을 회고하며 우리 중화민족의 위축에 굴욕감을 느끼지 않을 수 없다. … 조선인의 활동을 보라. 무기가 없다고 반항을 못하였는가? 더욱이 주인공의 자격을 포기하고 제3자가 되었는가? 우리는 조선인과 비교하여 볼 때 진실로 참괴할 뿐이다.

그 외에도 『매주평론』 제14호 제3면에서는 진독수의「수감록(隨感錄)」이 실렸는데 그 중의 제3조는 직접적으로「중국의 이완용(李完用)·송병준(宋秉畯)은 누구인가?」를 제기하였다. 그는 중앙공원의 갑·을 두 유객의 한담을 인용한다. 갑이 을에게 묻기를 "현재 조선은 일본의 학대를 받고 있는데 이는 매국노 이완용·송병준의 죄악을 도맡아 당하고 있는 것이다. 우리 중국도 조선의 위치에 가까워지고 있는데 당신은 이완용·송병준이 누군지 알겠는가?" 을은 연극광이어서 경극 음조로 북양정부(北洋政府)의 외교부장을 역임했던 조여림(曹汝霖)과 당시 북양정부의 대총통 서세창(徐世昌)을 지적해낸다. 이 문장은 3·1운동을 통하여 중국의 반봉건·반제국주의와 연결시켜 독자들의 정치문제

44)『每週評論』第14號(民國8年 3月 23日).

에 대한 사고를 촉구하기도 하였다.[45)]

이상과 같은 진독수의 견해는 1914년 제1차 세계대전 발발 이전까지의 한국에 대한 인식과는 상당히 다르다. 즉 진독수는 1914년에 쓴 「애국심과 자각심(愛國心與自覺心)」의 논문에서 다음과 같은 논조를 제기하며 1910년 한일합병 당시 보였던 한국 봉건지배계층의 무기력과 투항성에 불신을 품었었다. 즉 “조선은 땅이 작지만 백성이 나태하며 예로부터 속국이었다. 군신의 탐오와 잔학은 비교할 수 없으며 일본에 합병된 이래 정치가 일어나고 도둑이 종적을 감추었으며 소송이 지연되질 않아 확실히 백성에게는 큰 복이라고 할 수 있다. 그러나 옛 주인의 부흥을 꾀하며 강린(强隣)에 항거하고 있으니 이는 실로 큰 손해”라고 하며 한민족의 일제에 대한 저항과 의병활동마저도 과소평가를 하고 있음을 볼 수 있다.[46)] 이 문장은 본래 신해혁명 이후 군벌이 전횡하는 ‘악국가(惡國家)’ 내지 ‘난국가(亂國家)’ 아래에서의 중국인민의 고통을 말하려는 것이다. 진독수는 ‘국가가 없는’ 백성 혹은 ‘망국’의 백성이 누리는 불평등권리는 외국(일본)의 “법치국 주권아래 비호를 받는 인민(조선인)”보다 더욱 비참하다고 강조하였다. 따라서 진독수는 4년 후 「조선독립운동의 감상」을 써서 중국에 발생한 일본의 21개조요구, 산동점령, 중일공동방적협정 등 민족적 탄압의 강화와 이를 반대하는 운동의 경험, 그리고 제1차 세계대전과 러시아혁명 이후의 민족자결주의의 조류에 의해 생성된 새로운 인식으로 특히 3·1운동 자체가 표현하는 것에 대해 깊은 관심을 표현하였다. 이러한 인식은 진독수뿐 아니라 당시의 지식인층에게도 공통적으로 나타나고 있는

45) 같은 주.

46) 「愛國心與自覺心」, 『甲寅新誌』 第2卷 第4號(1914.11).

현상인데,[47] 이는 그들이 서구의 과학과 민주주의에 대한 서구문화 일변도론(一邊倒論)을 주창함으로써 구국의 방법을 모색하려 했던 것과도 관련이 있다. 바꾸어 말하면 그들이 이해하는 서구는 산업혁명을 배경으로 힘을 기른 적자생존이 정당화되어 있는 서구였다.

이러한 입장에서 보는 한국사회는 비과학적 사회이며 일본에 의해 식민지로 전락된 도태되어야 할 나라로 인식되어 한국인의 독립투쟁을 경멸하고 있는 것이다. 그러나 1915년 이후 전개된 일본의 대중국 침략과 국내의 군벌정치(軍閥政治)에 의해 야기된 반봉건·반제국주의의 민족적 위기의식에 자극을 받아 대한국 인식은 변화를 보이기 시작한다. 따라서 1915년 9월 『청년잡지(靑年雜誌)』 제1권 제1호(제2권부터 『신청년(新靑年)』으로 개명)에 실린「삼가 청년에게 고함 (敬告靑年)」에서는 중국청년들에게 톨스토이나 타고르가 되기보다는 콜럼버스나 안중근처럼 진취적이 되라고 충고하며,[48] 일본의 대중국 침략정책에 의해 야기된 민족적 위기의식에서

47) 입헌파(立憲派)의 거두인 양계초(梁啓超)도 그러한 인식을 가지고 있는 지식인 중의 한사람으로 그는 무술정변(戊戌政變) 이후 일본에 거주하며 이후 진행된 한국의 멸망에 역사적인 분석을 하거나 그 과정을 저술하고 원인을 연구하였다. 양계초의 한국 멸망과 관련된 저술은 모두 4종으로 『朝鮮哀詞五律二十四首』의 문학작품 외에 『朝鮮亡國史略』·『朝鮮亡國之原因』·『日本併呑朝鮮記』이다. 이들의 내용을 종합하면 양계초는 한국멸망을 일본 명치유신에서부터로 파악하며 그 멸망원인을 한일합병 이후의 궁정·사회·정치의 세 방면에서 연구하고 있다. 양계초가 이 책들을 저술한 동기는 한국 멸망의 역사적 사실을 기재하는 것과 중국을 경고하기 위함의 두 가지 이유에서였다. 張存武,「中國對於日本亡韓的反應」, 『淸代中韓關係論文集』 (臺北: 臺灣商務印書館, 民國76), 396-401쪽.

48) 陳獨秀, 『獨秀文存』 卷一 (上海: 亞東圖書館, 1934년 제10판 影印本), 6쪽.

일제의 한국침략에 대해 관심을 표명하기 시작했고 3·1운동을 경험하면서부터는 한국민족에게 강한 인상을 받게 되었다.[49)]

『신청년』과 함께 청년지식층에 강력한 영향력을 발휘하던 부사년(傅斯年)은 1919년 1월 발간된 『신조』에서 한국인의 3·1운동에 주의를 기울였다. 제1권 4호(1919년 4월 1일 출판)에는 그의 「조선독립운동 중의 신교훈(朝鮮獨立運動中的新敎訓)」을 비롯하여 진조주(陳兆疇, 穗庭)의 「조선독립운동의 감언(朝鮮獨立運動感言)」의 등을 게재하였다. 부사년은 「조선독립운동 중의 신교훈」에서 당시 중국의 혁신파 학생들이 받은 3·1운동의 충격을 표현하며 진독수의 문장에 호응하였다. 즉 "이번의 조선독립운동은 표면적으로 볼 때 그 역량이 매우 박약하여 성공을 기대할 수 없었고 시간도 매우 짧았다. 그러나 내면의 정신을 보면 실로 '혁명계의 신기원을 개척했다'고 말할 수 있다"라고 평가하였다.

부사년은 "조선독립운동은 미래의 혁명운동에 세 가지 중요한 교훈을 제공하고 있다"고 지적하였는데[50)] 첫째는 비무장의…맨

---

49) 정수화(丁守和)는 한국 3·1운동이 중국 지식인들에게 강한 자극제가 되었다고 하며 당시의 상황을 다음과 같이 서술하였다. 즉 "1919년 3월 우리 이웃인 조선에서 발발한 일제 압박에 반항하며 민족독립을 쟁취하려는 혁명운동은 중국인민에게 특별한 감상과 영향을 끼쳤으며 많은 언론은 큰 비중으로 이 사건을 보도하였다. 조선인민의 반제·반봉건의 각오도 최고조에 이르게 되었고 사람들은 비참하고 굴욕적인 생활을 견딜 수 없다고 느끼며 추악한 현상을 반드시 타파하고 광범위한 인민을 연합하여 자신의 문제를 해결해야 할 때가 왔음을 스스로 느끼게 하였다. 바로 이 시점에 이르러서 사람들은 진정으로 중국의 독립과 해방은 오로지 중국인민의 '직접행동'에 의존하지 않을 수 없음을 느끼게 되었다." 丁守和·殷敘, 『從五四啓蒙運動到馬克思主義的傳播』(北京: 三聯書店, 1979), 118쪽.

50) 傅斯年, 『傅斯年全集』 第5冊 (臺北: 聯經出版事業公司, 民國69),

손혁명이라고 평가하였다. 그는 무기를 들지 않는 혁명은 "실제로 무기를 사용하는 독립운동보다 가치가 있으며…진정한 정의(正義)의 결정(結晶)이라고 할 수 있다"고 하였다. 둘째로는 "이룰 수 없는 것을 알고 행한 혁명"이라고 평가하였다. 부사년은 "중국이 이 시점에서 가장 고려해야 할 것은 사회적 현상으로 일반인들이 개혁사업에 대해 불가능하다고 염려하는 것이다.… 이는 중국인이 영원히 회복할 수 없는 운명의 결정된 안건이다. 모두가 하지 않으면 어떻게 가능하겠는가? 모두가 한다면 어떻게 불가능하겠는가? 조선인의 굳센 의지를 보라. 우리의 부끄러움은 진실로 형용할 수 없는 지경에 이르렀다. 조선인의 이런 정신은 곧 최후 승리에의 예고이다"라고 강조하였다. 셋째는 순수한 학생혁명이라고 평가하였다. 그는 "이번의 조선독립운동은 관료·정객·군인 등 다른 역량의 개입 없이 오로지 일반 서생의 자각심에 근거한 진실로 순결하고 광명정대한 거동"이라고 격찬하였다. 따라서 부사년은 "조선인의 강건한 기백을 보았을 때 우리는 형용할 수 없는 수치감을 느꼈다"고 토로하여 중국학생은 조선학생들로부터 백절불굴의 애국정신을 배워야 할 것임을 강조하였다.

1919년 2월 5·4운동의 또 다른 지도자 이대교(李大釗)의 지도하에 일간지로 개편된 진보신문 『신보부간(晨報副刊)』에는 부사년의 앞의 논문이(3월 20일), 3월 26일에는 진독수의 「조선독립운동의 감상(朝鮮獨立運動之感想)」이, 또한 3월 27일에 왕광기(王光祈)의 「조선혁명과 외몽의 소란(朝鮮革命與外蒙騷亂)」을 재수록하여 3·1운동의 경험과 교훈을 소개하였다.[51)]

1587-1589쪽.

51) 『5·4時期期刊介紹』 第1集 下冊 (瀋陽: 新書書店, 1979), 1587-1589쪽.

왕광기는 문장에서 "조선혁명은 자동적인 혁명이다. … 무릇 자동적인 혁명은 어떤 민족이 건국능력과 독립정신이 있고 자유를 사랑하기 위해 필연적으로 피를 흘리며 자치를 쟁취하려고 희생하는 것이다. 이번의 조선혁명은 이러한 정신을 포함하고 있어 탄복하게 한다. 만약 중국에 조선과 같은 속지(屬地)가 있다면 나는 그들의 혁명을 반대하지 않을 것이며 그 혁명을 도울 것이다. 이 혁명은 극히 가치가 있는 거동이며 인류 진화사에 많은 광채를 보탤 수 있기 때문이다"라고 지적하였다.

호남(湖南) 신문화운동의 일환으로 조직되었던 신민학회(新民學會) 소속의 모택동(毛澤東) 등은 5·4운동기간에 『상강평론(湘江評論)』을 창간하였는데 제3호(1919년 7월 28일)의 「동방대사술평(東方大事述評)」에서 "3월 1일 이후 서울·개성(開城)·평양(平壤)·중화(中和)·황주(黃州)·수원(水原)·의주(義州)를 비롯한 조선반도 전체에서 독립의 메아리가 퍼지고 있으며 조선인민은 국기를 손에 쥐고 독립을 외치며 일본군경의 간섭·체포·창살(槍殺)도 두려워하지 않는 것 같다"고 서술하였다. 또한 그 의의에 대해서도 "일본군경의 잔혹한 진압은 잠시 정지된 것 같지만 조선인민의 두려움 없는 혁명정신에 비추어 볼 때 독립실현의 날은 반드시 도래할 것으로 단언할 수 있다"고 평가하였다.[52)]

경매구(景梅九)는 「중국인에게 고함(爲韓國近事正告國人)」이라는 논문을 발표하여 3·1운동을 다음과 같이 찬양하였다.[53)]

> 오랫동안 일본의 학정아래 신음하던 한국인은 이 소식을 듣고 궐기하여 민중을 연합하여 정의의 깃발을 들고 극히 문명적이고 장렬

---

52) 『湘江評論』 第3號; 楊昭全, 「現代中朝友誼關係史的開端」, 『中朝關係史論文集』 (北京: 世界知識出版社, 1988), 188, 190쪽 재인용.
53) 朴殷植, 『韓國獨立運動之血史』 下, 103-104쪽.

한 거동으로 독립을 선포했다. 이를 우방에 알리고 잃었던 나라를 되찾는 의거를 일으킨 이래 한국의 지사와 의로운 백성들이 일본의 야만적 경찰에 살해되고 체포·투옥되었다. 그러나 모든 인민들은 시종 불굴의 태도를 견지하였으며 불과 며칠 동안 팔도가 피로 물들었으니 자랑하고 존경할 만한 일이다.…한국인의 이번 의거는 직접적으로 한국에 이롭고 간접적으로는 우리에게도 이로우며 또한 동아 전체에 유리하게 작용하여 세계평화의 전도에도 막대한 영향을 끼칠 것이다. 한국이 조속히 독립의 원상을 회복하고 동아시아에서의 두 번째 공화국을 건립한다면 이는 한국인의 다행일 뿐만 아니라 우리 4억 중국인에게도 영광이 있을 것이다.

경매구는 일본이 중국과는 순치관계에 있는 한국을 병탄하고 남만주를 침략하였으며 중국 전역을 병탄하려고 하는 음모를 강도 높게 비난하며 일본은 아시아가 당면한 문제이기 때문에 한국독립운동이 중국민족에도 영광이 된다고 깊은 연대를 표시하였다.

이외에도 3·1운동의 영향이 중국에 확산되는 시점에 중국국민당의 영향을 강하게 받는 광동성국민회의(廣東省國民會議)는 1919년 4월 5일 강기호(康基鎬) 등 331명이 한국독립을 승인해 줄 것을 북경정부에 권고하였고 파리강화회의 중국대표에 전보를 보내 이 중요한 문제를 신중히 처리할 것을 요청하며 조선의 미래는 중국의 운명과 중대한 관련이 있음을 강조하였다. 강기호 등은 그 권고문에서 "중국이 지난날의 조약에 의해 한국독립을 승인한 것이 명확한 사실이며 한일합방은 결코 공식적인 승인이 아니다. 한국의 장래는 중국과 중대한 관계에 있다. 손문은 한국이 동양의 발칸이라고 말하며 이 문제가 해결되기 전에는 영원한 평화가 올 수 없다고 하였다.…만주·몽고·산동·양자강 유역의 장래는 모두 한국문제와 밀접한 관계가 있다"라고 지적하기도 하였다.[54] 이와 같이 중국정부에서도 3·1운동을 계기로 한국문제를 자국의 문제와 결부시켜 생각하기 시작하였다. 또한 민간차원인 전국각계연합평의회(全國各界聯合評議會)는 여지이(呂志伊)의 제의로 한국독립운동을 지원하기로 결의하고 그 내용을 전국에 통전하였다. 이 결의문에는 한국독립운동을 도와야 할 이유를 중일조약의 관계, 인도주의의 관계, 세계평화의 관계, 조선민족과의 관계, 중한이해의 관계의 다섯 가지로 나누어 서술하고 "우리민족은 조선독립을 원조할 필요가 있으며 또한 적극 원조해야 할 의무가 있다. 조선독립을 따르는 것은 배일문제가 아니고 생존문제이며 조선일부의 문제가 아닌 동아 및 전세계의 문제"라고 지적하였다.[55]

이상에서와 같이 제1차 세계대전 이후 전면적으로 진행된 일본 제국주의의 중국에 대한 격렬한 침략정책을 체험하면서 중국의 지식인들은 한국민족의 독립투쟁을 이해하게 되었다. 따라서 중국인들은 일본의 한국침략과정을 통하여 당면하고 있는 서원차관(西原借款), 중일공동방적협정 등에 대항하는 방법을 배웠고, 또한 3·1운동을 통하여 반일·반침략의 투쟁을 효과적으로 전개하는데 한중 양 민족의 연대감을 더욱 공고히 해야 할 것임을 인식하게 되었다.

---

54) 朴殷植, 『韓國獨立運動之血史』 下, 102쪽.
55) 같은 주, 104-107쪽.

3. 5·4시기 중국 조야의 대한국인식

1) 5·4운동에 나타난 지식인의 대한국관

1919년 5월 4일 북경의 학생층이 주체가 되어 일으킨 5·4운동은 공화혁명이 좌절된 후 허탈감에 싸여있던 중국 지식인들로 하여금 새로운 활로를 모색하게 한 획기적인 사건이었다. 이 운동은 학생층만이 아니라 노동자·시민 층의 지지를 얻어 반제·반봉건의 민족주의적 성격을 띠고 전국적으로 확대 발전되어 드디어 북경정부로 하여금 민중의 요구를 인정하게 하는 소기의 목적을 달성하였다.

5·4운동 당시 전국 각지의 집회와 시위과정에서 발표된 성명서·선언서·전보문·격문 등의 내용에는 항상 한국문제가 제기되고 있음을 알 수 있다. 3·1운동이 중국의 학생층에게 준 충격과 영향은 5·4운동 시위현장에서도 나타나고 있는 것이다.

북경대학 학생지도자 허덕형(許德珩)은 5월 4일 천안문집회에서 기초한 「북경학생계선언(北京學生界宣言)」에서 다음과 같이 서술하였다.[56)]

> 산동의 상실은 곧 중국의 멸망이다. 우리 중화 동포는 이 대지에서 낳았고 이 산하를 옹유하고 있다. 그러나 우리를 모욕하고 압박하며 견마노예로 취급하므로 어찌 비애가 생기지 않을 수 있겠는가? 프랑스 인민은 알자스·로렌 두 주를 위하여 '이를 얻지 않으면 차라리 죽음을 달라'는 성난 목소리를 내었고 조선인민은 독립을 쟁취하기 위하여 '독립이 아니면 차라리 죽음을 달라'는 비애를 나타내었다.

56) 「北京學生界宣言」, 『五四愛國運動』 附錄 1, 宣言 (北京: 中國社會科學出版社, 1979), 310쪽.

이 국가존망, 국토할양의 위기를 맞이하여 국민이 최후의 궐기를 결심하지 않는다면 20세기의 열등민족이고 인류라고 칭하기에 부족함이 많을 것이다.

5월 5일 발표된 「서총통에게 드리는 북경학생의 글(北京學生上徐總統書)」에서도 "산동문제가 국가존망과 관련된다는 것을 누가 모르는가. 일본은 남북화의(南北和議)가 결렬된 기회를 이용하여 조선에 대응하던 수단으로 이완용(李完用) 같은 사람들을 이용, 은밀히 조종하고 있다…"라고 지적하며 이것은 망국의 도화선이 될 것으로 매국노를 제거하여 위기를 만회하자는 것이 학생시위의 유래라고 설명하고 있다.[57]

이어서 발표한 「북경학생이 일본국민에게 드리는 글(北京學生致日本國民書)」에서 "조선민족은 귀국이 멸망시킨 민족이지만 최근 조선의 소란으로 귀국이 당하는 손실은 어떠한가? 이런 손실은 귀국 국민이 무게를 감당할 수 없는 무거운 부담으로 될 것이다. 우리 중국은 조선과 비교할 수 없으며 귀국이 우리 중국을 멸망시키고자 한다면 귀국은 반드시 타국 멸망보다 더욱 큰 대가와 희생을 치루어야 할 것임을 먼저 인식해야 한다."[58]라고 하였다.

5・4운동 당시 천진의 학생운동 지도자로 활동하던 주은래(周恩來)는 「천진학생연합회회보발간사(天津學生聯合會會報發刊詞)」에서 "이번에 전국 학생이 발동한 혁명 사업은 세계적으로 보면 결코 신기한 것이 아니지만 동아시아에서는 확실히 드문 것이다. 일본의 쌀 소동과 조선의 독립운동은 모두 세계사적 신사조로 인하여 발생한 것으로…우리 학생은 이러한 신조류를 장악하여…절

57) 『北京學生上徐總統書』(1), 『五四愛國運動』 附錄 2, 函牘, 322쪽.
58) 西順藏 編, 『原典中國近代思想史』 第4冊 (東京: 岩波書店, 1977), 257쪽.

대로 이에 대해 자각이 없으며 안 된다"[59]라고 강조하였다. 또한 「천진학생의 동맹휴학선언(天津學生罷課宣言)」에서는 "오호라! 만약 근대세계 약소국의 멸망원인을 주의 깊게 관찰한다면 이집트의 멸망은 차관조약으로 망하였고 조선의 멸망은 간악한 자의 매국으로 망하였음을 알 수 있다. 오늘날 우리 중국에는 두 가지가 갖추어져 있어 나라는 망하였으나 아직 망하지 않은 것은 민기(民氣)일 뿐이다. 부당하게 민기를 억누른다면 어찌 국가회복을 바라겠는가."[60]라고 토로하였다. 이와 같이 학생들은 중국이 제2의 조선화로 되어 가고 있음을 명확히 지적함으로써 그들의 민족적 위기의식의 준거가 곧 한국민족의 망국에 있음을 나타내고 있다.

5・4시기, 북경대학의 평민교육강연단(平民教育講演團)은 가두강연을 행할 때에도 한국문제를 언급하며 한국민족의 비참한 운명이 내일의 중국운명임을 지적하고 조선민족의 분투를 소개하며 중국민중을 고무시켰다. 류치창(劉熾昌)은 「조선독립(朝鮮獨立)」(5월 4일)을 황요화(黃耀華)는 「이완용과 조선(李完用與朝鮮)」(5월 28일) 등의 제목으로 가두강연을 행하며 한국의 반일 및 독립 쟁취의 투쟁을 확고하게 지지하였다.[61] 그 외에도 학생들은 민중을 각성시키고 활동자금을 조달하기 위해 다양한 역사극을 공연하였다. 그 가운데는 「목란종군(木蘭從軍)」・「아편전쟁(阿片戰爭)」・「대만을 애도함(哀臺灣)」・「청도풍운(青島風雲)」 등 국내에서 소재를 구한 것도 적지 않았지만 「안중근(安重根)」・「고려망국사(高麗亡國史)」 등 한국의 비극과 전쟁을 주제로 한 연극들

59) 懷恩, 『周總理青少年時代詩文書信集』 上冊 (成都: 四川人民出版社, 1979), 149-150쪽.
60) 『五四愛國運動』 附錄 1, 314쪽.
61) 위의 책, 525쪽.

이 많은 사람들의 공감을 불러 일으켰다. 당시 절강성(浙江省) 가흥현(嘉興縣)에 위치한 교회중학의 학생은 자신의 일기에서 동맹휴학 기간에 2, 30명의 학생이 애국극단을 조직하여 직접 쓴 각본으로 연극을 공연하였는데 그 중 하나가 「조선망국한(朝鮮亡國恨)」이었다고 지적하고 있다.[62]

당시의 또 다른 참여자는 다음과 같이 회고하고 있다.[63]

> 동맹휴학기간에 선전대를 조직하여 큰 길에 나가 표어를 붙이고 강연을 하는 것 이외에 애국극단을 조직하여…연극 「조선망국한」·「운남기의(雲南起義)」·「중국혼(中國魂)」·「매국적타도(賣國敵打倒)」 등을 공연하였다. 우리는 대사를 미리 정하지 않고 줄거리를 무대에 맞추어 개요를 편성할 뿐으로 이에 따라 무대에서 임시로 대사를 만들었는데 이렇게 무대에 오르면 비교적 상황에 민첩하게 대처할 수가 있어서 만약 관중 분위기가 고조되면 우리의 대사는 더욱 격동적이 될 수 있었다.…내가 기억하는 바로는 연극 「조선망국한」 공연에서 가장 침통한 장면에 이르렀을 때 무대아래 위에서 함께 울고 구호를 크게 외치는 등 모든 객석이 호응하여 흥분되었던 장면들을 나는 아직도 뚜렷하게 기억하고 있다.…

5·4운동 후기의 중심지 상해의 상해중화총공회(上海中華總工會)는 북경정부의 각부 부장들에 전문을 보내어 "고려는 우리의

---

62) 등영초(鄧穎超)의 회고에 의하면 그녀 자신을 포함하는 천진여학생들은 강연 도중에 눈물을 흘리며 "조선망국 이후 조선인민의 비참한 상황은 실로 말로 형용할 수 없다."<(中國社會科學院近代史研究所編, 『5·4運動回憶錄』 下冊 (北京: 中國社會科學出版社, 1979) 86쪽>라고 말하였다. 유청양(劉淸揚)도 당시를 회고하며 천진의 수많은 학생강연대가 "일제가 우리나라를 멸망시키려는 야심을 말하거나 조선인민의 망국 후 직면하고 있는 비참한 운명을 얘기할 때마다 강연자나 청중들은 모두 분개하여 통곡하였다"고 서술하고 있다(위의 책, 240쪽).

63) 같은 주, 783-785쪽.

교훈"임을 전제하고 파리강화회의의 중국대표에 분발을 촉구하여 청도(靑島)를 회수하고 비밀조약을 폐기시켜 목적을 달성하기 전에는 절대로 서명하지 말 것을 촉구하였다.[64] 이에 앞서 5·4운동이 최고조에 달했던 시기인 5월 8일 장계(張繼)·하천형(何天烱)·대계도 등이 일본의 주상해 신문사특파원 및 주필을 초대한 자리에서 「일본국민에 고하는 글(告日本國民書)」을 배포하여 한국 문제에의 관심을 호소하였다. 대계도는 이 글에서 중국민중이 일본에 대해 원한과 공포의 심정을 갖는 원인은 완전히 대만의 식민지화 및 한국통치 때문이라고 지적하였다. 동시에 "한국과 일본과의 관계는 혈통으로 보더라도 중국보다 가까우며 문화적으로 말하더라도 한국인은 일본을 계몽시킨 은인"이라고 지적하였다. 그러므로 "일본이 한국인을 노예 취급하는 것" 및 "이번의 한국 민중의 비폭력 독립운동에 대하여 일본 여론계가 동정을 표시하는 사람이 적어 영국과 아일랜드 그리고 미국과 필리핀과의 관계와 비교할 때 그 취지가 너무나 크게 다르다"고도 지적하였다.[65]

상해에서는 5월 7일 수천에서 2만 명에 이르는 각 계층의 시민·학생·노동자가 모여 국민대회를 개최하였는데 한국독립운동가와 3·1운동에 참가했던 독립운동가 및 재중국 한국교민이 참가하였고, 또한 30여 명의 한인 청년독립단(靑年獨立團)이 직접 참여하여 반일문서를 살포하고 반일투쟁을 선동하는 등의 활동을 하였다.[66] 또한 중국의 국치일인 5월 9일에는 중국인 학생 300여

64) 『民國日報』(1919.5.17).

65) 『五四愛國運動』, 339-342쪽.

66) 여기서 나타나는 한국청년독립단은 종래의 재상해 한인청년회 내에 청년단이 따로 있어 각기 행동하다가 1919년 5월 4일 청년회 사무소에서 약 30명이 모여 양자를 통합하고 상해임시정부를 원조하면서 독립운동을 전개하기로 결정한 독립운동단체이다. 愼鏞廈,

명과 한국인 학생 30여 명이 양강학당(兩江學堂)에 모여 일본제국주의에 대한 규탄대회를 개최하는 등 한중 양 국민은 상호협력을 도모하였다.[67] 그 결과 상해의 6개 학교 교장들은 한국인에게 사의를 표시하기 위해 중요한 한인 청년단원을 초대하였다.

5월 10일 한인 청년단원들은 앞의 6개 학교 교장에 답례하기 위하여 청년단사무소에서 다과회를 거행하고 감사의 뜻을 전하였다.[68] 이 자리에서 중국 측 참석자는 “중국인과 한국인은 폭풍 속에 같은 배를 탄 사람들로 마땅히 제휴하여 양국의 영원한 공존을 기대해야 한다.…”고 하였고, 이에 대하여 한국인 이광수(李光洙)는 답례사를 통해 “…오늘날 세계의 대세는 무력사용과 민심압박을 허용하지 않으며 마땅히 정의・인도 원칙에 따라 합리적 통치를 진행하고 있습니다. 이는 지식의 기초가 되며 우리는 촌철의 무기도 가지지 않고 병졸도 준비되어 있지 않지만 반드시 세계대도에 의존하여 한국의 독립을 쟁취할 것입니다. 4억 중국인민이 우리를 지원해 주신다면 최후에는 승리의 목적을 달성할 수 있을 것으로 절대 확신합니다.”[69]라고 강조하였다.

『韓國民族獨立運動史硏究』(서울: 乙酉文化社, 1986), 376-377쪽.

67) 당시의 상황에 대해서 상해의 일본관원은 본국에 다음과 같은 보고를 하였다. 즉 “5월 7일 상해에서 지나 국민대회를 개최했을 때 조선인은 청년독립국의 명의로 배일(排日)의 반란문서를 살포하고 배일열기를 선동하였으며 대체로 조선인 30명이 이 대회에 참가하였다.”(金正明, 『朝鮮獨立運動』Ⅱ, 38쪽); “상해거류의 조선인은 중국인과 합동하여 배일운동을 진행하였는데 이런 사실은 쌍방이 날로 밀접한 왕래를 하는데서 알 수 있다. … 5월 9일 현순(玄楯)・김필목(金弼穆, 平壤의 叛徒) 등은 지나의 양강학당에 도착 지나학생과 공동으로 배일연설을 하였는데 그날 출석한 중국학생은 대략 300인, 조선인은 30인이었다.” 金正明, 위의 책, 38-39쪽; 愼鏞廈, 『韓國民族獨立運動史硏究』, 378쪽.

68) 金正明, 『朝鮮獨立運動』 Ⅱ, 40쪽.

69) 위의 책, 41쪽.

이와 같이 5・4운동에의 영향과 원조가 한국독립운동가들과 중국의 5・4운동가들 사이에 굳은 연대로 발전되고 있음을 알 수 있다. 중국에서 전개한 한국독립운동은 3・1운동 이후 일본 식민당국의 박해를 피해 중국에 망명한 한국인들이 구망도존(救亡圖存)의 근거지인 중국에서 직접 애국활동에 종사하였으므로 이러한 활동은 중국에 깊은 영향을 끼치게 되었다. 이로 볼 때 3・1운동과 5・4운동을 통하여 한국과 중국의 민족해방운동은 이미 자각이 있었으며 한중 양민족은 일제를 대상으로 합작의 필요가 있어 이러한 필연성은 구체화되기 시작하였음을 알 수 있다.

5・4운동에 관한 자료들에는 다음과 같은 공통적 논지가 있다.[70] 첫째는 중국인들의 민족 존망에 관한 위기의식이 표출되어 있다. 둘째, 중국민중의 존망에 관한 위기의식은 대체적으로 일제의 중국에 대한 침략주의 정책과 또한 중국민족에 대한 일제의 예속화 정책에 기인하고 있다. 셋째, 일제의 침략위협은 중국내부 일부 지도층의 반민족적 매국행위로 더욱 가중되고 있다. 넷째, 일제 식민통치하에서 한민족의 비참한 상황이 일본의 대중국 침략정책의 본질을 이해하는 참고기준이었다. 다섯째, 민족의 비운을 극복하기 위하여 궐기한 3・1운동이 모범적 실례로 제기되고 있다. 따라서 중국은 5・4운동기간 동안 한국문제를 통하여 반제・반봉건 의미의 민족운동에 민중의 각오를 고취시키고 민중을 동원하여 소기의 목적을 달성하였으며 동시에 한민족과의 항일 투쟁에 대한 연대의식은 급속히 증대되기 시작하였던 것이다.

70) 李聖根, 『東北亞의 政治와 思想』, 200-201쪽.

2) 5·4 시기 중한연대 의식의 발전

3·1운동 이후 중국 지식인의 대한국 인식은 큰 변화를 가져오게 되어 한국독립운동을 지지·원조하자는 호소가 높아지게 되었다.

한국독립운동에 대한 중국방면의 지지와 원조는 당시의 국내외 환경에 크게 영향을 받고 있다. 외적인 요인으로는 1919년 초 제1차 세계대전을 종결짓는 평화조약이 중국의 요구조건을 고려하지 않고 베르사이유에서 체결되었다는 점을 지적할 수 있다. 서방국가들은 아시아에서의 공산주의 침투를 저지하기 위해서 동맹국이 필요했으므로 일본의 요구를 만족시켜 소련에 대항하게 하였다. 따라서 산동지역에 대한 독일의 권익이 중국정부에 반환되지 않고 일본에 넘겨졌으므로 중국외교는 실패하고 중국은 극히 불리하게 되었다. 내부적으로는 남북으로 정권이 분립되고 군벌이 할거하고 있었으므로 정세가 매우 혼란하였다.[71] 이러한 내우외환(內憂外患)의 형세아래 중국민중은 구국의 기치아래 '외쟁주권(外爭主權)·내제국적(內除國賊)'을 목표로 하는 민족운동을 전개하였으므로 중국의 한국독립운동에 대한 지지와 원조는 극히 제한을 받게 되었다. 특히 남북정권이 분립되어 북경정부가 친일정책을 실시하는 상황에서 정부차원에서의 대한 원조정책은 기대하기가 쉽지 않았다. 이러한 상황아래서 본격적인 한중연대는 1919년 3·1운동과 5·4운동을 경험하면서 이루어지게 된다.

3·1운동 이후 일제의 잔혹한 진압과 모진 고문 및 학살로 인

71) 朴明熙, 「5·4時期"打倒孔子店"論」, 『東亞硏究』 第36輯 (서강대학교 동아연구소, 1998), 281-285쪽.

하여 희생자 숫자는 헤아릴 수가 없었다. 그러나 일본의 한국 탄압사실이 점차 폭로된 이후 구미(歐美)의 여론계는 원동(遠東)문제의 심각성에 주의를 기울이게 되었다. 따라서 중국과 영미 등 지역에는 한국의 민족독립을 지지하는 단체들이 적지 않게 생기게 되었다. 이에 따라서 한국의 항일독립운동은 더욱더 조직화되어 그 중 상해에서 가장 대표적 성격을 띠는 대한민국임시정부(大韓民國臨時政府, 한국임정으로 줄임)가 수립되었는데, 이는 관방(官方)형식의 정부기구였다.[72] 중국에서는 5·4운동을 통해 민중들의 자주 민주의식을 확인한 공화주의자들이 기존의 조직기반을 확대 강화하여 중국국민당을 재조직하고 광동성을 중심으로 국민혁명을 준비하게 된 이후에야 이루어지게 된다.

한국임정은 수립과 동시에 베르사이유 회의에서의 독립승인을 최대과제로 삼고 모든 외교역량을 동원하였다. 임정의 전권대사(全權大使)로 파리에 파견된 김규식(金奎植)은 독립청원서를 제기하여[73] 한국인의 독립의지를 내외에 천명하고자 하였다. 이것은 일본의 대륙침략 야욕을 폭로하여 일본을 고립시키려는 것이

72) 한국임정이 상해에 설립된 것은 한국의 독립운동에 몇 가지 중요한 영향을 끼치게 되는데 첫째, 이후의 사상적 및 행동에서의 좌우분열을 조성하였다. 둘째, 상해조계에는 강력한 세력이 있었으므로 반일사업을 위해 멀리 한국내지로 갈 필요가 없었다. 셋째, 지정학적인 관계로 한국독립운동은 중국과의 관계가 더욱 더 밀접하게 되었다(胡春惠, 『韓國獨立運動在中國』, 18, 21쪽). 상해에 임정이 수립되었지만 각종 세력의 혼합체였으므로 협조를 이끌어내기가 매우 어려웠으나 한국임정의 26년간의 활동 중 가장 활발한 시기였다. 특히 외교활동은 정치적인 성격으로 파리강화회의·국제연맹·유럽 및 미국을 중심으로 하였으며 당시 중국은 남북으로 정권이 분열되어 있었으므로 그 외교의 중점을 미국에 둘 수밖에 없었다. 그러나 한국임정은 망명정부가 아니었기 때문에 통치권이 없어 그 성과를 거둘 수가 없었다.

73) 『新韓青年』 第1卷 第1號(1920.3).

었으며 이에 따른 한국의 독립보장이 그 목적이었던 것이다. 그러나 한국문제는 전쟁전의 문제라는 이유로 강화회의에서 토론을 거부하였으므로 한국독립문제는 난관에 봉착하게 되었다. 이에 대하여 당시 중국국민당의 주요이론가인 주집신이 당기관보 『민국일보』의 부간 『건설잡지』에 「평화회의에서의 조선대표의 청원(和平會議中朝鮮代表的請願)」의 장편 사설을 게재하여 한국을 정신적으로 지원하였다. 주집신은 고려민국임시정부(高麗民國臨時政府) 및 그 대표 김규식 명의로 파리강화회의에 제출된 독립청원서 전문을 중국어로 번역 게재하고, 사설에서는 일본의 한국통치의 정치성과 경제적 실정을 자세히 분석하여 한국민족의 독립요구를 하나하나 논증하였다. 또한 "조선혁명은 세계혁명의 일부분"이고 "조선독립운동이 없었다면 일본인민의 자각기회가 감소될 것으로 이것은 조선인민의 불행일 뿐 아니라 동시에 일본인민의 불행이기도 하다"라고 강조하였다.[74] 비록 김규식의 청원외교(請願外交)는 실질적인 성공을 거두지는 못했지만 중국혁명지도자의 이해와 지지를 얻게 되어 한중연대의 연계 분위기 조성에 성과를 얻게 되었다.[75]

1921년 1월 진형명(陳烱明)의 월군(粤軍)이 광주(廣州)를 회복

---

74) 『建設雜誌』 第1卷 第4號.

75) 손문은 상해통신(上海通訊) 기자의 질문에 산동문제의 해결을 답하면서 조선의 독립과 산동문제의 해결은 밀접한 관계에 있다고 지적하였으며 "일일이 산동문제에 진력하기 전에 실제로 안목은 멀리 두어야 하며 주의력을 만주와 조선 두 곳에 집중시켜야 할 것이다. 제1항의 방법은 먼저 마관조약의 준수를 요구하며 조선인의 독립을 지지하여 중일 양국의 분쟁실마리를 조정해야 한다. 제2항의 방법도 21개조 매국조약의 폐기를 요구하여 철저하게 일본의 산동탈취 야심을 뿌리 뽑아야 한다.…우리나라의 변계(邊界)가 고정되어 있는 것이라면 산동문제도 따라서 해결될 것이다"라고 답변하였다. 朴殷植, 『韓國獨立運動之血史』, 295쪽.

하였으므로 손문은 광주로 돌아와 비상대총통(非常大總統)에 당선되었다. 이것은 한국임정이 중국남방을 중심으로 반일 독립운동을 전개하게 하는데 양호한 환경을 마련해주게 되었다. 한국임정의 대중국 외교에서 특기할 만한 것은 임정 정식승인의 획득과 함께 독립운동에 대한 원조요청이다. 한국임정은 이를 위하여 1921년 4월 20일 여운형(呂運亨)을 중국호법정부(護法政府)에 특사로 파견하여 손문에게 보내는 이승만(李承晩)의 밀서를 전달하였으며 또한 박은식(朴殷植)과 여운홍(呂運弘)을 광동에 파견하여 손문과 협상하게 하였다.[76] 이러한 기초 위에 같은 해 10월, 한국임정은 중국호법정부와 외교관계를 수립하기 위해 신규식을 대표로 파견하여 호법정부의 외교승인을 얻도록 하였다.

신규식은 1911년 동맹회(同盟會)에 가입했던 적이 있으며 신해혁명에 직접 참가했던 인물로 상해에서 『민립보(民立報)』 사원 서천복(徐天復, 血兒)의 소개를 받아 중국정계의 저명한 지도자, 즉 진기미·송교인·호한민·황흥(黃興)·대계도 등과 교분을 쌓았고 손문과도 접촉을 하였다. 또한 중국의 혁명문학단체인 남사(南社)[77]와 유학생들의 취업을 알선하기 위해 조직된 환구중국학생회(寰球中國學生會)[78] 및 중한 양국 혁명지사들의 비밀

76) 胡春惠, 『韓國獨立運動在中國』, 40쪽.

77) 남사는 1909년 11월에 조직된 혁명문화단체로 1천 여 명의 회원이 있었다. 남사는 단순한 문인조직이라기보다는 정치적 성격이 농후한 혁명단체로 보는 것이 타당하다. 상해의 언론기관 및 송교인 등 중국동맹회 지도자들이 이 단체에 가담하여 활동하였기 때문에 남사의 정치적 위상은 높이 평가될 수 있다. 남사의 활동에 대해서는 辛勝夏, 「淸末民初 南社의 創立과 活動」, 『中國學報』 19(1979)를 참조할 것.

78) 신규식의 전기를 쓴 민석린(閔石麟)에 의하면 신규식은 1905년 조직된 환구중국학생회에 가입하여 이등휘(李登輝), 주가화(朱家

결사인 신아동제사(新亞同濟社) 등에 참여하여 활동하면서 중국 혁명당 지도자들과 밀접한 관계를 가지고 있었다.[79] 그러나 당시 중국의 혁명조직인 동맹회·국민당·중화혁명당 자체는 한국의 독립문제에 대하여 정책과 종지상(宗旨上)에 명문화시킬 수 있는 상황은 아니었고 한국의 처지를 동정하고 한국독립인사의 해외에서의 활동을 배려하는 일종의 사적인 행위에 불과할 뿐이었다. 따라서 당시 호법정부의 손문 및 여러 혁명지도자는 심정적으로 한국혁명의 사실을 동정하는 것에 기초하여 신규식을 국사(國使)의 예절로 접대하고 정중하게 대총통에 대한 국서전달의 식을 거행하였다.[80]

신규식은 중국호법정부에 호혜조약 5관 초안을 제출하였는데 그 내용은 다음과 같다. 첫째, 한국임정은 중국호법정부를 중화민국 정통정부로 승인하며 아울러 그 원수 및 국권을 존중한다. 둘째, 중국 호법정부는 한국 임시정부를 승인할 것을 요청한다. 셋째, 중국은 한국학생을 중화민국 각 군사학교에 수용할 것을 요청한다. 넷째, 5백만의 차관을 요청한다. 다섯째, 중국은 지대(地帶)를 조차하여 한국독립군을 양성하는 수단으로 삼는데 동의할 것을 요청한다.

한국의 이러한 제안에 당시 손문은 다음과 같이 회답하였다[81]

"중한 양국은 동문동종(同文同種)으로 본래 형제의 나라이고 오랜 역사관계가 있어 보차(輔車)가 서로 의지하고 입술과 이가 서로 의지하여 잠시도 떨어질 수 없으니 마치 서방의 영미관계와 같다. 한국의

驊) 등과 교류하였다.

79) 辛勝夏, 「睨觀申圭植與中國革命黨人的關係」, 『中國學論叢』, 617쪽.

80) 閔石麟, 「中國護法政府承認韓國臨時政府始末紀實」, 黨史會, 『革命文獻』 第7輯 (臺北: 中央文物供應社, 民國67 影印再版), 132쪽.

81) 申圭植 遺著, 『韓國魂』, 101-104쪽.

> 독립운동에 대해서 중국은 마땅히 원조할 의무가 있음은 말할 필요가 없다.… 호법정부가 탄생되었지만 아직까지 북벌(北伐)이 성공을 거두지 못했고 국가가 통일되지 못하여, 광동 한 성의 역량만으로는 실로 한국의 독립운동을 원조하기가 어렵다. 따라서 귀국정부의 제4조 · 제5조의 요청에 관해서는 아직 힘이 없으므로 최소한 북벌이 무한(武漢)을 점령한 후에라야 방법이 있을 것이다. 또한 제2조의 한국정부 승인에 관해서는 원칙적으로 아무런 문제가 없으므로,…우리 호법정부는 깊은 동정으로 승인한다.…제3조의 요구는 아무 문제가 없다. 우리는 한국자제가 더욱 많이 군사교육을 받아 한국 군사인재를 배양할 것을 희망한다. 나는 이에 따라 각 군사학교에 통령하여 귀국 자제를 수용하도록 할 것이다. 지대를 조차하여 군대를 훈련하며 혁명근거지를 만드는 일은 북방이 가장 적당하다고 여겨지지만 아직 정부역량이 화북(華北)에 이르지를 못하고 있으므로 공언(空言)이 될까 두렵다"

이로서 호법정부가 한국임정을 정식으로 승인했음을 알 수 있으며 이외에도 한국임정은 호법정부와의 관계를 강화하는 차원에서 박찬익(朴贊翊)을 광동에 대표로 파견하고 그 일체의 비용은 중국정부가 부담하기로 하였다. 또한 손문은 워싱턴회의에 출석한 중국대표에 통령을 내려 그 회의에서 한국임정의 파견요원과 긴밀한 관계를 유지하도록 하였다.[82] 이로서 한국은 임시정부 수립 이래 고립무원의 상황에서 유일하게 국제적 승인을 얻게 되어 한국독립운동에서는 가장 기념할 만한 사건이었으며 또한 최대의 정신적 격려를 얻게 되었다. 이후 운남(雲南) · 귀주(貴州) 강무당에 한국 국적의 학생이 입학하게 되어 독립운동의 군사인재를 배양하게 되었으며, 1924년 손문이 세운 국립광동대학에도 적지 않은 한국청년을 특별히 모집하여 독립인재를 양성하였다.[83]

---

82) 위의 책, 104쪽.

83) 胡春惠, 『韓國獨立運動在中國』, 41-42쪽

이와 같이 중국 정치지도자들의 한국독립에 대한 관심증가는 3・1운동의 직접적 성과이다. 이런 성과는 더욱 진전되어 한국임정을 중심으로 한중 양 민족의 우의를 증진시키고 양 민족 공동의 적인 일본제국주의에 대한 공동투쟁과 상호원조를 위한 대중조직 결성에 적극성을 띠게 되어 중국 각지에서 연합단체가 결성되었고 각종 출판물도 간행되기 시작하였다.

한국임정대표가 광주에서 활동하는 기간에 광동 각계는 중한협회(中韓協會)를 발기 조직하여(광주, 9월 27일) 한인독립을 지원하는 표시로 삼았다. 그 협회의 주요 찬조자는 대부분이 중국국민당의 중견인물이었다.[84] 이외에도 1920년 이래 장사(長沙) 한중호조사(韓中互助社, 3월 17일)・안휘(安徽) 한중호조사(4월)・상해 한중국민호조총사(8월 이전)・광주 한중호조사(11월 11일) 등이 잇달아 연대조직을 성립하여 한국독립혁명의 성원사업에 종사하게 되었다. 같은 해 12월 『광명(光明)』월간이 한중 양 국민의 유일한 언론기구를 표방하며 광주에서 창간되었다. 상해 『상보(商報)』는 "한중 연대조직이 광동・홍콩에 분포되어 있어서 상해・북경・보정(保定) 등지에도 분회설립을 추진 중에 있으나 군경당국은 이를 철거할 방침"이라고 보도하였다.[85]

이러한 상황 아래서 1921년 4월, 조선총독부의 「상해거주의 불령선인(不逞鮮人) 상황」의 비밀보고서에서는 다음과 같이 지적하고 있다.[86]

---

84) 中韓協會의 주요 찬조자는 丁象謙・古應芬・鄒魯・朱念祖・謝伯英・汪兆銘・徐謙・孫科・李福林・魯蕩平・林友宇・葉夏聲 등이었다. 胡春惠, 『韓國獨立運動在中國』, 41쪽.

85) 秋憲樹, 『資料 韓國獨立運動』 2 (서울: 연세대출판부, 1972), 295-296쪽.

86) 『朝鮮統治史料』 제8권, 379쪽.

> 불령선인은 지나인을 유인하여 일본에의 공동 대항을 도모하고 있는데 이는 그들의 기정방침이며 그 운동이 점차 현저해지는 것은 대정(大正) 9년(1920년) 여름 이후의 일로 그 방법은 『진단(震壇』·『동아청년(東亞靑年)』 등 한문(漢文)신문을 발행하는 것으로 중국신문 『민국일보』 및 『시사신보』를 이용 지선(支鮮) 공동분투의 필요성을 선전하는 것이다. 최근에 『독립신문』기자 이영렬(李永烈)이 쓴 「중국에 중한친우회 설치의 필요성을 논함(論中國有設中韓親友會之必要)」을 발행하여 중국 각지에서 지나인의 동정을 얻어 그 적개심을 선동하는 것 이외에 배일사명(排日使命) 달성을 적극적 목표로 삼고 있다. 이로서 지나의 한구(漢口) 및 장사(長沙) 두 곳에는 근래 중한호조단 준비기관을 설치하고 그 지방신문기자 및 기타 지나인과 협동하여 지선인의 단결을 모색하고 있다. 그러나 정보에 따르면 그 단은 경비가 결핍하여 지나인의 원조에 의존하고 있다. 지나 남방정부 지도자 손일선 등이 깊이 동정하고 있어 소식에 따르면 손씨는 이후 전력 지원할 것을 공개 발표했으므로 쌍방의 연락에 부단한 감시가 필요하다.

1920년 8월 상해에 설립된 중한호조사는 당시 구성원 중 중국인이 52명, 한국인이 104명으로 중국인 오산(吳山)을 이사장, 김규식을 부이사장으로 추대하고, 다음해에는 장사·한구·광주 등지에도 호조사 조직을 설립하였다.

장사의 중한호조단은 상해 한국임정의 외무부 임시선전원 황영희(黃永熙)를 특별히 초청하여 "중한 양국 인민의 감정을 돈독히 하고 양국 인민사업을 개척 발전시키는 것"을 종지로 하여 황영희·이기창(李基彰)·이우민(李愚珉)의 한국인 3명과 28명의 중국인이 발기인으로 되어 같은 해 3월 27일 정식으로 성립되었다. 중국 측의 발기인 가운데 16명은 호남 5·4운동의 핵심인물인 신민학회 및 문화서사(文化書社)의 조직과 관련된 사람들이다.[87] 4개월 후 상해에서 개최된 중국공산당 창립대회에 호남대표 신분으로 참가한 모택동·하숙형(何叔衡)은 황영희·이기창과 각각 통신부·선전부의 정·부주임을 맡았었다.[88] 그 후 황영희가 호남성(湖南省) 진주(辰州)·진곡(辰谿) 등 현에서 선전강연을 하였고 이어서 귀주성에서 당지의 군인·교사·학생들에게 조선참상을 강연하며 간담회를 개최하였다.[89] 광주의 경우는 같은 해 10월 4일 광동정부 사법부장 서겸(徐謙)과 왕정위(汪精衛) 등 국민당 요인이 중심이 되어 중한협회를 발기 성립하였다.[90]

중한호조사와 관련하여 그 단체의 각지 조직 및 그 후의 구체적 활동 상황에 관하여는 아직 많은 부분이 명백히 밝혀지지 않고 있다. 그러나 1921년 8월 15일 중한국민호조총사의 명의로 워싱턴회의에 보낸 제안 선언에서 3·1운동, 대중국21개조요구, 시베리아출병, 간도조선교민학살 등 문제를 제기하였고, "아시아와 세계평화를 모색하기 위하여 반드시 한국독립을 허락하고 21개조요구를 취소하며 산동의 일체 권리와 대만을 회수하여야 한다. 중한 양국인민은 마땅히 이러한 일치된 주장으로 공동목표를 달성해야 한다."[91]고 주장하였다. 『광명(光明)』 월간은 2, 3호로 정간되어 중한협회의 소식은 상세하게 알려질 수는 없었지만 중한호조사의 활동은 1925년까지 계속 추진되었다. 이런 연대조직은 중국의 청년지식인들이 독립운동을 지원하는 차원에서 호조사 활동을 벌인 것이다. 즉 한국의 독립을 원조하고 일본

87) 『5·4時期社團』 1 (北京: 三聯書店, 1979), 7-9쪽.
88) 金正明, 『朝鮮獨立運動 II』, 267, 271, 289쪽.
89) 위의 책, 277-278쪽.
90) 같은 책, 468쪽.
91) 『조선통치사료』 제8권, 23-62쪽.

제국주의에 반항하여 한중에의 압박을 제거하자는 것으로 각 학교와 각 단체에서 연설을 행하며 일본의 잔악행위와 한국인의 참상 및 중한호조의 필요성을 선전하였다.

한편, 귀주에 설립된 군관학교에는 손문의 지시에 따라 한국학생 50명이 수용되었다. 황포군관학교(黃埔軍官學校)에도 제3기에 4명, 제4기에 24명, 제5기에 6명 등의 한국학생이 수용되어 중국은 한국혁명군의 중견간부 양성사업에 크게 협조하였다.[92)]

한중 양 민족의 연대는 중국 언론계에도 출현하여 중국민족이 일제의 침략세력에 정면으로 항쟁하도록 호소하였다. 일례로 1918년 상해에서 조직된 신한청년당(新韓青年黨)은 그 기관지 『신한청년(新韓青年)』 창간호(1920년 3월 1일)를 중국어로 간행하여 한국독립운동을 중국인에게 널리 알리는데 목적을 두었다.[93)]

그 외에도 상해에서 주간지 『진단(震壇)』과 월간지 『천고(天鼓)』 및 『동아청년』·『사민일보(四民日報)』 등이 중국어로 1920년 10월과 1921년 1월에 각각 간행되었고, 박은식은 "중국영토에서 투쟁하는 조선국민의 투쟁에 대한 이해와 연대"를 위해 『한국독립운동지혈사(韓國獨立運動之血史)』를 1920년 12월 상해에서 중국어로 출판하였다.[94)]

당시의 일본 경찰의 보고서에도 이러한 상황은 잘 나타나 있다. "현재 한인의 선전기관으로서는 상해에 『독립신문』·『진단』·『신생활』·『동아청년』 등이 있으며…, 천진에는 『신광

---

92) 胡春惠, 『韓國獨立運動在中國』, 43-44쪽.
93) 國家報勳處, 『海外의 韓國獨立運動史料(Ⅶ)』 中國篇 ③ (서울: 國家報勳處, 1993), 19쪽.
94) 『5·4時期期刊介紹』 第3輯, 180쪽.

(晨光)』·『노음(露飮)』…, 만주에는 『신한공보(新韓公報)』…, 간도(間島)에는 『애국신보(愛國申報)』가 있고, 이와 같은 한인 전용 신문 이외에도 각지에서 중국인들이 발행하는 신문을 통하여 중국과 한국이 공동으로 일본을 배척하는 기사를 싣고 있는 바 그 가운데서 상해의 『민국일보』와 천진의 『익세보(益世報)』가 특히 심하며, 이와 같은 한인의 중국신문을 통한 배일기세(排日氣勢)의 고조경향은 일층 농후하여 가는 것으로 보인다."[95]

상술한 바와 같이 한국의 민족운동가들은 중국 각지에서 대중조직과 언론활동을 통하여 중국민족으로 하여금 항일 구국운동을 전개토록 고무시켰고, 또한 이에 보조를 같이하여 중국인들은 한국 민족과의 연대 의식을 확대시켰던 것이다.

95) 金正明 편, 앞의 책, 430-431쪽.

제2장 남경(南京)국민정부 시기 중국의 한국인식

—만보산(萬寶山)사건에 관한 여론동향을 중심으로—

1. 만보산사건과 국민당의 대응

만보산사건은 중국 동북지방 장춘현(長春縣) 만보산(萬寶山)의 삼성보(三姓堡) 이통하(伊通河) 유역에서 재만한인과 중국농민 사이에 1931년 5월말부터 농수로 축조를 둘러싸고 대립이 발생하여 7월 1일에는 중일 양국의 무력충돌로 발전한 사건이다. 사건은 여기서 끝나지 않고 그 실상이 조선에 잘못 알려짐으로써 전국적인 화교배척사태로 확산되었다. 이후 중국 내부에서는 주요 외교현안으로써 사건배경, 사태추이, 처리방안 등을 놓고 논란이 뜨거웠다.

사건발생 후 불과 두 달도 지나지 않아 동북지역은 일본의 전면 침공으로 사실상 식민지로 전락하였다. 그 결과 일제의 식민통치를 피하여 만주로 이주해 온 조선인들의 법적 경제적 상황은 더욱 나빠질 수밖에 없었다.[1] 애당초 재만한인에 대한 중국의 인식은 식민지 상황과 불가분 관계를 가졌고, 9·18사변 직

전에 일어난 만보산사건은 한 · 중 · 일 삼국관계에 결정적 영향을 미친 것이다.[2)]

1927년 4월 전중의일(田中義一)이 일본수상으로 취임하면서 이른바 전중내각(田中內閣)이 구성되었다. 이후 일본의 대중국정책은 강경하게 바뀌어 침략 위주의 대륙정책이 가속화되었다.[3)] 그 내용은 만주 · 몽고를 일본의 대륙침략기지로 삼아 중국 전역을 지배하고 궁극적으로 세계를 지배하겠다는 것이지만 실제 목표는 '아시아의 맹주자리'를 노리고 있었다.[4)] 1930년대 들어서면서 일본은 무력침략까지 염두에 둔 적극적인 대륙정책을 추진하였는데 1931년 7월, 만주에서 발생한 만보산사건과 조선의 화교배척사건은 곧 일본의 만주침략을 알리는 서곡이었다.

만보산사건이 터진 후 국민당은 그 배경을 몇 가지로 파악하였는데 일본의 대륙침략정책을 첫 번째로 꼽았다.[5)] 다음은 조선인 이민정책으로,[6)] 만보산사건도 이주해 온 조선인이 중국인 농지를

---

1) 吳世昌, 「在滿韓人의 社會的 實態(1910-1930) -中國의 對韓人政策을 中心으로-」, 『白山學報』 第9號1 (서울: 백산학회, 1970), 103쪽; 민두기, 「滿洲에서의 萬寶山」사건(1931)과 한국 언론의 대응 -상이한 민족주의적 시각-」, 『東洋史學研究』 第65輯 (서울: 동양사학회, 1999), 143쪽.

2) 이 글에서 언급한 만보산사건은 1931년 5월부터 시작된 재만한인과 중국농민의 충돌뿐만 아니라 7월에 조선에서 발생한 화교배척운동 곧 조선배화폭동까지 포함한다.

3) 日本外務省, 『日本外交年表與主要文書』 下, 101-103쪽; 楊昭全·何彤梅, 『中國-朝鮮 · 韓國關係史』 下 (天津: 人民出版社, 2001), 832쪽. 재인용.

4) 「萬寶山事件與朝鮮排華慘案」, 『東方文化集成 -朝鮮 · 韓國·蒙古 文化編』 (天津: 人民出版社, 2001), 833쪽.

5) 「中央宣傳部對萬寶山事件及朝鮮排華慘案宣傳大綱」, 『萬寶山事件及朝鮮排華慘案』 (南京, 中國國民黨中央執行委員會宣傳部印, 1931), (이하 『萬寶山事件』으로 略稱), 14-15쪽.

6) 「中央宣傳部對萬寶山事件及朝鮮排華慘案宣傳大綱」, 『萬寶山事件』,

강제로 점유하고 일본경찰의 비호아래 충돌을 일으킨 사건으로, 일본의 계획적이며 조직적인 침략정책의 하나로 이해하였다.7)

그밖에 농지계약의 위법성과 탈법성이 직접적 원인으로 지적되었다. 중국농민과 재만한인 사이에 체결된 계약이 현정부의 비준을 받지 못하여 효력이 없다는 것이다.8)

국민당 지방당부들도 "사건발생의 경위를 조사해 보면 불문곡직(不問曲直)하고 만보산지방은 우리 중국에 속한 땅으로 조선인이 세금과 수전(水田)을 도적질한 것"이라며 한결같이 불법성을 지적하였다.9) 이처럼 국민당은 사건 발생 원인으로 군사적 경제적 수단을 동원한 일본의 대륙침략정책과 그에 따른 조선인의 만주이주 및 불법행위 등을 들었다. 그리고 중국국민혁명과 한국독립운동을 저지하려는 목적도 있는 것으로 파악하였다.

만보산사건에 뒤이은 조선화교배척사태는 중국인과 남경정부에 매우 충격적이었다. 만보산에서 발생한 충돌과 희생에 대해 소극적이었던 국민당은 조선배화폭동 이후 신속히 대응방안을

15-16쪽. 「陸軍第十六師特別黨部籌備委員會通電」·「陸軍第五十七師特別黨部籌備委員會通電」, 『萬寶山事件』, 84-85쪽.

7) 後籐任은 만철(滿鐵)총재로 재직할 때 만몽지역에 조선인 3백만 명을 이주시킬 계획이었는데 "이민정책의 성공은 곧 동삼성이 실질상 일본 영토로 변하는 것"이라고 말할 정도였다. 「蔡委員元培在中央黨部紀念週對萬寶山事件及朝鮮排華慘案之重要報告」,『萬寶山事件』, 4쪽.

8) 「長春縣政府呈市政籌備處原呈」, 『萬寶山事件』, 196쪽; 「地主蕭翰林張鴻賓等十二人與郝永德所訂組地契約」, 羅家倫 主編, 『革命文獻』第33輯 (中國國民黨中央委員會黨史史料編纂委員會, 1978), 506쪽. 국제연합조사위원회 중국대표 顧維鈞은 이 문제를 부각시켜 계약의 무효임을 주장하였다. 顧維鈞, 「參與國際聯合會調查委員會中國代表處說帖」, 羅家倫 主編, 『革命文獻』 第33輯 (中國國民黨中央委員會黨史史料編纂委員會, 民國67), 493-495쪽.

9) 「察哈爾省黨務特派員辦事處通電」, 『萬寶山事件』, 77쪽.

모색하였다. 국민당은 이 사건을 중국인과 조선인 사이에 나쁜 감정을 조장하여 배화폭동을 일으킨 일본의 의도된 도발행위로 보았다.[10)]

그 근거로는 첫째, 식민통치하의 조선에서 어떤 집회도 자유롭지 않다는 것이다. 둘째, 일본은 이미 오래전부터 제2의 제남사건(濟南事件)과 같은 음모를 꾸며 왔다는 것이다.[11)] 셋째, 만보산사건에 관한 일본신문들의 과장, 왜곡 보도와 감독 소홀에 의해 조선인과 중국인 사이에 나쁜 감정을 충동질하였다는 것이다. 넷째, 배화폭동에 다수의 일본인들이 변복(變服)한 채 참여하였고 폭동을 조장 방치하였다는 것이다. 다섯째, 화교들의 피난을 방해하고 통신 두절로 사태를 확대시켰다는 이유 등을 들었다.[12)] 이러한 사실과 정황들로 미루어 볼 때 배화폭동은 조선인의 본의(本意)에서 나온 것이 아니라 일본인의 충동질과 강압을 받은 것으로, 일본의 조직과 계획에 의해 꾸며진 흉악한 음모라고 결론 짓고 일본에 대해 무한 책임을 주장하였다.[13)]

---

10) 「蔡委員元培在中央黨部紀念週對萬寶山事件及朝鮮排華慘案之重要報告」, 『萬寶山事件』, 2쪽; 「中央宣傳部對萬寶山事件及朝鮮排華慘案宣傳大綱」, 『萬寶山事件』, 12쪽.

11) 국민당은 일본외상 幣原喜重郎이 만보산사건 직후 "제남(濟南)사건과 유사한 일이 발생하지 않을 것이라고 보장하기 어렵다"고 언급한 것을 예로 들면서 조선배화폭동이 예상되었던 것으로 인식하였다. 「南京特別市執行委員會宣傳部告全國同志同胞書」, 『萬寶山事件』, 67쪽.

12) 「中央宣傳部對萬寶山慘案及朝鮮排華慘案宣傳大綱」, 『萬寶山事件』, 18-20쪽; 「中國國民黨中央執行委員會秘書處公函」 第612號(1931年 7月 2日)·「國民政府行政院」 第675號(1931年 7月 16日)·「中國國民黨中央執行委員會宣傳部」(1931年 7月 17日)·「國民政府監察院」 第1167號(1931年 7月 17日) 『外交部稿萬寶山案』 373-1(目錄統一編號 172-1 案卷編號 1072-1), 臺灣國史館 소장. (이하 『萬寶山案』으로 略稱).

이에 반하여 중국공산당은 만보산사건을 일제의 계획적 조직적 음모로 인식하였지만 그 목적이 단순한 대륙침략에 있었다기보다는 중국에서 급속히 발전해 가는 반제투쟁을 진압하고 조선인과 중국인 사이의 적대적 민족 감정을 조장하여 양국 민중의 반일공동투쟁전선을 파괴하는 데에 있다고 보았다.[14]

그러면 만보산사건에 대해 국민당은 어떻게 대응하였는가? 사건발생 이전부터 국민당은 대외문제보다 국내문제에 치중하여 공산당세력의 토벌에 주력하고 있었다. 만보산사건이 조선배화폭동으로 확산되었지만 국민당은 여전히 직접적이며 실질적인 무력대응보다는 외교수단에 의한 타협적 태도를 취하였다. 겉으로는 배일여론을 수용하는 입장을 취하면서도 군사적 응징보다 외교적 절충에 의한 조용한 처리에 비중을 둔 것이다.

사건 직후 외교부는 곧바로 일본정부에 몇 가지를 요구하였다. 우선 이번 사건이 여러 가지 정황으로 보아 일본에 완전한 책임이 있음으로 조선화교에 대한 손해배상, 조선인 관련자 처벌, 일본정부의 사과 및 재발방지 보장 등을 요구하였다. 그 논거로는 국제법상 일본이 중국인의 생명과 재산에 손해를 입혔고, 중국이 보호하는 재외교민의 권리를 침해했다는 것이다. 따라서 이 사건은 일본이 마땅히 책임져야 한다는 논리였고, 전력을 다하여 일본이 저지른 폭행 및 침략음모를 국제사회에 폭로할 것이라고 선언하였다.[15] 이러한 대응조치는 사태해결을 위한 최소 조건들로서 국민당은 일본의 호응을 기대한 것이다.

---

13) 「中央宣傳部對萬寶山事件及朝鮮排華慘案宣傳大綱」, 『萬寶山事件』, 18쪽. 이러한 시각은 국민당 하부조직에서도 마찬가지였다. 「浙江省執行委員會呈中央電」, 같은 책, 72쪽.

14) 손승회, 앞의 글, 126쪽.

15) 「中央宣傳部對萬寶山慘案及朝鮮排華慘案宣傳大綱」, 『萬寶山事件』, 22-23쪽.

한편 국민당내 하부조직들은 사과, 배상, 재발방지 등을 기본 요구 조건으로 제시하였고,[16] 그동안 일방적으로 유지되어온 일본의 각종 특권도 모두 철폐하도록 촉구하였다. 일본은 21개 조약을 근거로 동북지역의 토지상조권(土地商租權)과 내지잡거권(內地雜居權)을 관철시켰을 뿐만 아니라 조선인을 강제 이주시킨 후 이들의 보호와 독립운동의 진압을 핑계 삼아 중국주권을 침해하며 수많은 분규를 일으켰다.[17] 따라서 만보산사건도 조선인의 만주이주 때문에 발생한 것이며 일본에게 궁극적 책임이 있다고 본 것은 당연하였다.

이런 까닭에 국민당은 대일교섭 과정에서 일본의 토지상조권과 자유잡거권을 저지하고, 조선인의 만주이주를 엄격히 제한하며, 귀화는 반드시 중국 국적법의 방침에 따르고, 국적을 취득하지 못하면 토지권을 행사할 수 없도록 만들었다. 또한 동북지역에 주둔하고 있는 일본군경을 즉각 철수시키며, 재만 일본교민에 대한 영사재판권도 취소하였다.[18] 그러나 이런 조치들은 모두 무산되었는데 만보산사건을 빌미로 만주・몽고지역의 진출을 서두른 일본의 의도 때문에 가능한 조용히 사태를 마무리하려던 국민당의 대응은 실효를 거두기 어려웠던 것이다.

조선배화폭동으로 중국여론이 들끓고 있던 시기에 장개석은 여전히 강서지역의 공산당 토벌에 주력하며 이른바 '안내양외론(安內攘外論)'을 강조하였다.[19] 이 주장에 따르면 "외환(外患)은

---

16) 「中國國民黨吉林省黨務指導委員會」, 『萬寶山案』 373-1 第6冊 (目錄統一編號 172-1 案卷編號 1072-6).

17) 「中國國民黨湖南省岳陽縣黨部執行委員會」, 『萬寶山案』 373-1 第6冊 (目錄統一編號 172-1 案卷編號 1072-6).

18) 「中央宣傳部對萬寶山事件及朝鮮排華慘案宣傳大綱」, 『萬寶山事件』, 24-25쪽.

19) 「蔣主席關心對日交涉」, 『中央日報』 (1931.8.6).

대개 내전이 발생할 때 일어나는 법이다. 국가가 분열되어 있으면 외교도 순리적으로 처리되기 힘들다"고 전제하면서 "먼저 내부를 안정시킨 후 외적을 물리쳐 통일을 이룩하고 평화를 실현한다면 나라의 치욕을 면하고 국력을 신장시킬 수 있다"는 시국대응논리였다.[20] 이러한 장개석의 시국책은 혁명외교로 구체화되었고 지방당부들도 반장(反蔣)세력과 공산당 토벌 등이 제대로 해결되지 않기 때문에 일본이 그 틈을 노리고 침입한 것으로 보았다.[21]

따라서 국민이 일제히 분기하여 경제단교에 힘쓰고, 당 · 정 · 군 · 민이 단결하여 정부방침에 뒤따를 것임을 다짐하며 혁명외교에 적극 호응하였다.[22] 이렇듯 국민당의 혁명외교는 외교현안에 대한 실질적 대응보다 경제 징계와 외교절충을 통한 소극적 타협노선이었다.

그러나 지식인들과 민영언론 및 당내 일부 조직에서는 중앙정부의 대응과 달리 근본해결을 주장하기도 했다. 즉 만보산사건을 계기로 중국정부가 재만한인과 관련된 모든 문제를 일괄적으로 담판 지을 필요가 있다고 본 것이다.[23]

예컨대 채원배(蔡元培)는 그동안 누적된 일본과의 외교 · 경제 · 군사 갈등 요인을 이번 기회에 해결하기 위하여 체계적이며

---

20) 「蔣主席爲鮮案將告國人」, 『中央日報』 (1931.7.24).

21) 「陸軍第四十八師特別黨部籌備委員會電」, 『萬寶山案』 373-1 20 (目錄統一編號 172-1 案卷編號 1072-5); 「中國國民黨哈爾濱黨務特派員辦事處電」, 『萬寶山案』 373-1 第6冊 (目錄統一編號 172-1 案卷編號 1072-6).

22) 「中國國民黨湖北省江陵縣執行委員會電」, 『萬寶山案』 373-1 第6冊 (目錄統一編號 172-1 案卷編號 1072-6).

23) 徐淑希, 「鮮滿案件與韓民問題」(1931.8.5), 『萬寶山案』 373-1 第7冊 (目錄統一編號 172-1 案卷編號 1072-7).

구체적인 접근이 필요하다면서 정세에 관한 조사 연구, 중국 자체의 만주개발 및 이주정책에 의한 독자해결 등을 근본대책으로 제시하였다.[24)]

이러한 견해는 민영언론인 대공보 · 신보의 논조와 일치한 것으로, 철저한 자기 인식을 토대로 경제개발과 국가역량의 결집을 강조한 것이다.[25)] 국민당 군내부에서도 중국 스스로 동북지방의 경제건설과 국방에 충실하여 일본군을 내쫓고, 만철 주변의 체신권과 경찰권 등을 회수함으로써 국권을 지킬 것을 주장하였다.[26)]

조선배화폭동 이후 민간단체를 중심으로 배일운동이 확산되면서 경제단교가 가장 일반적 수단으로 제기되었다. 당시 주요 도시에서는 상인 · 학생 · 문화인조직들과 급히 결성된 각계반일원교구국회(各界反日援僑救國會), 대일원교위원회(對日援僑委員會) 등이 앞 다투어 배일성명을 발표하였다.[27)] 각 지역의 국민당 및

24) 「蔡委員元培在中央黨部紀念週對萬寶山事件及朝鮮排華慘案之重要報告 -民國20年 7月 20日」, 『萬寶山事件』, 7-8쪽.

25) 「知彼知己」, 『大公報』 (1931.7.7); 「人侮與自侮 1-2」, 『申報』 (1931.7.14-15).

26) 「中央陸軍軍官學校武漢分校特黨部執行委員會通電」, 『萬寶山事件』, 81-82쪽.

27) 「成都市商會電」·「湘潭人民反日援僑會電」·「湖南漵浦都教育會電」, 『萬寶山案』 373-1 (目錄統一編號 172-1 案卷編號 1072); 「福建上洋各界反日援僑救國會電」·「津陽各界反日援僑救國會電」·「寗夏各界反日運動大會電」·「湖南人民對日援僑委員會電」·「上海市商會電」·「哈爾濱市商會電」·「朝鮮京城各界聯合協議會電」·「鎭江商會電」·「亞洲文化協會執行委員會電」·「亞洲文化協會南京分會電」·「福旦大學教職員學生同電」·「厦門總商會電」·「中華國貨維持會電」·「長沙市團聯合辦事處電」·「江西全省商會聯合會南昌市商會電」·「南昌市各業同業公會 對日經濟絶交後援會電」, 『萬寶山案』 373-1 第6冊 (目錄統一編號 172-1 案卷編號 1072-6).

군 조직들도 경쟁적으로 항의성명을 발표하였는데 공통점은 혁명외교를 지지하면서 일본의 사과와 관련자 처벌, 손해배상, 재발방지의 보장 등을 요구한 것이다.[28]

이렇듯 만보산사건과 조선배화폭동이 연이어 발생하자 남경정부는 신속히 배일여론을 수용하면서 원만한 사태해결을 위한 외교조치를 취하였다. 구체적으로는 국제법에 의한 외교적 항의와 교섭절충 및 경제단교의 수단이 동원되었다. 사태의 가장 신속하고 효과적인 수습책은 조선인을 직접 설득하여 화교배척운동을 저지시키는 것이었다. 또한 근본해결책은 재만한인의 국적정리와 한중간 통상 및 교민 보호방안이 마련되어야 했다.[29] 이를 위해 남경정부는 일본과 외교교섭을 통하여 최저요구가 관철되도록 노력하고, 민간조직을 주축으로 경제단교를 실행하며, 이를 계기로 동북지역에 대한 일본의 특수권익을 취소시키려 했지만 모두 무산되었다. 애당초 일본은 무력에 의한 만주·몽고지역의 진출계획을 가지고 있었기 때문에 외교 절충으로 조용히 사태를 마무리 지으려던 국민당의 대응은 무기력할 수밖에 없었다. 이런 과정에서 일제의 대륙침략수단으로 이용된 만주이민의 당사자이며 배화폭동의 가해자인 조선인에 대한 국민당의 인식은 과거와 사뭇 다른 양상을 띠었다.

---

28) 「中國國民黨吉林省黨務指導委員會電」·「中國國民黨湖南省岳陽縣黨部執行委員會電」·「中國國民黨湖北蘄水縣執行委員會電」·「中國國民黨湖北省江陵縣執行委員會電」·「中國國民黨湖南省平江縣執行委員會電」·「中國國民黨湖北省江陵縣執行委員會電」·「中國國民黨哈爾濱黨務特派員辦事處電」, 『萬寶山案』 373-1 第6冊 (目錄統一編號 172-1 案卷編號 1072-6).

29) 「哈爾濱黨務特派員辦事處通電」, 『萬寶山事件』, 77쪽.

2. 국민당의 대한국인식

1895년 마관조약(馬關條約) 이전의 한중관계는 명의상 조공관계였으나 19세기말 이후 중국의 국력이 쇠약해지자 주종관계에서 "귀하지만 지위가 없고, 지위는 높지만 권세가 없는(貴而無位高而無權)"의 유명무실한 상황으로 변하였다. 1910년 한일합방 이후 조선은 일본의 식민지로 전락하였고, 중국 또한 일본에게 유린당하면서 공동의 적과 맞선 상황에서 한중관계는 동병상련(同病相憐)의 처지로 바뀌었다. 손문(孫文)을 비롯한 초기 국민당의 지도자들은 급변한 시대적 배경 아래서 자연스럽게 한국인과의 우호, 한국에 대한 지지 및 상호부조(相互扶助) 등의 새로운 한국관을 형성시켰다.[30] 과거 중국 지식인들이 갖고 있던 문화우월의식에 바탕을 둔 허위적 자부심이 19세기 중반 이후 천조체제(天朝體制)의 붕괴와 더불어 현실의 본 모습을 직시하며 무너지기 시작한 것이다.

손문의 한국인식은 국민당의 한국관을 형성하는 데 주류적 역할을 하였다. 손문은 동맹회(同盟會) 시기부터 한국 민족의 운명에 대하여 우호적 입장을 취하였다. 그가 주장한 민족주의에 따르면 중국인이 일치단결하여 아시아의 피압박 약소민족(주로 한국과 월남)을 지지하고 제국주의가 동아시아의 평화를 파괴하는 데 공동으로 반대할 것을 호소하였다. 이러한 입장과 주장은 1921년 광주(廣州)에서 한국 임시정부 대표 신규식(申圭植)과 나

30) 만보산사건 이전까지 중국국민당의 한국관은 다음의 글을 참조하였다. 胡春惠, 「20世紀前半中國國民黨人的韓國觀」, 『근현대 전환기 中華意識의 지속과 변용 -20세기 전반 中國人의 韓國觀을 중심으로-』 (단국대학교 동양학연구소 국제학술회의 자료집, 2004. 5. 15), 1-3쪽.

눈 담화에 잘 나타나 있다.

> 중국과 한국 두 나라는 같은 문자를 쓰고 같은 인종인 본래 형제의 나라로 유구한 역사를 가진 긴밀한 관계이며, 서로 의지하고 돕는 밀접한 이해관계로 분리할 수 없으니 바로 서방의 영미(英美)와 같다. 한국의 복국운동(復國運動)을 중국이 도와야 할 의무가 있다는 것은 말할 필요가 없다. …… 일본이 약소민족을 침략하고 동아의 화평을 파괴한 것은 실로 마관조약으로 한국독립을 유린한 것에서부터 시작하는 것이다.[31]

이처럼 손문의 한국인식은 외형상 우호적이었다. 그러나 내재된 의미를 살펴보면 신규식과의 담화 중 일본이 침략함으로서 중화질서를 바탕으로 한 동아시아의 평화가 깨졌다는 인식을 드러내고 있다. 또한 손문은 그해 12월의 한 연설에서 중국이 상실한 영토로 고려 · 대만 · 팽호도(澎湖島) 등을 열거하면서 전통시대의 조공국들은 모두 중국 영토였는데 중국이 약화되면서 열강들에게 빼앗긴 것으로 보고 있다. 손문의 이러한 인식은 조공질서를 바탕으로 하는 중국의 우월적인 영토관념으로서 곧, 중화주의적 영토관념을 가졌다고 말할 수 있다. 그런 까닭에 손문의 한국인식은 중화주의적이고 팽창주의적인 입장에서 강대국 중국이 복속시켜야 할 대상으로 한국을 보는 측면이 여전히 남아 있는 것이다.[32] 따라서 손문의 한국관은 표현상 우호적이었지만

---

31) 孫中山, 「北伐完成後中國當全力援助韓國復國運動」, 『國父全集』 補編 (臺北: 中國國民黨黨史會, 1985), 232-233쪽.

32) 배경한, 앞의 글(1999), 138-141쪽. 이 글에서 필자는 왕도문화를 발전시키기 위해서 일본과 중국을 영도세력으로 하는 아시아 민족들의 대연합을 주장한 손문의 '대아시아주의'에 대해 비판하고, 일제에 대한 이해가 피상적이고 불철저한 측면을 보여준 것과 한국문제에 대한 애매한 혹은 부정적인 태도를 함께 지적하

그 이면에는 관습적으로 중화의식과 대국의식이 짙게 깔려있는 이중성을 갖고 있었다.

한국문제에 관한 손문의 공식 입장은 곧 다른 국민당 지도자들에게 영향을 주어 20세기 초 한국의 운명에 대하여 비슷한 관점들을 가지게 되었다. 그 결과 1919년 3·1운동에 관하여 매우 우호적인 태도를 취하였고,[33] 이후로도 역사적 친밀감을 바탕으로 한국독립을 지지하며 지원에 적극 나섰다.[34] 손문이 사망한 후, 북벌을 거치면서 국민당의 실질적 지도자로 위치를 굳힌 장개석은 한국에 대해 매우 우호적인 입장을 취하였다. 그는 1925년 국민당 직속의 황포군관학교(黃埔軍官學校)에 일부 한국청년들을 모집하여 독립운동의 지도자로 육성하였다. 1928년 북벌완성으로 중국을 통일한 후에는 한국독립운동의 각 단체와 연합하여 일본에 공동 대항하는 것을 거시적 목표로 삼아 김구(金九)·이동녕(李東寧)·조소앙(趙素昻) 등을 도와서 한국 임시정부를 지원하였다.[35]

이런 와중에 만보산사건이 발생하고 급기야 조선에서 화교배척사건이 터짐으로써 그동안 긴밀한 우의를 보이던 한중관계가 심각한 위기를 맞이하였고, 중국의 대한국관도 중대한 시험대에 오르게 되었다.

만보산사건 이후 중국의 대응과정에서 국민당 및 하부조직의

고 있다.

33) 楊昭全·韓俊光, 『中朝關係簡史』(遼寧民族出版社, 1992), 344쪽.

34) 胡春惠, 앞의 책, 41-42쪽.

35) 胡春惠, 「大韓民國臨時政府與中國國民黨之關係 --寫在白凡金九先生百二十歲誕辰」, 『近代中國』 123(1998.2); 方永春·呂秀一, 「中國對在華大韓民國臨時政府的援助」, 『近代史硏究』 81(1994.3); 石源華, 「論抗日戰爭期間國民政府的援助政策」, 『抗日戰爭硏究』 12(1994.5) 등 참조.

한국관이 자연스럽게 드러나고 있다. 우선 사건과 관련하여 국민당은 식민지상황을 고려하면서도 조선인의 단순함과 무지로 인한 폭력 사태를 비이성적 야만행위라고 비난하였다.[36] 당시 대표적 지식인이었던 채원배는 만보산사건에 관해 언급하는 중 "조선인은 어리석고 겁이 많다"면서 일제가 이를 적극 이용하여 조선을 식민통치하고 있는 것으로 보았다.[37] 이러한 인식은 중국인들의 보편적 시각으로 조선인의 수준이 낮고, 두뇌가 단순한 까닭에 한일합방 이후로 조선인은 일본에 고용되거나, 혹은 일본교육을 받은 후 대부분 일인의 지배를 받으며 배화활동에 참여하고 있다는 것이다.[38] 그리하여 국민당은 조선인을 "일본군벌의 살인흉기와 희생물에 불과하다"는 극단적인 표현까지 써가며,[39] 일제가 조선인을 충동질하여 짐승처럼 행동하게 한 것은 사실상 근세문명의 오점이라고 비판하였다.[40]

만보산사건에 관한 국민당의 성시당부(省市黨部), 특별당부, 해외당부의 각종 보고서 및 성명서 등을 살펴보면 '무지몽매한 조선인이 일본인의 교사를 받고 주제넘게 배화활동에 참여했다'는 점과 '일본의 위세를 빙자하여 야만적이고 폭력적인 악행을 서슴지 않고 있다'는 점을 유달리 강조하고 있는 것이 공통된 특징이다. 한 예로 만보산사건이 일본인의 충동질과 강압에 의한 것으로 조선인의 본의는 아닐지라도 그 어리석음과 무모함을 다음과 같이 꼬집고 있다.

---

36) 「山東省黨務整理委員會通電」, 『萬寶山事件』, 74-75쪽.

37) 「蔡委員元培在中央黨部紀念週對萬寶山事件及朝鮮排華慘案之重要報告」, 『萬寶山事件』, 5쪽.

38) 「朝鮮被難華僑之一封血淚書」, 『萬寶山事件』, 54쪽.

39) 「中央宣傳部對萬寶山事件及朝鮮排華慘案宣傳大綱」, 『萬寶山事件』, 21쪽.

40) 「鐵道砲隊司令部特別黨部電」, 『萬寶山事件』, 86쪽.

이번 조선폭동의 무리들은 나라 잃은 침통함도 잊은 채 원수의 부추김에 본래 친하였던 화교를 가장 참혹한 수단으로 사리분별 없이 학살하였다는 악명(惡名)을 얻었고, 다시 제멋대로 행동한 폭도라는 죄까지 뒤집어썼다.[41] 즉 식민지 조선의 처지를 동정하면서도 일본인에게 농락당한 조선인의 무지와 비굴함, 야만성 등을 들춰내며 비하하고 있는 것이다.

지난날 역사적 관계로 볼 때 당시의 한중관계는 중국인들에게 매우 불만족스러운 상황으로, 조선인에게 당한 인적 물적 피해는 가히 충격적이었다. 그 때문에 "조선인을 살펴보면 본래 우리나라 기자(箕子)의 후예로서 지금은 나라를 잃고 외롭게 남아있다. 결국 악인의 앞잡이로 노예가 되어 이리와 돼지처럼 이리저리 날뛰며 흉악함이 극에 다다랐으니 슬프도다."[42]라고 하여 강한 분노와 깊은 연민의 감정을 동시에 드러내고 있다.

조선배화폭동과 관련하여 중국인들은 경제적 측면에서 부정적인 한국관을 가졌다. 일제의 식민통치 이전부터 조선인은 게으르고 생산에 힘쓰지 않은 까닭에 상공업이 성장하지 못하였고, 반면 중국사람(화교)들은 근검절약하며 참고 노력하는 성품을 지녀 조선의 상업을 장악하게 된 것으로 보았다. 또한 식민통치 이후 조선인은 여전히 낡은 농사법만 고집하고, 본래 나태한 성품 때문에 나아지지 않았지만 중국인(화교)은 천부적인 능력으로 농업분야에서 많은 이익을 거두었다는 것이다. 특히 야채재배가 좋은 예로 조선인은 상품용 야채를 재배하지 않아 중국인이 독점하게 되었다는 것이다.[43] 이런 현상은 농업뿐만 아니라

---

41) 「中央宣傳部對萬寶山事件及朝鮮排華慘案宣傳大綱」, 『萬寶山事件』, 20쪽.

42) 「駐長崎直屬支部執行委員會通電」, 『萬寶山事件』, 93쪽.

43) 華農은 좁은 경작지에서 독특한 비료와 농기구 사용법 및 영업방

공업에서도 마찬가지로 일본인이 중국공인을 많이 채용하여 조선공인의 실업자 수가 나날이 늘어났고, 이 때문에 조선공인의 생활이 곤란해져 화교를 적대시하는 마음이 깊어졌으며, 넓게는 중국인에 대한 감정이 더욱 나빠지게 되었다는 것이다.[44)]

당시 조선에는 약 6만여 명의 화교들이 신의주(新義州)·경성(京城)·인천(仁川) 등 주요 도시를 무대로 생활하였다. 인천항의 무역현황을 살펴보면 수출권은 일본인에게 있었지만 수입권은 중국 상인이 좌우하였다. 화교상인들이 중국의 산동(山東)과 거리상 가까운 인천의 이점을 적극 활용하여 근거지로 삼았던 것이다. 그들의 상업전략은 먼저 주요 도시를 장악한 후 점차 각 지방의 소도시로 진출하는 것으로 조선의 도시상권을 대부분 장악하였다.[45)]

이처럼 경제문제를 중심으로 발생한 조선인과 화교의 갈등, 충돌은 상호간 부정적 이미지를 심어 주었다. '게으르고 나태하며 무능하다'는 중국인의 한국인관이나 '돈밖에 모르는 야비한 수전노'와 같다는 한국인의 중국인관은 모두 경제관계 속에서 누적된 나쁜 이미지가 형상화된 결과로 볼 수 있다.

국민당은 무지몽매한 조선인들에 의해 자행되고 있는 각종 분규와 폭력 사태가 전적으로 일본의 사주를 받은 결과이지만 그러한 행위의 주체자인 조선인들에 대해서도 분노와 동시에 연민을 표시하고 아래처럼 피압박민족이 공동투쟁에 나설 것을 주장

법으로 급성장하였는데 인천의 경우 채소수요의 70%가 이들에 의해 공급되었다. 朴銀瓊, 「韓國 華僑 社會의 歷史」, 『震檀學報』 第52輯, 115쪽.

44) 이런 결과 1927년 12월 15일 조선에서 배화폭동이 발생하였는데 화교의 死傷者가 매우 많았으며, 재물 손실도 대단히 컸다. 「仁川被難僑胞報告書」, 『萬寶山事件』, 37쪽.

45) 「附最近在鮮華僑之槪況」, 『萬寶山事件』, 62-63쪽.

하고 있다.[46)]

> 한인(韓人)의 배화(排華)는 한인의 본의에서 나온 것이 아니라 일인(日人)의 충돌질에 의한 것이다. 우리는 한인을 적대시하지 않고 오히려 연민과 아쉬움이 더욱 깊다. 이제 피압박민족이 공동 투쟁한다는 입장에서 반제국주의 혁명의식을 불러일으켜 일인과 장기간 영웅적인 생존투쟁을 전개할 것이다.

항일투쟁의 구체적 방법으로는 세계 피압박민족이 연합하고 중국을 동정하는 국가들과 긴밀히 단결하여 엄중히 반항한다는 것이다.[47)] 그 이념적 근거는 손문의 삼민주의로, 국민당은 "그동안 청천백일기(青天白日旗)아래 삼민주의혁명으로 세계의 약소민족과 연합하여 제국주의를 타도하는 직책에 노력하였다"라고 자부하면서, 한중 양국이 일본제국주의란 공동의 적과 맞서기 위한 상호연대를 강조하면서 각별한 우호관계를 내세웠다.[48)]

애당초 일본정부가 조선인을 충동질하여 배화폭동을 일으킨 원인은 본래 중국과 조선 두 민족간의 친선합작이 일본제국주의자의 앞날에 불리하기 때문으로, 국민당은 이번 사태도 조선인이 중국인에 대해 나쁜 감정을 갖도록 부추김으로서 양쪽 모두에게 상처를 입히고 일본은 앉아서 어부지리(漁父之利)를 얻으려는 계책으로 보았다. 이 과정에서 중국인과 조선인은 모두 일제의 침략과 학살 대상이며 서로 간 참극과 폭행이 끝이 없다는 것이다. 이 때문에 중국인이 먼저 조선인에 대해 불필요하고 무익한 악담을 퍼붓거나 적대시하지 않음으로써 일본인의 악랄한 계책에 빠

46) 「上海特別市執行委員會宣言」, 『萬寶山事件』, 69쪽.
47) 「南京特別市執行委員會通電」, 『萬寶山事件』, 64쪽.
48) 「南京特別市執行委員會宣傳部告全國同志同胞書」, 『萬寶山事件』, 66-67쪽.

지지 않아야 하며, 전력을 다해 일본인의 음모를 폭로해야 한다고 보았다.[49] 즉 국민당은 한중관계를 이간질시키려는 일제의 의도를 간파하고 잔악무도한 행동을 폭로하여 한중 양국이 이번 사태의 진상에 대해 심각하게 인식함으로써 본래의 친선과 합작을 회복하고 약소민족이 서로 제휴하는 정신을 바탕으로 더욱 긴밀히 일본제국주의자의 공작에 항거할 것을 강조한 것이다.

이렇듯 국민당은 피압박민족의 공적(公敵)인 일제의 농간에 넘어간 조선인에 대해 연민과 동정을 나타내고, 무지몽매함을 힐난하면서도 항일투쟁에서는 대국의 입장에 서서 약소국을 지원하다는 태도를 취하고 있다. 비록 서구열강과 일본의 경제적 군사적 침략 앞에 중국이 무기력했지만 과거 종주국으로서의 우월의식이 여전히 남아있음을 보여주고 있는 것이다. 따라서 한중관계에 있어서도 동병상련의 현실적 요구가 상호이해와 연대, 공동투쟁의 길로 이끌고 있지만 유구한 역사성과 문화적 우월감이 짙게 베인 허위적 자부심은 여전히 강하였다.

3. 중국 관영언론의 동향

남경정부 시기의 언론 상황은 중앙통신사를 중심으로, 국민당 기관지인 중앙일보(中央日報)[50]와 상해(上海)의 신보(申報) ·

49) 「中央宣傳部對萬寶山事件及朝鮮排華慘案宣傳大綱」, 『萬寶山事件』, 21-22쪽.

50) 남경정부의 수립 이후 장개석이 추진한 언론대책은 국민당의 직영언론을 갖추는 것으로, 제1차 국공합작 시기에 국민당 우파의 기관지로 상해에서 발행된 민국일보가 1927년 3월에 다시 발간되었고, 1928년 2월에는 중앙일보가 상해에서 복간된 뒤 이듬해 2월 남경으로 옮겨져 중앙기관지로 자리 잡았다. 拙著, 『현대중국과 지식인』(서울: 신서원, 2003), 120-125쪽 참조.

시사신보(時事新報) · 신문보(新聞報) · 시보(時報) 및 천진(天津)의 대공보(大公報) 등으로 대표된 민영언론이 있었다.[51] 이러한 신문들을 살펴보면 대략 1931년 6월 중엽부터 만보산지역에서 만주한인과 중국농민 사이의 갈등이 보도되기 시작하였다. 본래 만보산 일대는 좋은 농지조건으로 만주한인(滿洲韓人)과 중국농민의 관심이 쏠렸고, 이 때문에 충돌이 잦아 일찍부터 언론의 주목을 받았다.[52]

마침내 7월 1일 만보산지역에서 무력충돌이 발생하고, 곧이어 터진 조선화교배척사건은 7월 한 달 동안 중국신문들의 지면을 채웠다.[53] 이 시기에 각종 신문들이 게재한 만보산사건 관련기사의 빈도와 편집비중, 내용, 논설 및 기획물의 논조 등을 통해 사건개요와 중국 언론의 한국관을 살펴 볼 수 있다.

보도형식으로 볼 때 중앙일보는 6월부터 8월까지 모두 8편의 사론(社論)과 2편의 분석기사 및 190여 건의 기사를 보도하였다.[54] 같은 기간에 대공보(大公報)는 14편의 사평(社評)과 150여

---

51) 민영언론 중 대공보와 신보의 역사가 오래되고 영향력도 컸는데 대공보는 친국민당 성향인 반면 신보는 비판적이었고 판매지역이 전국적으로 가장 넓어 독자층이 광범위했다. 신문보는 상공인 독자층이 두터웠고, 시보는 상해 시내에서 판매부수가 가장 많았으며, 시사신보는 비판적 성향이 강하여 학생독자의 환영을 받았다. 袁殊, 「上海報紙之批評」, 張靜盧, 『中國現代出版史料』 乙編 (北京: 中華書局, 1959), 131쪽.

52) 「長春韓人占種案始末」, 『中央日報』(1931.6.22).

53) 국민당 해외기관지인 소년중국신보(少年中國晨報)도 만보산사건에 관하여 7편의 논설과 100여 건의 기사를 썼다. 주요논설로는 「萬寶山事件及中韓人交惡之解釋」(1931.7.13) · 「日本帝國主義者與萬寶山案」(1931.7.15-16) · 「國民應急起監視對日外交」(1931.7.30-31) · 「日人侵略東北之急進」(1931.8.1) · 「哀朝鮮」(1931.8.21) 등이 있다.

54) 중앙일보의 기사분류 및 분석은 『中央日報』 (臺灣 國史館 所藏原本)와 劉金質 外篇, 『中朝中韓關係文件資料滙編』 (北京: 中國社

건의 기사를 보도하였으며, 신보(申報)는 17편의 시평(時評)과 10여 편의 연재물 및 150여 건의 기사를 실었다.[55] 또한 시사신보(時事新報)는 10여 편의 사론(社論)과 100여 건의 기사를 보도하였고,[56] 시보(時報)와 신문보(新聞報)는 분석기사보다 사실 전달에 치중하여 각각 100여 건의 관련기사를 보도하였다. 만보산사건을 바라본 중국 언론의 기본 시각은 지난날 일본이 중국을 침탈한 청일전쟁(淸日戰爭), 21개 조약, 제남사건(濟南事件) 등의 연장선에서 의도된 침략행위로 보는 경향이 뚜렷하였다.[57] 다만 제남사건이 일본군대의 직접 소행이었다면 만보산사건은 타인의 손, 곧 조선인을 선동하여 저지른 잔혹한 행위로 인식하였다.[58]

만보산사건을 전후로 나타난 관영신문의 동향을 살펴보면 우선 중앙일보에 실린 관련기사는 사건 전반에 관한 상세한 보도와 더불어 국민당의 대응방침 및 각종 외교조치들을 소개하면서 합리화하였다. 또한 각급 당부와 민간단체들이 연이어 발표한 성명서 및 배일활동을 보도하면서 타협적이고 평화적인 해결방향으로 여론을 이끌었다.[59] 중앙일보는 사건을 보도하면서 자극

會科學出版社, 2000).

55) 申報에 실린 심층 연재기사로는 「爲萬寶山案忠告日人韓人并勗國人(1-2)」(1931.7.9·11)·「游韓漫談(1-6)」(1931.7.10-16)·「悲壯慭烈之援僑大會」(1931.7.16)·「韓民移殖東北之硏究1-10」(1931.7.23-8.2)·「鮮案考察記」(1931.8.2-6)·「萬案肇事地點馬家哨口訪問紀」(1931.8.14) 등이 있다.

56) 時事新報의 논설은 「萬寶山韓民水田經營問題」(1931.7.6)·「中日糾紛」(1931.7.9)·「蘇俄與韓族」(1931.7.10)·「朝鮮事件之責任」(1931.7.11)·「日本之毒計」(1931.7.13)·「對日交涉」(1931.7.15)·「再論中日交涉」(1931.7.16)·「論外交政策」(1931.7.21)·「日本對滿蒙之急進」(1931.8.11) 등이 있다.

57) 「硏究日本(1)」, 『申報』(1931.7.19).

58) 「再論韓人暴動事件」, 『中央日報』(1931.7.11).

적 언사나 편집을 피하였고, 일본의 대륙침략정책과 폭력성을 비판하면서도 전면투쟁이 아닌 외교 절충과 경제 징계 등을 대응책으로 내세웠다.[60] 또한 이번 사건으로 중일관계에서 공존공영(共存共榮)의 희망이 깨질까 봐 노심초사(勞心焦思)하는 논조를 띠었다.[61] 이런 경향은 장개석(蔣介石)의 안내양외론(安內攘外論)에 근거한 것으로, 국민당이 공산당 토벌에 주력하기 위해서는 외부요인에 의한 방해를 가능한 봉쇄하거나 최소화시켜야 한다고 보았기 때문이다. 그러기에 중앙일보는 사태확산을 최대한 경계하면서 외교적 타협으로 마무리되기를 바랐다.

책임 소재와 관련하여 중앙일보는 "사건의 원흉은 음흉하고 표독한 일제이고 조선인은 여기에 이용당한 허수아비임으로, 형법(刑法)으로 말한다면 조선민족은 비록 직접 참여한 정범(正犯)이지만 일본사람은 뒤로 숨은 원흉"이라고 규정하였다. 그리고 조선민족은 이미 일본에 있어서 "소나 말과 다름없는 자유를 잃은 몸"이기 때문에 이번 사건의 원흉은 일제이지 자유를 잃은 조선민족이 결코 아니라는 주장을 폈다.[62] 즉 현실적으로 식민지 상태인 조선의 암울한 상황과 한계를 지적하면서 일본에 모든 책임을 묻고 있는 것이다. 또한 역사적 맥락에서 중앙일보는

---

59) 「仇同愾敵日人嗾使韓民慘殺朝鮮華僑」(1931.7.11)·「各級黨部紛請嚴重抗議韓民排華慘案」(1931.7.17)·「各級黨部對滿韓兩案極憤慨」(1931.7.20)·「海內外各級黨部呈請中央嚴重交涉朝鮮慘案」, 『中央日報』(1931.7.20).

60) 「韓人慘屠華僑案外交部已向日本嚴重抗議」, 『中央日報』(1931.7.8).

61) 이러한 태도는 대표적 민영신문으로 친국민당 성향이 짙던 대공보에서도 찾을 수 있다. 만보산사건 후 대공보는 대륙방어 차원에서 중일이 연합하여 소련으로 진공해야 한다고 주장하였고, 이 때문에 중일간 문제는 모두 협상으로 해결될 수 있다고 낙관하였다. 손승회, 앞의 글, 132쪽.

62) 「哀朝鮮」, 『中央日報』(1931.7.31).

"조선농민들에 대해 역사상 좋은 감정을 가지고 있어 조선을 배척할 마음이 없음으로 일을 크게 벌이지 말고 화해하자"라고 하여 타협의지를 공개적으로 표명하였다.[63] 그리고 다음과 같이 한중관계의 역사적 긴밀함을 강조하면서 문화적 우월감도 함께 드러내고 있다.

> 조선민족의 건국사는 이천 년 전부터 계속되어 왔으며, 그동안 중국과의 우의는 말할 수 없을 정도로 깊고도 깊다. 중국인은 평화를 신념으로 강성시기에도 약한 민족을 침략한 적이 없고 다른 나라를 멸망시키거나 다른 민족을 압박하는 짓은 더더욱 하지 않았다. 중국과 조선의 관계사를 살펴보면 알겠지만 아주 밀접하다. 더욱이 조선의 문화는 중국에서 전파되어 갔다고 할 수 있다.

아울러 중앙일보는 일제의 의도된 침략정책에 의해 도구로 혹사당한 조선인들에게 연민과 동정을 표시하였고,[64] 아래와 같이 현재의 한중우호관계를 깨트리려는 목적도 있는 것으로 파악하였다.[65]

> 우리는 알고 있다. 조선과 중국이 몇 천 년의 역사관계를 갖고 있고, 문화·풍습·습관 등이 모두 동일하며, 일본은 조선민족이 중국민족이며 조선문화가 중국문화라는 것을 깊이 알고 있다. ……일본은 이 기회를 이용하여 조선인과 중국인 사이에 반감을 일으켜 조선인이 우리를 원수로 생각하게 만드는 것으로, 이번 참사는 바로 일본의 음모가 성공한 것이다.[66]

---

63) 「中央社吉林九日電」, 『中央日報』(1931.7.11).
64) 「日人欲重演濟南慘案耶?」, 『中央日報』(1931.7.7).
65) 「朝鮮暴動已止政府派汪使赴鮮慰問僑胞」, 『中央日報』(1931.7.11).
66) 「打倒日本帝國主義先應充實我們的實力 -樓桐孫在南京市黨部的講演」, 『中央日報』(1931.7.21).

명분상 국민당의 외교노선은 세계주의를 강조한 손문의 민족주의에 영향을 받았고, “세계에서 우리 민족을 평등으로 대하는 민족과 연합하여 공동 분투해야 한다”라는 손문유촉(孫文遺囑)에 충실하였다. 이런 까닭에 중앙일보는 식민통치를 받고 있는 조선과 반식민지(半植民地) 상태의 중국은 역사적으로 한 전선에 서있으며 공동투쟁의 동지로 보았다. 즉 “영국 · 독일 · 이탈아 · 일본 · 러시아 등이 백색제국주의라면 중국 · 한국 · 안남(베트남) · 터어키 등은 모두 도마 위의 고기로서 누구에게나 유린당하고 있다”는 것이다.[67]

중앙일보는 현재 삼민주의를 실행하여 국민혁명을 이끄는 것이 국민당의 가장 큰 사명이며, 스스로 자유와 독립을 추구할 뿐만 아니라 약자를 보호하는 민족성으로 피압박민족을 해방시키는 것이 중국의 시대적 소명이라 하여 ‘삼민주의에 의한 반제연대투쟁’을 대내외에 천명하였다. 이런 관점에서 중국의 내지(內地) 및 동북지역에 거주하는 조선인 2백만 명의 비참한 상황을 동정하고 법적으로 보호하면서 하루라도 빨리 독립운동에 승리할 것을 축원하였다.[68]

만보산사건 이후 국민당의 시국인식 가운데 가장 눈에 띄는 대목은 과거 속국이었던 조선인에게마저 무시당하고 폭력대상이 된 것에 대한 당혹감과 자괴감이다. 좋은 예로 아래와 같은 천진시당부(天津市黨部) 대표의 발언에서 그런 분위기를 느낄 수 있다.[69]

---

67) 張元, 「由韓人排華問題說到赤白色帝國主義的聯合對華政策」, 『中央日報』(1931. 7.19).

68) 「哀朝鮮」, 『中央日報』(1931.7.31).

69) 「津市黨部爲萬韓兩案開市民極代表大會劉不同報告」, 『中央日報』(1931.7.20).

> 오늘 우리는 침통하게 생각해 봐야한다. 현재 우리의 환경이 제국주의의 학대를 받아야 할 뿐만 아니라 동종인(同種人)의 학대까지 받아야 하는가. 이 얼마나 가슴 아픈 일인가. 이번에 한국인은 일본제국주의의 꼬드김에 넘어가 우리 중국인을 2천 명 이상이나 참사하였다. ……우리나라 영사관까지 한국농민에 의해 파괴되었다. 이렇게 큰 치욕에 대해 우리나라 국민들은 매우 가슴 아프다.

또한 교육계 대표는 중국의 현재 상황을 반식민지(半植民地)라면서 식민지보다 오히려 못한 것으로 보았다. 왜냐하면 식민지는 한 나라에만 종속되어 다른 나라들의 모욕과 참사를 당하지 않지만 중국은 어떤 제국주의자들이든지 모두 주인행세를 하고 아무런 보호도 받지 못하고 있다는 것이다. 더욱이 상해의 외국인공원에 내걸린 "중국인과 개는 입장을 금지한다"라는 간판을 예로 들면서 조선인보다 못한 중국인의 비참한 현실을 몹시 분개하였다.[70] 이처럼 국민당 인사들은 만보산사건으로 조선인에게까지 모욕당한 것을 큰 치욕으로 여기며 중국인의 단결과 분발을 촉구하였다.

이 시기의 중국인들은 일본이 조선을 식민지화 한 것이나 자신들을 끊임없이 침략하는 것에 대해 국가적 자존심과 위신에 심한 상처를 입었다. 그런 까닭에 중앙일보는 조선민족의 폭력적인 화교배척운동에 대해 이해하면서도 너무나 무의식적으로 불행한 사태를 일으킨 조선인들에 대해 격한 분노와 더불어 깊은 연민을 나타내며, 동시에 독립을 위한 강한 민족의식과 지속적인 투쟁을 함께 촉구하였다. 그리고 이 사건으로 인한 모든 처벌과 배상은 일본에게 따질 것이므로 조선인은 사건 전말에 관

---

70) 「津市黨部爲萬韓兩案開市民極代表大會李仲吟演說」, 『中央日報』(1931.7.20).

한 증거를 공개하여 중일교섭의 근거로 삼을 수 있도록 협조해 주기를 바랬다. 또한 무식한 폭도들을 지도 교육함으로써 이러한 사건이 재발하지 않도록 방지해야 한다고 강조하였다.[71)]

중앙일보는 본질적으로 중국과 조선이 일본의 압박을 받는 '형제의 나라'이기에 조선의 적은 곧 중국의 적이며, 서로의 도움과 협력이 유일한 공존공생의 길이라고 보았다. 따라서 만보산사건은 일종의 집안싸움으로 일본에게 침략의 기회를 주는 것과 마찬가지라고 이해하였다. 그런데 극소수의 우매한 조선인들이 적군과 아군을 분간하지 못한 채 일본의 이간질에 속아서 두 민족 간의 혈육을 희생시키고 있다는 것이다.[72)]

만보산사건과 관련하여 중앙일보의 보도는 당의 기관지로서 정부당국의 성명서와 처리방안에 관한 발표 및 중앙통신사의 기사를 충실히 전하고, 국민당의 하부조직과 각종 민간단체의 반일활동을 보도하면서 평화적 해결을 도모하였다. 기사내용은 사건배경과 관련된 일본의 조직적이며 계획적인 침략 음모를 반복적으로 집중 부각시켜 외부요인에 더 많은 비중을 두었다.[73)] 대응방식은 만보산사건을 국지적(局地的) 문제로 파악하여 지방당국이 중앙 지시에 따라 법적(法的)으로 처리하고, 조선배화사건은 외교문제로서 외교부가 국제법에 따라 처리하려 했다. 그러나 일본이 계속 책임을 회피함으로서 배일여론이 확산되었고 국가의 중대한 현안으로 다루어졌다.[74)]

구체적 처리방식은 국민의 인내를 최우선으로, 외교부의 엄중 항의와 신속한 진상파악 및 일본의 사과, 손해배상, 재발방지의

71) 「告朝鮮民族」, 『中央日報』(1931.7.14).
72) 「哀朝鮮」, 『中央日報』(1931.7.31).
73) 「萬寶山案發生後韓人慘屠在韓華僑」, 『中央日報』(1931.7.7).
74) 「日本答覆不能滿意我國對日將提二次抗議」, 『中央日報』(1931.7.14).

약속 등을 제시하였다. 그러나 각 지역의 교육 · 언론계 지식인들과 상공계를 주축으로 한 민간단체들이 곧바로 배일운동에 적극 나섰다. 특히 상업계가 주도적이었는데 경제단교를 주요 수단으로 삼았고, 이를 관철시키기 위한 모금운동까지 펴면서 강경 대응하였다.[75] 외교절충에 의한 타협 방안을 모색하던 국민당정부와 달리 민간사회에서는 동북위기를 근본적으로 해결하기 위한 적극성을 보인 것이다. 이런 과정에서 중앙일보의 지면에 나타난 중국인의 한국관은 표현상 동정적, 우호적이었지만 그 이면에는 뿌리 깊은 문화적 우월감이 자리 잡고 있었다.

4. 중국 민영신문의 상황인식

만보산사건과 관련하여 당시 대표적 상업일간지인 대공보나 신보의 논조와 인식을 살펴보면 관영언론과 상당한 차이점을 발견할 수 있다. 먼저 국민당에 우호적이던 대공보는 의례적인 보도에 그치지 않고 사건의 원인규명과 해결방안을 구체적이며 실질적으로 모색하였다.[76] 무엇보다도 사건배경과 관련해서는 일본의 침략성을 강조하면서도 관영언론과 달리 중국 내부의 문제점 곧, 동북정권의 일관성 없는 한인정책(韓人政策)이나 지방 관리의 무능력 등을 심각하게 제기하였다.[77]

---

75) 「滬上反日運動熱烈 本社十四日上海專電」, 『中央日報』(1931.7.15).

76) 관련논설은 「東北對外關係之前途」(1931.7.1); 「知彼知己」, 『大公報』(1931. 7.7); 「緊急善後與根本考慮」(1931.7.11); 「再論日本大陸政策」(1931.7.12); 「日本答覆朝鮮排華案抗議」(1931.7.15); 「幣原認禍源在宣傳」 (1931.7.18); 「朝鮮案與寧案韓案比較觀」, 『大公報』(1931.7.28) 등 모두 14편이 있다.

77) 「萬寶山案究竟如何」, 『大公報』(1931.8.5).

사후처리는 배일여론에 편승한 강경대응을 경계하면서 유연하며 실리적인 해결책을 중시하였다.[78] 곧 현상유지를 전제로, 중일간 외교절충과 인적 물적 피해보상으로 요약되는 국민당의 대응책과 일치하였다. 특히 대공보는 근본문제로서 조선인의 토지상조권과 이중국적을 제기하였고,[79] 그 해결책으로는 조선인과 일본인을 동등하게 대우하고, 조선인의 중국국적 취득을 허용하는 방안을 내놓았다.[80] 그밖에 중국의 내부문제를 정리하기 위해 지방관리와 지식인들의 역할을 중시하는 등 실리적인 시국대책을 주장하였다.[81] 이렇듯 대공보는 만보산사건의 발생원인이나 배경에 있어서 국민당 및 관영언론과 상이한 인식을 가졌고 처리방안이나 대한인식(對韓認識)에 있어서는 일치된 경향을 보였다.

한편 신보는 사건배경과 관련하여 일제의 대륙침략정책이란 외부요인을 지적하면서도 대공보와 마찬가지로 내부요인에 상당한 비중을 두었다. 해결방안도 혁명외교의 테두리를 벗어나지 않지만 자국에 관한 치밀한 조사와 연구를 통한 자기검증으로부터 찾고 있다.[82] 이 점은 중앙일보가 일본의 침략의도를 반복적으로 거론함으로써 외부요인을 부각시킨 데 비하여 내부요인을 중시한 것으로, 그 자체가 곧 비판적 시국인식을 드러낸 것이라 할 수 있다.

또한 관영언론은 일본의 만주침략에 따른 정치적 군사적 의도를 강조하였지만 신보는 조선의 화교경제에 주목하였다. 당시

---

78) 「萬寶山案如何交涉」, 『大公報』(1931.7.23).

79) 「萬寶山事件之嚴重化」, 『大公報』 (1931.7.5); 「朝鮮之暴動慘案」, 『大公報』 (1931.7.8); 「朝鮮排華與北韓僑問題」, 『大公報』 (1931.7.9).

80) 「解決萬寶山案之前途」, 『大公報』 (1931.8.13).

81) 「東北官民之重大責任」, 『大公報』 (1931.7.20).

82) 「嗚呼滿蒙」, 『申報』 (1931.7.10); 「人侮與自侮(1)」, 『申報』 (1931.7.14); 「研究東北(1)」, 『申報』 (1931.7.16).

조선인의 만주이주가 사실상 일본 식민지정책의 선봉대란 인식은 중국의 보편적 여론이었다. 하지만 신보는 조선화교의 경제력을 시기 질투한 조선인들이 이미 오래전부터 마음속으로 몰아낼 생각을 하였고, 일본 식민당국에 의해 조장된 측면도 있다고 보았다. 따라서 만보산사건과 조선배화사건은 표면상 연루관계에 있지만 실제는 각각 별도로 배태된 요인이 있다는 것이다.[83] 곧 일본의 침략정책뿐만 아니라 조선화교의 과도한 경제력 집중도 배화폭동의 주요 요인으로 인식한 것이다.

전반적으로 신보의 보도경향은 냉정한 현실인식을 바탕으로 분석 위주의 논평기사를 많이 썼다.[84] 예를 들자면 사건의 발생원인 및 전개과정, 사후처리 등에 관한 미시적 접근보다는 만주를 매개로 한 중일 혹은 국제문제로서 거시적 안목을 보여준다. 이 때문에 사안 자체의 단편적 보도기사 보다는 만주의 이권을 둘러싼 국가 간 대응전략과 국제문제에 관한 치밀한 분석이 돋보인다.[85] 또한 만보산사건이란 외교현안에 대해서는 즉각적이고 단기적 대응보다 충분한 조사와 연구를 토대로 신중한 접근과 근본 해결책을 강조하였다.[86] 이 때문에 중국이 외세의 모욕과 침략으로부터 벗어나려면 철저한 자기검증으로,[87] 실업을 부

---

83) 「再論萬寶山案」, 『申報』(1931.7.7).

84) 만보산사건과 관련된 時評은 「再論萬寶山案」(1931.7.7); 「異哉所爲被壓迫」(1931.7.8) · 「强硬外交」(1931.7.9) · 「嗚呼滿蒙」(1931.7.10); 「日政府答覆抗議」(1931.7.12); 「無敵國外患者國恒亡」(1931.7.13); 「人侮與自侮(1-2)」(1931.7.14-15); 「研究東北(1-3)」(1931.7.16-18); 「研究日本(1-3)」(1931.7.19-21); 「外侮與外交(1-3)」(1931.7.22-24) 등이 있다.

85) 「强硬外交」(1931.7.9) · 「日政府答覆抗議」(1931.7.12) · 「無敵國外患者國恒亡」(1931.7.13) 등 참조.

86) 「研究東北(1-3)」, 『申報』 (1931.7.16-18); 「研究日本(1-3)」, 『申報』 (1931. 7.19-21).

87) 「人侮與自侮(1)」, 『申報』(1931.7.14).

흥시키고 실력을 배양하며 국민의 단결된 의지가 중요하다고 강조하였다.[88)]

당시 남경정부는 외교현안으로 불평등조약의 폐지를 내걸고 자위정책을 추진하고 있었다. 하지만 신보는 만보산사건에서 볼 수 있듯이 국력이 뒤받침 되지 않은 외교정책은 외교가 아니라면서 "자주(自主)하지 못하면 자조(自助)할 수 없고, 혁명외교의 구호는 결국 실현될 수 없다"고 주장했다.[89)] 따라서 국가 간 갈등을 전쟁이 아닌 타협에 의한 외교적 수단으로 해결하려면 철저한 준비와 일관된 정책이 필요하다고 보았다.[90)]

이런 논지들 가운데 신보는 재만한인에 대하여 일본의 힘만 믿고 탈법행위를 저지르며 중국농민을 협박하고 있는 것으로 인식하였다. 더욱이 불량한 조선인들은 공산당을 이용하여 국경을 어지럽히고 토비세력까지 이용하여 상인을 약탈하며 중국인들을 협박하고 있다는 것이다. 따라서 식민지라는 이유만으로 조선인이 압박받는다고 동정할 필요가 없다고 주장하였다.[91)] 이처럼 만보산사건을 둘러싼 신보의 한국관에는 부정적 이미지가 강하였다. 반면 대공보는 재만한인의 토지상조권과 이중국적문제를 사건해결의 본질로 파악하고 그 대책을 강구하고 있다. 재만한인은 외교상 중국농민과 갈등, 충돌을 일으키는 분쟁요인이 되었지만 역사적 관계와 정치적 경제적 현실상황을 고려하여 동정과 우호의 이미지가 강하였던 것이다.

만보산사건을 통해 중앙일보를 비롯한 관영언론의 기사와 논평은 역사적 자부심과 문화적 우월감에 바탕을 둔 중국인의 단

88) 「嗚呼滿蒙」, 『申報』 (1931.7.10).
89) 「外侮與外交(2)」, 『申報』 (1931.7.23).
90) 「外侮與外交(1)」, 『申報』 (1931.7.22).
91) 「異哉所爲被壓迫」, 『申報』 (1931.7.8).

결의지를 호소하면서 일본에 저항하기 위한 실질적 방법으로 내부의 단결과 일치가 우선 중요하다고 판단하였다. 그리고 일본의 압박을 깨뜨리기 위해서는 약소민족과 연대투쟁이 필수적이며 그 대상국이 조선이었다.

반면 신보·대공보 등 민영언론은 정도의 차이일 뿐 한국에 대한 부정적 인식이 강하였다. 하지만 사건과 직접 관련된 발단 배경, 처리 과정 등에서 중국의 내부문제를 집중 부각시켜 관영언론과 서로 다른 시국관을 드러냈다. 결론적으로 중국 언론계는 조선, 조선인에 대해 부정적 이미지를 가졌지만 공동투쟁이란 현실적 필요에 의해 우호와 연대를 주장하는 이중적 한국관을 가졌던 것이다.

제3장 중일전쟁시기 중국공산당의 한국인식

1. 1920년대 중국공산당과 한인독립운동

중국인들의 한국인식은 전통적인 화이관에 입각한 종주국과 속국의 관념이 지배적이었다. 그러나 중국인의 한국상은 근대에 들어와 변화를 강요당하게 되었다. 그 계기는 1894년 청일전쟁 이후의 대외관계의 변화와 중국의 반식민지화(半植民地化) 등 중국과 중국을 둘러싼 정치, 외교적 상황 전개와 함께 마르크스주의의 유입, 중국과 아시아지역의 민족해방운동 등 복합적인 요인으로 형성되었다.

1894년 청일전쟁을 계기로 중국은 조선에 대한 종주권을 상실하게 되었다. 또한 중국 자신이 제국주의 열강의 침략으로 자국을 보호할 역량도 부족했기 때문에 점차 주변 국가에 대한 이해관계도 부득불 축소되었다. 게다가 중국은 제국주의 열강의 침략과 더불어 중국 내부의 분열로 인하여 오히려 국내적 통일에 더 관심을 가지게 되었다. 중국 내부의 모순이 심화되면서 마르크스주의가 도입되었고 중국공산당은 국민당과 함께 국민혁명을 전개하였다.

1920년 7월 19일부터 8월 7일까지 모스크바에서 코민테른 제2차 대표대회가 개최되었다. 이 대회에는 유럽 이외에 중국, 조선, 일본, 인도 등 아시아 국가의 대표들도 참가하였다.[1] 레닌은 당시의 세계체제를 제국주의와 사회주의의 대립체제로 보는 기본 인식 하에서, 세계혁명 역량을 발달된 선진자본주의 국가의 노동계급과 식민지 민족운동의 양대 진영으로 나누고, 소비에트 러시아를 축으로 하는 양대 진영의 결합만이 제국주의 타도와 사회주의 건설을 실현할 수 있다고 보았다.[2] 특히 "종속민족이나 권리가 불평등한 민족의 혁명운동이나 식민지의 혁명운동에 모든 공산당이 직접적으로 원조할 필요가 있다"[3]고 하여, 공산당은 식민지·반식민지의 민족해방운동을 적극적으로 지원하게 되었다.

1921년 7월에 정식으로 설립된 중국공산당과 한국의 독립운동가들은 이미 중국공산당 창당 이전부터 연락을 취하고 있었다. 1920년 8월, 진독수(陳獨秀), 이한준(李漢俊), 심정일(沈定一)과 양명제(楊明齋) 등이 상해에서 공산주의소조를 건립하였는데 프랑스 조계에서 활동하고 있던 한국 임시정부에서도 사람을 파견하여 연계를 하였다. 특히 임시정부의 경무국장이었던 김구(金九)도 진독수 등과 접촉하였다.[4]

---

1) 向靑, 임상범 역, 『코민테른과 中國革命關係史』 (서울, 고려원, 1992), 28-30쪽.
2) 도진순, 「1920년대 코민테른에서 민족-식민지문제에 대한 논쟁」, 『중국사회성격논쟁』 (서울: 창작과 비평사, 1988), 55-56쪽.
3) 「民族·植民地問題についてのテゼ」 (1920.7.28), 『コミンテルン資料集』 1 (東京: 大月書店, 1981), 247쪽
4) 沐濤·孫志科, 『大韓民國臨時政府在中國』 (上海: 上海人民出版社, 1992), 161쪽.

1921년 초부터 장사(長沙), 안경(安慶), 무한(武漢), 광주(廣州), 상해(上海) 등지에 '중한호조사'((中韓互助社 혹은 中韓協會라고도 함)가 설립되어 중국공산당의 일부 초기 활동가들이 참여하였다. 호남(湖南)의 중한호조사는 장사에 설립되었는데 황원희(黃遠熙 : 임시정부 외무부 임시선전원), 이우맹(李愚氓) 등 3명, 중국에서는 모택동(毛澤東 : 호조사 통신부 주임), 하숙형(何叔衡 : 선전부 주임) 등이 참여하였다. 같은 해 5월 상해에서도 중한호조사가 설립되어 김규식, 여운형 등이 참여하였고, 중국 쪽에서는 주렴추(周斂秋), 황종한(黃宗漢) 등이 참여하였다.[5] 상해의 중한호조사는 하비로(霞飛路 지금의 淮海中路)의 냉음료점에 있었는데 실제로는 중국과 한국 혁명가들의 비밀 접촉장소였다. 등중하(鄧中夏), 운대영(惲代英), 이아농(李亞農) 등은 한국 혁명가들과 이 장소를 이용하여 연락을 취하였다.[6]

1921년 중국공산당이 수립된 후 한국 임시정부와 정식으로 접촉하게 된 것은 1922년 1월 모스크바에서 개최된 원동(遠東) 각국 공산당과 민족혁명단체 제1차 대회에서였다. 이 대회에 중국에서는 39명의 대표를 파견하였는데 이 가운데 공산당원은 장국도(張國燾), 등배(鄧培), 구추백(瞿秋白), 왕진미(王盡美), 등은명(鄧恩銘) 등 14명이었고, 조선에서는 김규식(金奎植) 등 52명의 대표를 파견하였다.[7] 이 대회의 「선언」에서는 중국인과 조선인이 개와 같이 공원과 그 밖의 공공장소 출입금지를 당하고 있다고 하면서 중국, 조선, 태평양군도, 인도차이나 등에서 제국주의를 축출하고 속박에서 벗어나라고 호소하였다.[8] 이 대회를 통

---

5) 沐濤・孫志科, 위의 글, 161쪽.
6) 『胡蘭畦回憶錄』(成都, 四川人民出版社, 1995), 76쪽. 중한호조사에 관해서는 제1장 참조.
7) 高屋定國 譯, 『極東勤勞者大會』(東京: 合同出版, 1974), 4쪽.

하여 두 정치세력은 서로를 이해하게 되었고 이후 오랜 기간 교류를 지속하게 되었다.

1922년 7월 중국공산당은 제2차 전국대표대회를 개최하고 대회선언을 발표하였다. 「중국공산당 제2차 전국대표대회선언」에서는 필리핀, 인도, 베트남, 고려(한국) 등이 미국, 영국, 프랑스, 일본 등 제국주의 국가의 지배를 받아 고통을 당하고 있다는 점을 강조하였다. 특히 일본이 고려인민의 피와 땀을 착취하고 있다고 하면서 일본제품이 대량으로 수입되고 쌀이 강제로 수출되어 2천 여 만의 고려 농민들이 기아로 죽어가는 상태에 처해 있다고 비판하였다. 또한 이 선언에서는 인도, 이집트, 아일랜드, 고려 등 피압박민족이 세계대전과 러시아혁명의 영향을 받아서 독립혁명운동이 나날이 조직되고 있다고 하였다. 이 선언은 마지막으로 "오로지 전세계 프롤레타리아계급과 피압박민족의 연합만이 전세계의 해방의 경로"[9]라고 하였다.

이 시기에 상해임시정부는 내부 분열이 일어나 이승만을 수반으로 하는 '기호파'만 남게 되면서 조선의 국제연맹 위탁관리를 주장하였다. 이러한 상황에 대하여 1923년 7월 중공중앙은 일부 조선민당(朝鮮民黨)이 스스로 혁명에 노력하지 않고, 파리 워싱턴회의에 호소하여, 외국의 승인을 희망하는 것은 결단코 효과가 없으며, 자주 독립적 국가를 건설할 수도 없다고 상해임시정부의 외교노선을 비판하였다.[10]

---

8) 「遠東各國共産黨及民族革命團體第一次大會宣言」(1922), 『共産國際, 聯共(布)與中國革命文獻資料選輯(1917-1925)』(北京: 北京圖書館出版社, 1997), 285-288쪽, 「極東の共産主義的,革命的組織の第一回大會極東諸民族に對する宣言」, 『極東勤勞者大會』, 309-314쪽.

9) 「中國共産黨第二次全國大會宣言」(1922.7), 『二大和三大 -中國共産黨第二, 三次代表大會資料選編』(北京, 中國社會科學出版社, 1985), 92-107쪽.

1924년 코민테른의 지도 아래 중국국민당과 중국공산당의 제1차 국공합작이 시작되면서 설립된 황포군관학교(黃埔軍官學校)에는 많은 젊은 청년들이 입교하였는데 이 가운데 조선인 학생들도 있었다.[11] 황포군관학교에 입교한 한국청년들은 1기부터 5기까지 34명이 졸업하였는데 외국 국적의 학생 가운데 가장 많은 수였다.[12] 이밖에도 황포군관학교에는 러시아어 교원에 오성윤(吳成倫), 부대장에 채원개(蔡元凱), 구대장에 최용건(崔庸健) 등의 한국인이 있었다.[13]

이 시기에 중국공산당과 한국의 혁명가들은 중국혁명에 뛰어들어 함께 투쟁하였다. 이 가운데 양림(楊林)은 주은래와 함께 일했던 한국인 혁명가였다. 그의 본명은 김훈(金勳)이고 별명은 양주평(楊州平), 양녕(楊寧), 필사제(畢士梯)라고 했다. 그는 1924년 운남강무학당(雲南講武堂) 포병과를 졸업하고 1925년 황포군관학교에 들어가 제3기 학생대 제4대 대장(隊長)에 임명되었다. 제1차 국공합작이 끝난 후 그는 중앙소비에트구에서 홍군으로 활동하였고 이 때 이름을 필사제라고 개명하였다. 1934년 10월 중국공산당이 중앙소비에트구를 포기하고 장정(長征)을 시작하였을 때 군사위원회 간부단의 참모장을 맡았고 섬북(陝北)에 도착

---

10) 「中國共産黨第二次對于時局之主張」(1923.7), 魏宏運, 『中國現代史資料選編』 1 (哈爾濱, 黑龍江人民出版社, 1981), 463쪽.

11) 한인 청년들이 황포군관학교에 입교하여 활동한 사실에 대해서는 다음의 연구가 있다. 韓詩俊, 『韓國光復軍硏究』 (서울: 일조각, 1993), 23-27쪽.

12) 외국인 학생은 조선인이 34명으로 가장 많았고, 몽골인이 6명, 대만인이 2명, 싱가포르 1명, 베트남 1명이었다. 「本校一至五期畢業學生統計票」, 『黃埔軍校史料(1924~1927)』 (廣州: 廣東人民出版社, 1994), 93쪽.

13) 최용수, 「주은래와 조선 항일투사들」, 『한국 민족운동사의 새로운 방향』 (서울, 국학자료원, 1998), 409쪽.

한 후에는 15군단 75사(師)의 참모장이 되었다. 1936년 2월 20일 동정항일(東征抗日)시에 전투에서 중상을 입고 희생되었다.[14] 또한 평안북도 용천 출신의 유명한 한국인 공산주의자 김산(金山 본명 張志樂)은 다른 한국인 혁명가들과 광주기의(廣州起義)에 참가하여 큰 희생을 치르고 해륙풍소비에트로 가서 활동하였다.[15]

이러한 과정을 통하여 중국공산당과 중국혁명에 참여한 한국인 혁명가들 사이에는 깊은 유대관계가 형성되었고 이러한 인적 유대관계는 중국공산당의 한국인식에 긍정적인 영향을 미쳤다.

국공합작 하에 노동자와 농민 등 광범한 대중이 단결한 반군벌·반봉건 민주혁명은 북벌(北伐)과 1927년 4·12쿠데타를 거치면서 좌절되었다. 1927년 7월 국민당과 공산당의 분열 이후 중국공산당은 민족주의파에 대하여 비판적이었다. 중국공산당은 대한민국 임시정부에 대해서도 마찬가지로 비판적인 태도를 보였다.

2. 중국공산당과 한인사회주의자와의 관계

19세기부터 만주지역에는 많은 조선의 민중들이 일본제국주의를 피하여 이주하였고, 일본에게 국권을 빼앗긴 이후 많은 조선의 혁명가들이 항일을 위하여 만주지역에서 활동하였다. 이에 따라 중국공산당도 1927년 국공분열 이후 만주 지역의 한인들에 대해서 많은 관심을 가지게 되었다. 중공중앙은 1927년 12월 만주의 혁명공작에 대하여 중국의 농민과 조선의 농민을 결합시키

14) 『周士第回憶錄』(北京: 人民出版社, 1979), 39-40쪽.
15) 님 웨일즈, 『아리랑』(서울: 동녘, 1984), 136-178쪽.

고, 산업노동자와 수공업노동자들이 지주·군벌과 일본의 부르주아지에 반대하는 투쟁을 해야 한다고 하면서 산동(山東)·직예(直隷)·조선(朝鮮)에서 온 난민과 소작농·고농·자작농에게 일률적으로 토지소유권을 부여하라고 하고 있다.[16] 다음해인 1928년 6월에는 조선농민의 반화인운동(反華人運動) 등 소수민족의 혁명운동이 시작되었다고 하면서 민족자결(民族自決)과 민족평등(民族平等)의 원칙에 근거하여 소수민족의 해방투쟁을 돕도록 하였다. 이와 함께 한국과 몽골의 공농군중(工農群衆)과 일치하여 자본가·지주에 반대하며, 노동조합(工會)·농민협회(農會) 등의 조직을 통일시키도록 하였다.[17] 1928년 중국공산당 6차 대회에서는 중국 경내의 소수민족문제(북부의 몽골, 회족, 만주의 고려인, 복건의 대만인 및 남부의 묘족, 여족 등 원시민족, 신강과 서장)가 혁명에 중대한 의의를 갖는다고 강조하였다.[18]

1929년 6월 코민테른이 조선공산당 중앙을 해체시키자 만주에 있던 조선공산당 만주총국도 해체되었다.[19] 만주지역에서 활동하던 한인 사회주의자들은 1930년 코민테른의 일국일당(一國一黨)원칙에 따라 중국공산당에 입당하였다.[20] 이에 따라 만주지

---

16) 「滿洲目前工作計劃決議案」(1927.12.24); 日本國際問題硏究所中國部會 編, 『中國共産黨史資料集』 3 (東京, 勁草書房, 1974), 457-458쪽.

17) 「中共中央致滿洲省委指示信 -關于工農兵反帝運動少數民族黨的指示等」(1928.6.11); 東北地區朝鮮人革命鬪爭資料匯編』(瀋陽: 遼寧民族出版社, 1992), 696-697쪽.

18) 「關于民族問題的決議」(1928.7.9), 『中共中央文件選集』(1928) 4, 234쪽.

19) 김준엽·김창순, 『韓國共産主義運動史』 4 (서울: 청계연구소, 1986), 416-417쪽.

20) 「공산주의인터내셔널규약」의 2조에는 공산주의인터내셔널에 소속된 각 당은 모모국 공산당(공산주의인터내셔널지부)라고 칭한다. 각각의 국가에 공산주의인터내셔널에 지부로 소속된 공산당은 단 하나만 있을 수 있다고 규정하고 있다. 37조에는 공산주의인터내셔널의 모든 지부의 개별 당원이 한 국가에서 다른 국가로 이전

역에서 한인 사회주의자들의 투쟁형태도 달라졌다. 한인 사회주의자들이 중국혁명에 직접 참가하면서 조선혁명을 간접적으로 지원하는 형태로 변화하였다. 이전에 한인 사회주의운동은 만주에서 일제에 대한 투쟁만을 하고 중국인 지배계급이나 지주에 대한 투쟁을 하지 않았다.[21] 이러한 과거 투쟁의 문제점을 비판하면서 만주의 한인 사회주의자들이 중국공산당에 가입한 것은 조선혁명을 제1차 강령으로 내세우지 않고 먼저 중국의 반제·반봉건 과제를 해결하겠다는 것이었다. 또한 중국공산당 입당을 통하여 만주 한인들의 당면문제를 해결하고 이를 기반으로 조선혁명을 위해 활동하겠다는 의도를 가지고 있었다.[22]

그런데 1930년 7월 1일 중국공산당 만주성위원회에서는 선언문을 발표하여 조선공산당원을 중국공산당에 입당시키면서 다음과 같이 요구하였다. 모든 조선공산당원들은 ① 중국공산당의 규칙, 규정에 따라야 하며, ② 단체로서가 아닌 개인으로서 입당하여 중국공산당에 신당원으로 등록하여야 한다. 중국공산당은 모든 한국인들을 받아들일 때, ③ 그들의 과거의 지위와 소속에 관계없이 새로운 동등한 혁명가로 간주하며, ④ 중국공산당에 가입한 후에 파벌에 의한 분파활동을 하는 사람에 대해서는 누구든지 조사 후 당에서 추방할 것이다. ⑤ 모든 사람이 각자 당내의 파벌투쟁을 일소하는 데 협력하지 않으면 안 된다.[23] 이러

하는 것은 그 당원이 소속된 지부의 중앙위원회의 허가를 받을 경우에만 허가한다. 그 거주지를 변경한 공산주의자는 이주한 국가의 지부에 가입할 의무가 있다고 규정하고 있다. 「共産主義インタナショナル規約」(1928.8.29), 『コミンテルン資料集』 4 (東京, 大月書店, 1981), 369-373쪽.

21) 님 웨일즈, 앞의 책, 198쪽.

22) 신주백, 『만주지역 한인의 민족운동사(1920~45)』 (서울: 아세아문화사, 1999), 232쪽.

한 중국공산당의 입장은 한인사회주의자들의 파벌주의적 경향을 이유로 개별 입당 형식을 주장함으로써 중국공산당의 정치적 우위를 분명히 하면서, 사실상 중국공산당에 흡수통합시켰다는 것을 알 수 있다.[24]

중국공산당은 "한국혁명은 중국의 주변지대 혁명이기 때문에, 중국혁명이 승리하면 한국혁명은 연대적으로 승리한다." "만주 한인사회는 중국영토 내의 소수민족 사회이기 때문에, 공산당 조직과 그 운동은 마땅히 일국 일당 원칙과 중국혁명 노선에 따라야 한다"[25]는 입장이었다. 이러한 태도는 중국공산당이 한국혁명을 중국혁명에 종속변수라고 파악하였음을 알 수 있다. 이러한 중국공산당의 입장은 한중 연합 항일이라는 측면도 있지만 반면에 한인공산주의운동의 자율성은 침해·제약당하고 중공 지도노선에 대한 복종과 순응이라는 의무가 부과된 것이었다고 할 수 있다.[26]

1930년 한인 사회주의자들이 중국공산당에 입당한 결과 만주 성위원회(滿洲省委員會)의 전체 인원 가운데 90%가 한인이었다. 만주성위원회는 한인 당원들과의 의사소통을 원활하게 하기 위하여 번역과(飜譯科)를 신설하여 문서를 한국어로 번역하여 전달하였다.[27]

1931년 중공중앙은 「만주한국 민족문제결의초안」을 만주성위

---

23) 서대숙, 『한국공산주의운동사연구』 (서울: 화다, 1985), 154쪽.
24) 황민호, 앞의 글, 134쪽.
25) 김창순, 「중국공산당과 좌파 한국독립운동」, 『한민족독립운동사』 6 (서울: 국사편찬위원회, 1989), 120쪽.
26) 한상도, 「해외 좌파진영과 민족문제」, 『한국독립운동과 국제환경』 (서울: 한울, 2000), 92쪽.
27) 「中共滿洲省委關于農村韓人工作問題向中央的報告」, 『東北地區朝鮮人革命鬪爭資料匯編』, 697-698쪽.

원회에 보냈다. 그 결의 초안의 기본 노선은 완전한 민족자결원칙에 따라 한국인이 분리하여 독립국가를 조직할 권리를 승인한다. 만주당은 상술한 기본노선 아래 한국혁명을 원조하는 주요 임무를 집행해야 한다는 것이었다.[28] 이 문건을 통하여 중국공산당이 한인들의 민족자결을 인정하고 독립국가를 조직하며 만주당이 한국혁명을 원조해야 한다는 점을 강조하였다는 것을 알 수 있다.

중국공산당은 만보산사건과 같이 한국과 중국 민중간 모순이 드러났을 때에도 일본제국주의의 음모를 폭로하고 한국과 중국 민중이 단결하여 투쟁할 것을 강조하였다. 1931년 8월 1일 『홍기주보』에서는 만보산사건은 일본제국주의가 도발한 것으로 한국과 중국의 민중들이 서로 증오하게 하고 동시에 중국의 혁명적 민중을 도살하고, 조선의 혁명적 노동자와 농민을 체포하여 일본 군국주의에 반대하는 조선의 노동자와 농민(工農)을 평정하려는 시도라고 비판하였다. 『홍기주보』는 마지막으로 "조선의 민족해방운동을 옹호하라!", "중국, 일본, 조선의 공농노고민중(工農勞苦民衆)은 연합하여 일어나라!"[29]고 하여 한중간의 연대를 강조하였다.

1932년 5월 25일 중앙소비에트구에서 발행된 『홍색중화』에서는 4월 29일에 상해 홍구공원에서 있었던 사건에 대하여 보도하였다. 상해 홍구공원에서 거행된 일본천황 생일 경축식장에서 한 고려 독립당인이 한발의 폭탄을 무대 중앙에 터트려 일본의 주중국 공사 시게미츠 마모루(重光葵)와 주 상해 총영사 무라이(村井) 등이 중상을 입었고 일본교민회장이 사망하는 등 다수의

28) 「滿洲省委關于滿洲韓國民族問題決議案」(1931.5.26), 『東北地區朝鮮人革命鬪爭資料匯編』, 733쪽.
29) 「爲萬寶山事件告中日韓三國勞苦民衆」, 『紅旗週報』 13期(1931.8.1).

일본인이 부상을 당했다[30]고 윤봉길의사의 사건에 대하여 긍정적인 입장에서 보도하였다. 이러한 윤봉길의 거사는 중국 내에서 임시정부의 위상을 높이는데 큰 역할을 하였다.

한편 중국에서 활동하던 한국의 혁명가들은 중국공산당의 소비에트 대표대회에도 참가하였다. 1931년 11월 강서성(江西省) 서금(瑞金)에서 제1차 전국소비에트 대표대회가 610명의 대표가 참석한 가운데 개최되었는데 1명 이상의 조선대표도 참가하였다.[31] 1934년 1월에 개최된 제2차 전국소비에트 대표대회에도 한국, 대만 대표들이 참석하였다.[32]

만주지역에서는 코민테른 제7회 대회 이후 모든 당파가 단결하여 국방정부를 건설하고 항일연군을 조직하라는 중공중앙의 방침이 1936년 2월 5일 영안현 북호두(北湖頭)에서 위증민과 주보중이 만나면서 전달되었다. 이 방침에 따라 동북인민혁명군, 동북반일연합군 등을 취소하는 대신 각 지방의 항일 무장대를 모두 결집시켜 동북항일연군을 조직하게 되었다.[33]

한편 관내지역에서는 1937년 7·7사변으로 중일전쟁이 발발하자 많은 한인들이 관내로 들어와 1938년 10월 좌파적 성격의 '조선민족전선연맹'이 결성되었고 '조선의용대'가 건립되었다. 또한 중국공산당의 장정(長征)에 참여하였던 무정(武亭) 등은 팔로군과 신사군 등에서 활약하고 있었다. 무정은 중일전쟁이 발발하면서 독자적인 조직체가 필요하다고 생각하여 화북조선청년연합회(華北朝鮮青年聯合會)를 결성하기로 하고, 1940년 5월 팔

30) 「上海日要人全體受傷」, 『紅色中華』 20期(1932.5.25).
31) T. 뢰트바이트 저, 박상수 역, 『중국소비에트운동사』(서울: 고려원, 1994), 94쪽.
32) 「在第二次全蘇大會前面」, 『紅色中華』 145期(1934.1.19).
33) 신주백, 앞의 책, 418-425쪽.

로군 부사령 팽덕회(彭德懷)에게 동의를 얻었다. 이때 중국공산당과 화북조선청년연합회의 전신이 되는 조선청년당(朝鮮青年黨) 사이에 14개 항목의 합작조건이 교환되었다. 한국측 책임자 김정신(金鼎臣)은 다음과 같은 조건을 제시하였다.

① 중국공산당은 조선의 독립에 원조를 줄 것, ② 현재 합작의 시기 내에서는 여전히 조선청년당의 존재를 보류할 것, ③ 조선청년당은 중공의 지도를 받으나 조선청년당의 당정 방침에 관해서는 공산당이 이를 변경할 수 없다.

이에 대해 중국공산당은 다음과 같은 조건을 제시하였다.

① 조선이 독립되는 경우 국내의 부흥정치에 관해 공산당의 의견을 수용해야 한다. ② 중국 항전시기에 조선인민은 중국과 동등한 항전 지위에 처해야 한다. ③ 항전에 대한 각 방면의 유리한 제휴와 상호원조를 철저하게 실행한다.[34]

이러한 조항들을 보면 조선청년당에서는 중국공산당의 원조를 받고 중국공산당의 지도를 받지만 독자성을 유지하려는 입장을 가지고 있었다고 할 수 있다. 이에 반하여 중국공산당은 조선에 대한 지원을 대가로 중일전쟁이 종결된 이후 한국의 정치에 영향력을 행사하려는 의도를 강하게 드러내고 있음을 알 수 있다.

이러한 과정을 거쳐서 1941년 1월 산서성(山西省) 동곡(桐谷)에서 화북조선청년연합회가 설립되었다. 이어서 1938년 10월 10일 호북성 무한에서 창설된 조선의용대(대장 金元鳳)의 주력 80여 명이 1941년 여름 화북 팔로군의 근거지로 이동하였고, 1941년 7월 7일 조선의용대 화북지대(華北支隊)를 창설하여 화북 지역에서 항일전을 수행하였다. 조선의용대는 1941년 12월 12일

---

34) 鐸木昌之, 「華北に於ける朝鮮人問題」, 『항전별곡』 (서울: 거름, 1986), 72쪽 재인용.

호가장전투(胡家庄戰鬪)와 1942년 5월 반소탕전에서 활약하면서 위상을 크게 높였다.[35)]

1942년 7월 화북조선청년연합회는 화북조선독립동맹으로 개편되었고, 조선의용대 화북지대도 독립동맹의 산하 무력인 조선의용군(朝鮮義勇軍)으로 개칭하였다. 1940년대 만주 지역의 동북항일연군 내의 한인 투쟁세력은 일본제국주의의 토벌로 거의 쇠퇴하였다. 이 때문에 중국공산당의 지원은 한인 독립운동 가운데 독립동맹과 조선의용군에 집중되었다.

그러나 중국공산당과 한인 사회주의자들 사이에 협조와 단결이 그대로 일반 민중들에게도 이어졌던 것은 아니었다. 실제로 중국의 농민들과 한국의 농민들 사이에는 모순과 충돌이 발생하기도 하였다. 1945년 화북독립동맹의 무정이 주덕(朱德)과 중공중앙에 보낸 보고에 의하면 "중국농민들은 왕왕 조선인과 일본인을 똑같이 취급하여 일부 조선농민들이 중국의 일반 백성과 민병들에게 살해당하였다"[36)]고 하여 만주의 중국인들이 한인 농민들을 핍박하고 살해하였음을 알 수 있다. 이렇게 중국인들이 한인 농민들을 핍박한 결과 조선인들도 팔로군에 대해서 부정적인 태도를 가지게 하였다. 같은 보고에서 조선 농민들이 중국인과 팔로군에 대하여 어떤 태도를 보이고 있는지를 보여주고 있다.

> "농장의 조선농민들이 팔로군에 대한 태도 : 과거에 많은 조선 농민들이 유격구 변경에서 현지의 중국 농민들에게 살해당하였다. 이 때문에 그들이 팔로군에 대해 정확하게 인식하는데 부정적인 영향을

---

35) 염인호, 『조선의용군의 독립운동』 (서울: 나남출판, 2001), 79-80쪽.
36) 武亭, 「華北朝鮮獨立同盟一九四四年一月至一九四五年五月工作經過報告」(1945.5.9), 『關內地區朝鮮人反日獨立運動資料匯編』 下, 1134쪽.

미쳤다. 그들은 팔로군이 조선인을 살해하지 않을 뿐 아니라 조선의 민족독립운동을 돕고 있으며, 변구정부가 조선인을 우대하고 있다는 점에 대해 정확히 인식하지 못하고 여전히 회의적인 태도를 보이고 있다"[37]

3. 중일전쟁의 하위 동반자 - 중국공산당의 한국인식

1935년 7월 25일부터 8월 20일까지 모스크바에서 코민테른 7차 대회가 개최되어 '반파시즘 통일전선' 노선을 결정하였다.[38] 특히 식민지, 반식민지 국가에서는 반제국주의 인민전선의 결성이 공산당의 중요한 임무라고 강조하였다.[39] 이러한 방침에 따라 중국공산당은 장정 중이던 1935년 8월 1일 중국소비에트중앙정부와 중국공산당중앙위원회의 명의로 「항일구국을 위하여 전체 동포에게 고하는 글」(8·1선언)을 발표하였다. 이 선언 가운데 10조에서 다음과 같이 언급하고 있다.

> 모든 제국주의에 반대하는 민중(일본 국내의 노고(勞苦) 민중, 고려, 대만 등의 민족)과 연합하여 우군(友軍)으로 삼고, 모든 중국민족해방운동을 동정하는 국가·민족과 동맹을 맺으며, 모든 중국 민중의 반일 해방전쟁에 선의를 가지고 중립을 지키는 민족 및 국가와 우호관계를 수립한다.[40]

---

37) 武亭, 위의 글, 1138쪽.
38) ソ連邦共産黨中央委員會付屬マルクス=レーニン主義硏究所/村田陽一 역, 『コミンテルンの歷史』 下 (東京: 大月書店, 1974), 72-99쪽.
39) 「ファシズムの攻勢と,ファシズムに反對し勞動者階級の統一をめざす闘爭における共産主義インタナショナルの任務(決議)」, 『コミンテルン資料集』 6 (東京: 大月書店, 1981), 164-176쪽.
40) 「爲抗日救國告全體同胞書」(八一宣言; 1935.8.1), 『中共黨史參考資料』 7冊 (北京: 中國人民解放軍政治學院黨史敎硏室, 1979), 329-331쪽.

모든 제국주의에 반대하는 일본, 고려(한국), 대만 등의 민중과 연합하겠다는 중국공산당의 입장은 이후 중일전쟁시기에 지속적으로 유지되었다. 중국공산당은 1935년 11월 28일 중화소비에트공화국 정부주석 모택동과 중국공농홍군 혁명군사위원회 주석 주덕의 공동명의로 발표한 「항일구국선언」에서 "조선, 대만, 일본 국내의 공농 및 모든 반일 역량과 공고한 연맹을 결성해야 한다"[41]고 하고 있다. 이러한 주장은 1935년 12월 25일 중국공산당 중앙정치국이 개최한 와요보회의(瓦窯堡會議)에서 통과된 「결의」에서도 「항일구국선언」과 같은 내용을 되풀이하면서 "중국의 민족운동에 동정과 찬조를 표시하고 선의로 중립을 지키려는 민족이나 국가와 친밀한 우의관계를 건립해야 한다"고 강조하고 있다.[42]

이러한 중국공산당의 입장은 조선, 대만, 일본뿐 아니라 몽골족, 회족(回族) 등 중국내의 다른 민족들과의 단결과 대일 공동투쟁을 주장하는 것이었다. 중국공산당은 1935년 12월 20일 내몽골에 대해서 내몽골의 영토보존을 약속하면서 양자가 동맹을 체결하여 공동으로 투쟁하자는 선언을 발표하였다.[43] 1936년 5월 25일의 「소비에트중앙정부의 회족 인민에 대한 선언」에서도 "회족·한족(漢族) 두 민족이 친밀하게 연합하여 일본제국주의

---

41) 毛澤東·朱德, 「中華蘇維埃共和國中央政府中國抗日紅軍革命軍事委員會抗日救國宣言」(1935.11.28), 『第二次國共合作的形成』(北京: 中共黨史資料出版社, 1989), 61-62쪽.

42) 원래는 9조와 10조가 10조로 합쳐져 있었는데 나중에 나온 문건들에는 1조가 생략되고 10조가 9조와 10조로 나뉘어졌다. 『모택동집』 5권, 27-28쪽 참조. 「中央關于目前政治形勢與黨的任務決議」(1935.12.25), 『中共中央抗日民族統一戰線文件選編』 中 (北京: 檔案出版社, 1985), 55쪽.

43) 毛澤東, 「中華蘇維埃中央政府對內蒙古人民宣言」(1935.12.20), 中共中央書記處, 『六代以來』 上 (北京: 人民出版社, 1980), 732-733쪽.

와 한간매국적(漢奸賣國賊)을 타도하자"[44]라고 하고 있는 데서도 알 수 있다. 따라서 이 시기 중국공산당은 중국을 평등하게 대하는 전세계 국가와 민족과 연합하여 항일을 하겠다는 생각을 하고 있었다고 할 수 있다.[45]

1937년 8월 25일에도 "조선, 대만 및 일본 국내의 공농인민과 연합하여 일본제국주의에 반대한다"[46]고 하여 주변 민족과의 연대를 강조하였다. 중국공산당은 중국을 "작은 나라는 아니지만 소련과 같지 않으며, 크지만 약한 나라"[47]로 인식하고 있었다. 이 때문에 강대한 일본제국주의에 맞서 싸우기 위해서 주변 국가・민족들과의 연대를 강조하였다고 할 수 있다. 1938년 10월 12일부터 14일까지 중공중앙정치국은 6기 6중전회의 정치보고를 하였다. 이 보고에서 다음과 같이 언급하고 있다.

> 일본제국주의의 침략전쟁은 중화민족을 위해(危害)할뿐 아니라 동시에 일본 전체의 병사・민중과 조선, 대만 등 피압박민족에게도 위

---

44) 毛澤東, 「中華蘇維埃中央政府對回族人民的宣言」(1936.5.25), 中共中央統戰部, 『民族問題文獻匯編(1921.7-1949.9)』 (北京: 中共中央黨校出版社, 1991), 366-367쪽.

45) 毛澤東・朱德, 「中華蘇維埃人民共和國中央政府,中國人民紅軍革命軍事委員會爲兩廣出師北上抗日宣言」(1936.6.12), 中央檔案館, 『中共中央文件選集』(1936～1938) 10卷 (北京: 中共中央黨校出版社, 1985), 30-32쪽.

46) 「爲動員一切力量爭取抗戰勝利而鬪爭」(1937.8.25), 『毛澤東集』 5卷, 254쪽; 「抗日救國十代綱領」(1937.8.25), 『中國新民主主義革命史參考資料』(北京: 中國圖書發行公司, 1951), 358쪽. 『毛澤東選集』 2卷에서는 "조선과 일본 국내의 공농인민과 연합하여 일본제국주의에 반대한다"라고 하여 대만(臺灣)을 삭제하였다. 「爲動員一切力量爭取抗戰勝利而鬪爭」(1937.8.25), 『毛澤東選集』 2卷, 1952, 313쪽.

47) 毛澤東, 「抗日遊擊戰爭的戰略問題」 (1938.5), 『毛澤東選集』 1 (蘇中出版社, 1945. 7), 95쪽.

> 해가 되므로 일본의 침략전쟁이 실패하도록 해야 하며, 중일 두 민족의 군민대중 및 조선, 대만 등 피압박민족이 공동으로 노력을 견지하여 공동의 반침략통일전선을 건립해야 한다.[48]

이에 대한 구체적인 실행방안으로는 중일 양국의 인민 사병대중 및 조선, 대만민족에게 반침략통일전선의 방침을 제기하여 투쟁에 나설 것을 호소하기로 하였다. 일본에 대항하여 승리하는 방법으로 장기전을 통하여 일본의 전력을 소모시키고, 외교활동으로 일본을 고립시키는 것과 함께 일본의 병사와 민중 및 조선, 대만 등의 민족과 공동으로 반침략전선을 건립하는 정책이 필요불가결한 부분이라고 보았다.[49] 또한 1938년 11월 6일 "중일 양국과 조선, 대만 등의 인민과 침략전쟁에 반대하는 통일전선을 건립하여 공동으로 일본 파시스트군벌에 반대하는 투쟁을 전개한다"고 하고 있다.[50]

모택동은 동북의 항일의용군의 활약상을 잘 알고 있었고, 유명한 의용군의 지도자로 양정우(楊靖宇), 조상지(趙尙志)와 함께 한인(韓人) 지도자인 이홍광(李紅光) 등을 열거하면서 그들의 항일투쟁을 높이 평가하고 있었다.[51] 또한 주은래는 김원봉의 개인비서였던 사마로(司馬璐)와 대담에서 "중국과 한국관계는 장차 확실히 중요할 것이요, 제1차 중·일전쟁 중에 중국이 조선에서 실패한 것은 청나라의 전제 제도가 붕괴될 신호였다"[52]고

---

48) 「論新階段」(1938.10.12-14), 『毛澤東集』 6卷, 218쪽.
49) 「論新階段」(1938.10.12-14), 218-219쪽.
50) 「中共擴大的六中全會政治決議案」(1938.11.6), 『中共黨史教學參考資料』(抗日戰爭時期 上) (北京: 中國人民大學中共黨史系資料室, 1980), 291쪽.
51) 「合同衆社記者王公達的談話」(1938.2), 『毛澤東文集』 2卷 (北京: 人民出版社, 1993), 103쪽.

한중관계를 전망했다. 이러한 주은래의 인식은 한국과 중국이 순망치한(脣亡齒寒)의 관계라는 인식에 기초하고 있었다고 할 수 있다.

그런데 중국공산당은 이러한 인식에서 한발 더 나아가 한반도 문제에 대해 적극적인 개입을 시사하는 언급도 하고 있다. 모택동은 1938년 5월 26일부터 6월 3일까지 연안항일전쟁연구회에서 「지구전을 논함」이라는 강연을 하였다. 이 자리에서 항일전쟁은 "압록강변까지 공격하면 비로소 전체 전쟁이 끝난다. 만약 조선 등지에서 혁명전쟁이 일어나 중국의 원조를 필요로 한다면 그것은 다른 하나의 전쟁에 속하는 것이다"[53]라는 말을 하였다. 이것은 일본을 압록강변까지 몰아내면 중일전쟁이 종결되는 것이지만 조선에서 혁명전쟁이 일어나 중국의 원조를 원한다면 응할 수 있다는 의미로 해석된다. 따라서 한반도에서 중국 자신의 안보 등 국익에 영향을 주는 경우 적극적으로 개입하겠다는 의지를 가지고 있었다고 볼 수 있다. 따라서 중국이 1950년 한국전쟁에 직접 개입하겠다는 인식은 이미 중일전쟁시기에 나타났다고도 할 수 있다.

1941년 9월, 팔로군 총사령 주덕과 중국공산당의 원로인 오옥장(吳玉章), 임백거(林伯渠) 등이 섬감녕변구민족사무위원회와 화북조선청년연합회 등과 함께 동방민족대표대회를 소집하기로 결정하였다. 10월에 연안에서 동방 각민족 반파시스트대회(1941.10.26~10.31)가 개최되어 중국, 조선, 인도, 일본, 필리핀, 베트남 등 18개 국가와 민족을 대표하여 130여 명이 참가하였다. 이 대회는 개회 후에 김구(金九)와 스탈린, 루즈벨트, 장개

---

52) 司馬璐, 「延安으로 가는 조선의용대」, 심지연, 『朝鮮新民黨硏究』(서울: 동녘, 1988), 219쪽.

53) 「論持久戰」(1938.5.26-6.3), 『毛澤東集』 6, 83쪽.

석, 모택동 등 30여 명을 대회의 명예주석단으로 결정하였다.[54] 이 대회에 참가한 조선대표 무정은 조선이 나라를 상실한 후의 정치, 경제, 문화 등의 상황과 조선 민중의 혁명투쟁에 대하여 보고하였다.[55] 중공중앙 주석 모택동도 이 대회에 참석하여 각 민족이 단결하여 공동으로 파시즘을 타도하자는 요지의 치사를 하였다.[56]

1941년 12월 9일 중공중앙은 태평양 반일민족통일전선을 "영국, 미국, 네덜란드, 인도, 중국 및 남양의 각 민족 각 계층과 정당과 … 일본국내의 반전 인민 및 그 식민지 피압박민족-고려·대만 등"[57]을 들고 있다.

또한 제2차 국공합작이 성립된 이후 중국공산당과 중경(重慶)임시정부와도 공개적으로 교류할 수 있었다. 1940년 9월 17일, 주은래와 동필무(董必武) 등은 중경(重慶)에서 개최된 한국광복군 총사령부 성립대회에 참석하였다.[58] 1942년 10월 11일 중한문화협회(中韓文化協會) 성립대회가 중경에서 개최되었을 때 대계도(戴季陶), 추로(鄒魯), 장계(張繼), 풍옥상(馮玉祥), 진과부(陳果夫), 진명추(陳銘樞)와 더불어 공산당원인 주은래(周恩來), 곽말약(郭沫若) 등이 명예이사가 되었다.[59]

1942년 11월 10일 중한문화협회는 중경에서 한국 임시의정원

---

54) 「東方各民族反法西斯大會開幕」, 『解放日報』(1941.10.27).

55) 「東方反法西斯大會第三日　日, 鮮, 荷印代表報告」, 『解放日報』(1941.10.29).

56) 「東方反法西斯大會上毛澤東同志號召各民族加强團結」, 『解放日報』(1941.10.31).

57) 「中央關于開展太平洋反日民族統一戰線及華僑工作的指示」(1941.12.9), 『中共中央抗日民族統一戰線文件選編』下, 587쪽.

58) 『韓國光復軍硏究』, 89쪽.

59) 「中韓文協在渝成立」, 『解放日報』(1942.10.13), 『中朝中韓關係文件資料匯編』(北京: 中國社會科學出版社, 2000), 780~781쪽, 재수록.

의 전체 의원과 한국 임시정부 주석 김구, 외교부장 조소앙, 광복군 총사령 이청천 등을 초청하였다. 이 자리에서 중국공산당을 대표하여 주은래는 자신의 학생시절과 황포군관학교와 혁명군 시절에 한국의 동지들과 함께 일했던 것을 회고하면서, 한국민중이 용감한 희생정신으로 중화민족의 해방을 위하여 중국에서 피를 흘렸다고 하였다. 그는 중일전쟁 이후 조선의용대가 전선에서 크게 활약하였다고 찬양하는 한편, 조선의 지사들이 조선혁명이라는 자신의 문제에서 서로 입장 차이를 보이는 것을 애석하다고 하면서 일치단결하여 한국의 자유와 독립을 실현시킬 것을 희망한다고 하였다.[60)]

1943년 3월 1일에 주덕은 『해방일보』[61)]에 「단결복국(團結復國)」이라는 기고를 하였다. 이 글은 한국의 3·1운동 24주년을 기념하여 수록한 것으로 조선이 망한 후 일본제국주의 통치 속에서 조선민족이 3·1운동을 비롯하여 반일투쟁을 이어 온 것을 찬양하고 있다. 아울러 중국에서도 조선의 지사들이 동북항일의

60) 「團結,是存亡的關鍵 -中韓文協昨招待韓國議員孫院長講團結與組織重要」, 『新華日報』(1942.11.11)

61) 『解放日報』는 중국공산당 중앙위원회의 기관지로 1941년 5월 16일 연안에서 창간되어 1947년 3월 27일까지 발간되었다. 1954년 인민출판사에서 영인하여 출판하였다. 『해방일보』에 관해서는 藤田正典, 『中國共産黨新聞雜誌硏究』(東京: アジア經濟硏究所, 1976) 참조. 『해방일보』의 한국 관련 내용에 대해서는 화북독립동맹의 활동을 분석한 장세윤의 논문과 『해방일보』의 한국 관련 내용을 분석한 김지훈의 글이 있다. 중국에서는 『해방일보』와 『신화일보』의 한국독립운동 관련 내용을 검토한 張雲의 논문이 있다. 장세윤, 「解放日報에 보도된 華北朝鮮獨立同盟의 활동」, 『五松李公範敎授停年紀念東洋史論叢』(서울: 지식산업사, 1993); 김지훈, 「중일전쟁시기 해방일보의 한국인식」, 『사림』 25 (서울: 수선사학회, 2006); 張雲, 「解放日報, 新華日報與韓國獨立運動」, 『韓國獨立運動血史新論』(上海: 上海人民出版社, 1996).

용군에 참여하는 등 항일무장투쟁을 벌여 온 것에 대해서도 감사를 표시하고 있다. 그러나 "조선인민의 혁명역량은 아직 진정으로 발휘되지 못하고 있다"고 하면서 그 원인으로 혁명가 내부의 파벌문제로 일치단결을 하지 못하고 있는 점을 지적하고 반드시 극복해야 한다고 강조하였다.[62]

1943년 4월 『신화일보』[63]는 대한민국 임시의정원 제36차 임시회의에 대하여 보도하였다.[64] 이와 함께 한국독립당, 조선혁명당, 조선민족해방동맹, 조선무정부주의자 총동맹 등의 한국 혁명당파들이 제36차 회의를 지지한다는 선언도 함께 보도하였다.[65] 『신화일보』는 사론(社論)에서 한국의 임시의정원 제36차 회의에서 한국의 각 당파들이 민주단결의 원칙에 입각하여 진보적 민주집권제 원칙 아래 헌법을 개정하고 각 당파가 단결하여 전 민족 통일전선적 정부를 구성하였다고 하면서 한국의 해방이 조속한 시일 내에 실현될 것이라고 높이 평가하였다.[66] 한편 1944년 6월 7일 중공대표 임조함(林祖涵), 동필무 등은 중경에서 한국 임시정부 국무위원과 각 부의 부장들을 초청하여 연회를 개최하는 등 임시정부인사들과 우호적인 교류를 지속하였다.[67]

---

62) 朱德, 「團結復國」, 『解放日報』 (1943.3.1).

63) 『新華日報』는 1938년 1월 11일 漢口에서 창간되었다가 같은 해 10월 25일 한구가 일본군에게 점령된 후 重慶에서 1947년 2월 28일에 국민당에 의해 정간될 때까지 발행되었다. 이 신문은 북경도서관에서 1963년에 영인하여 신화서점에서 발행하였다.

64) 「大韓民國臨時議政院第三十六次臨時議會宣言」, 『新華日報』 (1943.4.28).

65) 「韓國各革命黨擁護第三十六屆議會宣言」 (1943.4.24), 『新華日報』 (1944.4.28).

66) 「社論 韓國的民主團結」, 『新華日報』 (1944.4.30).

67) 石源華, 『中國共産黨援助朝鮮獨立運動紀事(1921-1945)』 (北京: 中國社會科學出版社, 2000), 343쪽.

1944년 7월 『해방일보』는 일본제국주의가 조선에 “만주국정부”와 같은 군주정치를 기도하고 있다고 하면서 한국 임시정부가 한인을 대표하는 유일하고 통일적인 정부이므로 동맹국들이 임시정부를 신속하게 승인하고 한국의 광복군 등을 적극적으로 원조해야 한다는 임시정부의 입장을 보도하였다. 이것은 중국공산당이 한국 임시정부를 인정하고 지지한다는 표시라고 할 수 있다.[68)]

중국공산당은 일본의 패망과 중일전쟁의 승리를 예감하면서 한반도에 적극적으로 개입하려는 의지를 가지고 있었다. 이러한 입장에서 독립동맹과 조선의용군에 지속적으로 지원을 하였다. 중국공산당은 소련이 참전을 결정하자, 모택동과 주덕의 명의로 소련의 참전을 환영하면서[69)] 팔로군(八路軍)에 대해서도 각 지역에서 총반격을 하도록 명령하였다. 1945년 8월 11일 팔로군 총사령 주덕은 조선의용군에게 다음과 같은 「연안총부 명령 제6호(延安總部命令 第6號)」명령을 내렸다.

> 소련 홍군이 중국 및 조선경내로 진입하는 작전과 배합하고, 조선인민을 해방하기 위하여 나는 명령한다. : 현재 화북에서 대일작전을 하고 있는 조선의용군 사령 무정(武亭), 부사령 박효삼(朴孝三), 박일우(朴一禹)는 즉각 부대를 통솔하여 팔로군 및 원(原)동북군 각 부대와 함께 동북으로 출병하여 적과 괴뢰를 소멸시키고, 동북의 조선인민들을 조직하여 조선을 해방하는 임무를 달성하라.[70)]

---

68) 「韓國臨時政府人士表示: 希望盟國迅速承認」, 『新華日報』 (1944.7.4), 『中朝中韓關係文件資料匯編(1919~1949)』 中 (北京: 中國社會科學出版社, 2000), 947쪽 재수록.
69) 毛澤東・朱德, 「毛澤東,朱德關于蘇聯政府對日宣戰致斯大林電」 (1945.8.9), 『八路軍文獻』 (北京: 解放軍出版社, 1994), 1102쪽.
70) 朱德, 「延安總部命令 第6號」, 『解放日報』 (1945.8.11).

인민해방군 총사령 주덕이 이런 명령을 한 것을 볼 때 중국공산당은 한반도에 조선의용군을 앞세워 진격할 의도를 가지고 있었다고 할 수 있다. 그러나 군대가 동북지역으로 신속하게 이동하지 못하였고 일본이 8월 15일에 항복하였기 때문에 한반도로 직접 진군할 수 없었다.[71]

4. 중국공산당의 중화의식

1930년 3월 15일 남경의 『중앙일보』 보도에 의하면 국민당 중앙정치학교 구당부(區黨部) 집행위원회는 「한국혁명을 원조하기 위하여 전국 각 당부 및 민중단체에 보낸 전보」에서 다음과 같이 언급하였다.

> 한국은 중국의 속국(藩屬)이었으니, 고문헌을 살펴보면 그 혈통이 서로 통하는 은주(殷周)의 후예로 실로 우리 중화민족의 한 지류이고, 그들의 정교(政敎)는 대부분 한・당제(漢・唐制)를 답습하였으며, 우리나라 문화의 유파로 예의도 우리와 깊게 서로 관계를 맺어 공존공영하였다.[72]

이러한 관념은 중국인들이 한국의 독립운동에 큰 관심과 지원을 보낸 하나의 원인이 되었다. 그러나 이렇게 중화민국시기 중국인의 한국사 인식은 이러한 전통적인 중화의식을 벗어나지 못하고 있었다. 중국의 근대 지식인 가운데 처음으로 한국사를 서술하였던 황염배(黃炎培)는 1929년 『조선』[73]을 출판하였다. 그

71) 장세윤, 앞의 논문, 271쪽.
72) 中央政治學校區黨部執行委員會, 「爲援助韓國革命致全國各黨部及民衆團體通電」, 『中央日報』 (1930.3.15), 胡春惠 저, 신승하 역, 『중국 안의 한국독립운동』 (서울: 단대출판부, 1978), 265쪽 재인용.

런데 황염배는『조선』에서 단군 개국설을 근거가 없다고 부인하고 기자(箕子) 건국설을 주장하였으며, 삼국시대에 대해서는 일본의 소위 "임나일본부설"을 그대로 서술하여 고구려를 제외한 한반도 전체가 일본의 지배하에 있었다고 주장하였다. 또한 황염배는 세종 28년에 제정된 언문(諺文 : 한글) 28자는 발음과 글꼴이 모두 몽고를 모방한 것이라는 등 일제의 식민사관을 아무런 비판이나 검증도 없이 수용하였다. 이는 일본 중심의 한국사 인식으로서의 식민사관과 중국 중심의 한국사 인식으로서의 중화사관이 결합된 것으로 식민사관과 중화주의가 논리적으로 상호 친화성을 가지고 있다고 할 수 있다.[74)]

그러면 이러한 전통적인 중화의식은 한국인의 독립운동에 동정적이었던 국민당에게 국한된 것이었을까? 중국공산당은 한국의 민족해방을 위하여 지속적으로 지원을 한 측면만 있는 것일까? 현실적인 필요성과 한국과의 유대감 등으로 지원을 하였지만 한편으로 공산당도 전통적인 중화의식에서 자유롭지는 못하였다. 모택동이 지도하던 중국공산당도 국민당과 마찬가지로 전통적인 사고에서 완전히 벗어나지 못하고 있었다. 이와 관련하여 중국공산당이 자신의 주변에 있는 국가들에 대하여 어떤 인식을 가지고 있었는지를 살펴 볼 필요가 있다. 모택동의 명의로 1939년 12월에 발표된「중국혁명과 중국공산당」에서는 다음과 같이 서술하고 있다.

---

73) 黃炎培,『朝鮮』(上海: 商務印書館, 1929). 황염배의『조선』에 관해서는 제4장 참조.

74) 유용태는 민국시기를 거쳐 현재에 이르기까지 중국인들이 중화주의적 시각을 그대로 가지고 있다고 보고 중화주의와 식민주의의 친화성에 주목하고 있다. 유용태, 앞의 글, 146-152쪽.

> 전쟁에서 중국을 패배시킨 후, 제국주의 국가들은 즉시 중국의 많은 속국과 일부분의 영토를 빼앗았다. 일본은 조선(朝鮮)·대만(臺灣)·오키나와(琉球)·팽호군도(澎湖群島)와 여순(旅順)을 점령하였고, 영국은 미얀마·부탄·네팔과 홍콩을 점령하였으며, 프랑스는 안남(베트남)을 점령하였다. 그리고 손바닥만한 소국(小國)인 포르투갈도 우리들의 마카오(澳門)를 점령하였다.75)

위의 글에서는 제국주의 침략으로 중국이 많은 속국과 영토를 상실하였다고 하면서 중국 주변의 국가들과 중국의 일부 영토를 열거하고 있다. 특히 일본의 경우 조선·대만·오키나와·팽호군도와 여순을 점령하였다고 서술하고 있다. 그러면 이 가운데 중국의 영토로 보고 있던 지역과 속국으로 인식하고 있던 나라가 어디였는가를 살펴 볼 필요가 있다. 「중국혁명과 중국공산당」에서는 중국의 영토에 대해서 다음과 같이 서술하고 있다.

> 현재 중국의 국경은 동북·서북과 서쪽 경계의 일부와 사회주의소비에트공화국연맹과 경계를 접하고 있다. 서방의 일부와 서남방은 인도·부탄·네팔과 경계를 접하고 있다. 남방은 샴(태국)·미얀마와 안남(安南 : 베트남)과 경계를 접하고 있으며, 대만과 이웃하고 있다. 동방은 일본과 이웃하고 있으며 조선과 경계를 접하고 있다.76)

위의 글에서는 조선과 대만을 중국 영토의 일부로 보았던 것이 아니라 중국과 국경을 접하고 있는 나라로 표현하고 있다. 즉 중국공산당은 1939년까지 조선과 대만 등을 중국과 국경을 접하고 있는 속국으로 파악하고 있었다고 할 수 있다. 이러한 공산당의 인식은 민국시기의 역사교과서에 서술되어 있는 번속영토와 별

---

75) 「中國革命與中國共産黨」(1939.12.15), 『毛澤東集』 7卷, 101쪽.
76) 「中國革命與中國共産黨」(1939.12.15), 『毛澤東集』 7卷, 94쪽.

다른 차이가 보이지 않는다고 할 수 있다.[77]

이렇게 주변의 국가들을 전통적인 중화의식 속에서 속국으로 보는 관점은 카이로선언 이후 변화를 겪게 된다. 루즈벨트 미국 대통령, 장개석(蔣介石) 중화민국 주석(中華民國主席)과 처칠 영국 수상은 1943年 11月 27日 이집트의 수도 카이로에서 회담을 하고 선언을 발표하였다. 이 카이로선언에서 1914年 제1차 세계대전 개시 이후에 일본국이 탈취 또는 점령한 태평양의 도서 일체를 박탈할 것과 만주 대만 및 팽호도와 같이 일본국이 청국인으로부터 절취한 지역 일체를 중화민국에 반환하도록 하였다. 이와 함께 조선인민의 노예상태에 유의하여 적당한 시기에 조선을 자주독립시키겠다는 내용이었다.

이 선언으로 중국은 만주와 대만 및 팽호열도를 반환받게 되었고 조선도 적당한 시기에 독립할 수 있게 되었다. 중국공산당이 주변의 국가들을 전통적인 중화의식 속에서 속국으로 보는 관점은 1949년 중화인민공화국이 수립된 이후 공식적인 문건에서는 사라진다. 중화인민공화국이 수립된 이후 수정되어 1952년에 출판된 『모택동선집』에서는 「중국혁명과 중국공산당」의 원래 문장이 다음과 같이 수정되었다.

> "전쟁에서 중국을 패배시킨 후, 제국주의 열강은 중국 주위의 원래 중국이 보호하고 있던 많은 국가를 점령하였을 뿐 아니라 "조차(租借)" 등으로 중국의 일부 영토를 빼앗았다. 예를 들면 일본은 대만과

---

77) 이와 관련하여 1934년 상해중화서국에서 출판한 『初中本國史』의 "청말 중국 喪地圖"에서도 미얀마, 네팔, 베트남, 조선을 번속영토로 표시하고 있다. 박장배, 「근현대 중국의 역사교육과 中華民族 정체성 1」, 『중국근현대사연구』 19輯 (서울: 한국중국근현대사학회, 2003), 82쪽.

> 팽호열도를 점령하고, 여순(旅順)을 "조차(租借)"하였으며, 영국은 홍콩을 점령하고, 프랑스는 광주만(廣州灣)을 "조차"하였다"[78]

『모택동선집』에서는 원래의 문건에 있던 '속국'이라는 표현을 '원래 중국이 보호하고 있던 국가'로 고쳤고, 이들 국가의 명칭을 모두 삭제하였다. 또한 구체적인 지명은 대만·팽호열도·홍콩·여순·광주만 등 중국의 영토라고 보았던 부분에 대해서만 언급하고 있다. 이러한 변화는 1939년의 「중국혁명과 중국공산당」에서 대만을 중국과 인접해 있는 국가로 인식하였던 것과는 분명한 차이를 보이고 있다고 할 수 있다. 이러한 「중국혁명과 중국공산당」의 내용수정은 중화인민공화국 수립 이후 외교상의 문제 등을 고려한 조치로 보인다. 1949년 10월 중화인민공화국이 수립되면서 중국은 동시에 평등과 호혜(互利) 및 상호 영토주권 존중 등의 원칙을 준수하는 어떤 외국정부와도 외교관계를 수립하겠다고 중화인민공화국 중앙인민정부 주석 모택동의 명의로 발표하였다.[79] 따라서 1939년 12월에 발표된 「중국혁명과 중국공산당」의 내용도 이러한 중국의 외교정책에 부합하도록 수정한 것으로 보인다.

중국공산당은 1943년 카이로선언 이후 한국의 독립을 환영하면서 적극적으로 돕겠다는 태도를 견지하였다. 모택동은 「연합정부를 논함」에서 한반도 문제와 관련하여 다음과 같이 언급하였다.

---

78) 「中國革命和中國共産黨」(1939.12), 『毛澤東選集』 2卷 (北京: 人民出版社, 1952), 598쪽.

79) 「中華人民共和國中央人民政府公告」(1949.10.1), 中共中央文獻硏究室, 『建國以來毛澤東文稿』 1 (北京: 中共中央文獻出版社, 1987), 14-15쪽.

> 우리들은 카이로회의에서 조선의 독립을 결정한 것이 정확하다고 인식한다. 중국인민은 조선인민의 해방을 도와야 한다.[80]

모택동은 「연합정부를 논함」에서 카이로회의의 결정을 받아들여 조선의 독립을 인정하고 조선인민의 해방을 도와야 한다고 하고 있다.

이러한 입장은 과거 자신들의 속국이라고 보았던 미얀마와 베트남 등의 국가에 대해서도 마찬가지의 태도를 취하고 있다.

> 남양의 각국 - 미얀마·말레이시아·네덜란드령 동인도(인도네시아)·프랑스령 안남(安南 : 베트남)에 대해 우리들은 영국·미국·프랑스·네덜란드 등의 국가들이 현지 인민들을 도와 일본침략자를 물리친 이후, 크리미아회의에서 유럽의 해방구를 취소하였던 것과 같은 태도로 현지 인민들이 독립적이고 민주적인 국가제도를 건립할 권리를 부여하길 희망한다.[81]

이러한 「연합정부를 논함」의 입장을 1939년의 「중국혁명과 중국공산당」과 비교해 보면 조선과 미얀마, 베트남의 독립을 지지한다고 언급하고 있는 점이 특징이다. 그러나 「중국혁명과 중국공산당」에서 언급하였던 대만·오키나와·부탄·네팔 등에 대해서 「연합정부를 논함」에서는 아무런 언급을 하고 있지 않다. 「연합정부를 논함」에서는 그 대신 말레이시아, 인도네시아 등 영국,

80) 毛澤東, 「論聯合政府」(1945.4.24), 『解放日報』(1945.5.2).

81) 毛澤東, 「論聯合政府」(1945.4.24), 『解放日報』(1945.5.2). 『毛澤東選集』 3권에서는 "남양의 여러 나라들-미얀마, 말레이시아, 인도네시아, 월남, 필리핀에 대해서도 우리는 이 나라들의 인민이 일본침략자를 패망시킨 후 독립적이며 민주주의적인 국가제도를 수립할 권리를 가지게 되기를 희망한다"라고 하여 일부 내용을 수정하여 수록하였다. 毛澤東, 「論聯合政府」 (1945.4.24), 『毛澤東選集』 3卷(北京: 人民出版社, 1953), 1111쪽.

미국, 프랑스, 네덜란드가 지배하고 있던 국가들의 독립을 지지한다는 입장을 보이고 있다. 이는 중일전쟁 초기와 제2차 세계대전이 종결되고 있는 시기적 차이 때문에 중국공산당의 대외정책에서도 변화가 있었음을 알 수 있다.

1945년 7월 7일, 『해방일보』는 중국공산당 중앙위원회의 중일전쟁 8주년을 기념하는 구호를 수록하였다. 이 중일전쟁 8주년 기념 구호 가운데 "중국인민과 모든 동방의 피압박민족은 연합하여 일어나라! 조선, 필리핀, 인도, 안남, 미얀마, 말레이시아, 네덜란드령 동인도(인도네시아) 및 기타 남양지방의 민족해방운동과 민족독립을 쟁취하자!"[82]라는 내용이 있다. 이러한 구호를 볼 때 앞서의 「연합정부를 논함」의 외교방침이 그대로 시행되고 있었다는 것을 알 수 있다. 그러나 이러한 중국공산당의 대외정책은 중국이 처해있던 국제환경의 변화와 국익 등을 고려하여 변경되었던 것이었기 때문에 주변 국가에 대한 전통적인 인식이 일시에 사라지지 않았고 근본적인 변화를 보이지도 않았다. 또한 중국이 크지만 약한 나라에서 크고 강한 나라가 될 경우에 내재되어 있던 중화의식이 대중화주의(大中華主義)로 표면화할 여지를 남겨두고 있었다고 할 수 있다.

---

82) 「中共中央紀念抗戰八周年口號」(1945.7.7), 『中共中央文件選集』 13卷, 1987, 97-100쪽.

제4장 근대중국 지식인의 대한국관
—황염배(黃炎培)의 『조선(朝鮮)』을 중심으로—

1. 황염배와 『조선(朝鮮)』

황염배(黃炎培: 1878~1965)는 중국 근대의 약 한 세기를 경험한 흔치 않은 인물이다. 그의 이력에서 알 수 있듯이 청말(淸末)을 거쳐 신해혁명(辛亥革命), 중화민국, 중화인민공화국의 건립을 두루 경험하였으며 교육자로서 민주당파(民主黨派)의 지도자로서 중국사회에 많은 영향을 끼쳤다.[1)]

---

1) 중국에서는 그의 교육활동과 민주당파의 활동에 주목하여 많은 논저가 출간되었다. 傳記로서는 尙丁, 『黃炎培』 (北京: 人民出版社, 1986), 논문집으로는 黃炎培故居管理所・朱宗震・陳偉忠 主編, 『黃炎培硏究文集』 1 (成都: 四川人民出版社, 1997); 朱宗震・陳偉忠 主編, 『黃炎培硏究文集』 2 (上海: 文匯出版社, 2001), 회고록으로는 黃炎培, 『八十年來』 (上海: 文匯出版社, 2000), 연보로는 許漢三 編, 『黃炎培年譜』 (北京: 文史資料出版社, 1985), 문집으로는 中華職業教育社 編, 『黃炎培教育文選』 (上海: 上海教育出版社, 1985), 中華職業教育社 編, 『黃炎培教育文集』 (北京: 中國文史出版社, 199?) 등이 대표적이다.

황염배는 한국과 일본을 비롯하여 동남아시아를 여러 번 여행한 경험이 있어 각국의 국정을 다른 지식인보다 잘 알고 있었던 듯하다. 그가 이 지역을 여행한 목적은 교육과 경제의 상황을 알기 위한 것이며 특히, 중국과 수백 년 이상 역사적으로 밀접한 관계를 맺고 있기 때문에 그 흥망성쇠를 파악하여 '국인(國人)의 고감(考鑒)'으로 제공하기 위한 것이라고 하였다.[2] 이러한 관심에서 그는 한국을 3차례에 걸쳐 여행하였다. 첫 번째는 1918년 6월 말~7월 초에 걸쳐 신의주, 서울, 인천 등을 여행하였고 두 번째는 1927년 10월 서울, 수원, 인천, 평양 등지를 여행하였으며 세 번째는 1931년 4월 서울과 부산 등지를 여행하였다. 그는 두 번째 여행에서 수집한 자료를 바탕으로 한국의 역사와 당시의 정치와 경제, 사회 상황을 소개한 『조선』을 집필·출간하였고 세 번째 여행에서 돌아온 후 『황해환유기(黃海還遊記)』[3]라는 기행문을 출간하였다. 알려진 바로는 황염배처럼 중국근대시기에 한국에 관하여 이처럼 자세한 서적을 펴낸 사람은 없을 듯하다.

그런데 황염배의 『조선』에 대해서 그 내용과 인용 자료에 치우침이 있어서 객관적인 역사관을 살펴보기가 힘들다는 지적이 있다. 당시 한국인 이시영(李始榮)이 청말부터 한국에 관한 중국인의 저서가 6~7종이 있지만 내용이 황당무계하고 편견이 심하여 볼만한 것이 없다고 평가하였다. 특히 황염배의 『조선』은 공력을 많이 들였지만 오류가 많고 일본인의 저작을 인용하여 서술하고 깊이 연구하지 않았으며 일본인을 대신하여 일본의 정책을 선전한 것에 불과하다고 혹평하였다.[4]

2) 黃炎培, 『朝鮮』, 「開劵語」(上海商務印書館, 1929), 1쪽(이하 『朝鮮』이라 약칭).
3) 黃炎培, 『黃海環遊記』(上海: 生活書店, 1933).
4) 始林山人, 『駁黃炎培之韓史觀』, 출판지 불명, 1934, 1쪽.

이시영의 지적이 민족주의적인 입장에서 불만을 토로한 점이 없지 않지만 『조선』이 한국의 역사와 당시 한국의 상황을 서술하였으며, 그의 한국에 대한 인식은 당시 중국사회에 상당한 영향을 주었을 것[5]이라고 생각한다면 이후 한국에 대한 중국 지식인의 태도와 인식을 파악하는데 매우 중요한 자료가 아닐 수 없다.

1) 『조선』의 집필목적과 구성내용

황염배가 한국을 연구해야 하는 이유로 제시한 것은 일본의 대륙침략이라는 사실에 있다. 즉 고대 일본의 신공황후(神功皇后)와 중세의 풍신수길(豊臣秀吉), 그리고 근대 명치(明治) 시기의 정한론(征韓論)의 등장에서 찾고 있다. 그는 이 세 가지 사건이 한국을 목표로 한 것이 아니라 중국대륙을 목표로 한 것이라 생각하였다. 그리고 1914년 일본이 청도(青島)를 강탈하고 계속 세력을 황하유역으로 확장하는 기지가 한국이라고 생각하였다.[6] 따라서 일본의 대륙침략사를 알기 위해서는 일본이 통치하고 있는 한국의 상황을 파악해야 한다는 것이다.[7]

실제로 황염배가 『조선』을 집필하기 전에 자료 수집과 한국의 각 지방을 방문하는 등 준비를 많이 한 것으로 알려졌다. 특히 남만주철도주식회사가 운영하는 대련도서관(大連圖書館)

---

5) 柳鏞泰, 「中國人의 '南朝鮮 漢城' - 20세기 中華主義-」, 『동아시아 역사연구』 제4집, 1998, 149쪽.
6) 『朝鮮』, 「開劵語」.
7) 黃炎培는 이러한 관점에서 일본이 조선과 조선인에게 어떠한 정책을 시행하였는지 파악하는 것이 중요하며 따라서 조선이 자신의 중요한 거울이라고 언급하였다. 『朝鮮』, 「開卷語」.

에서 한국과 만몽(滿蒙)에 관한 서적을 검색하고 열람하면서 한국연구를 시작하였다. 한국에서는 일본 총독부 당국과 중국 영사관, 각지 도서관의 협조를 얻었으며 규장각(奎章閣) 도서를 열람하고 수원, 인천, 평양 등 지방을 방문하여 현지에서 자료를 수집하였다.[8] 그런데 여기서 문제가 되는 것은 황염배가 수집한 자료의 내용이라 할 수 있다. 황염배 자신이 『조선』을 집필하는데 참고한 도서가 129권이라 하였고, 그 종류가 권말에 참고도서로 제공되고 있다. 그 목록을 보면, 중국 서적이 28권, 한국 서적이 14권, 조선총독부에서 발간한 통계자료와 연감 및 보고서가 22권, 일본인이 쓴 서적이 65권에 이르고 있다.[9] 조선총독부와 일본인의 저술이 전체 참고도서의 70%를 차지한다는 점에서, 이러한 참고도서의 편중은 『조선』의 내용이 어떠한 입장에서 서술되었는가를 짐작하게 해 준다.[10]

『조선』은 크게 다섯 장으로 구성되어 있다. 먼저 제1장 서언에서는 이 책을 쓰게 된 동기와 한국에 대한 일본 통치를 보는 관점 등 황염배의 사회관과 역사관이 잘 나타나 있다. 제2장에서는 한국의 지리 및 자연환경을 다루고 제3장은 한국의 역사를 서술하고 있으며 제4장과 제5장은 당시 한국의 전반적 상황과 한국

8) 『朝鮮』, 3-5쪽.

9) 『朝鮮』, 326-335쪽.

10) 황염배는 『朝鮮』을 서술하고 나서 글을 쓰는데 몇 가지 감상을 적고 있다. 우선 인류의 문제와 사례에 대하여 많이 알고 있어야 하며 상당한 문필이 있어야 하고 각국의 언어를 잘 알아야 한다고 적고 있다. 또한 자신의 글쓰기에 대하여 신중을 기하였고, 국제적인 관점에서 나라를 잃은 민족의 장점과 참상을 말살하지 않았으며 제국주의를 반대하는 군중사조에 영향을 받아 현 정부의 좋은 시책을 말살하지도 않았다고 언급하였다. 『朝鮮』, 5-6쪽.

인을 다루고 있으며 부장(附章)에서는 당시 한국의 화교에 대하여 서술하였다. 목차에 따라 구체적으로 살펴보면 다음과 같다.[11]

第一章 序言.

第二章 天然的朝鮮

第一節 形勢, 第二節, 氣像, 第三節 天産, 第四節 人種.

第三章 過去的朝鮮及朝鮮人

第一節 先史時代, 第二節 全史槪覽, 第三節 漢族開化時代, 第四節 三國時代, 第五節 高麗時代, 第六節 李朝鮮時代, 第七節 朝鮮失國.

第四章 現在的朝鮮

第一節 槪說, 第二節 政區, 第三節 戸口, 第四節 行政, 第五節 財政, 第六節 經濟及産業, 第七節 教育及文化, 第八節 土木及交通, 第九節 司法, 第十節 警察, 第十一節 衛生, 第十二節 軍事.

第五章 現在的朝鮮人

第一節 朝鮮人之體格, 第二節 朝鮮人之智力, 第三節 朝鮮人之語言文字, 第四節 朝鮮人之藝術, 第五節 朝鮮人之道德觀念, 第六節 朝鮮人之宗教觀念, 第七節 朝鮮人之群力, 第八節 朝鮮人之生活力.

附章 朝鮮之中華僑民.

위의 목차에서 알 수 있듯이 『조선』은 그야말로 당시 한국에 관한 모든 사항을 구체적으로 기술하고 있는 개설서라고 할 수 있다. 『조선』의 내용에 따른 서술 분량을 살펴보면, 전체 325쪽 중에서 제1장과 제2장이 39쪽, 제3장이 59쪽, 제4장이 190쪽, 제5장이 29쪽이다. 여기에서 황염배가 중점적으로 다루고 있는 내용은 제3장 과거의 한국 및 한국인과

11) 『朝鮮』, 「目錄」 참고.

제4장 당시의 한국이다. 특히 제4장의 내용은 한국의 정세에 관한 부분으로 약 200쪽으로 60% 이상을 차지하고 있다. 이처럼 그가 당시의 정세에 관하여 지대한 관심을 가지고 상당한 쪽수를 배분한 것은 그의 현실적인 태도에 기인한 것이라 할 수 있다. 그는 한국에 관한 연구가 중국의 전도(前途)와 밀접한 관계를 가지고 있기 때문에 중국인이 주의해야 한다고 파악하고 국제관계상 국익이라는 문제에서 일본의 시정방침, 방법, 수단을 통하여 중국의 건설문제를 연구할 때 참고해야 한다는 관점을 가지고 있다. 따라서 그는 민정(民政)과 재정(財政), 관세(關稅) 문제에 관심을 집중하고 있는 것이다.[12)]

여기서 황염배의 한국에 대한인식을 잘 알 수 있는 부분은 제3장과 제4장으로 각각 한국사에 대한 서술, 일제 통치하의 한국에 대한 서술로 나누어 분석하고자 한다.[13)]

2) 한국사에 대한 서술

황염배의 한국사 서술은 선사시대부터 시작되지만 문제가 되는 부분은 단군(檀君) 신화에 관한 서술이다. 조선의 단군개국설이 일연(一然)의 『삼국유사(三國遺事)』에 처음 보인다고 하면서 이 책이 사학상(史學上)에서는 가치가 없다고 하며 단군에 관한 기록은 황당무계하다고 간주하였다.[14)] 그리고 단군개국설(檀君開國

12) 『朝鮮』, 15-18쪽 참고.

13) 제5장 現在的朝鮮人의 항목에서는 주로 통계자료와 도표를 나열하고 있을 뿐 한국인에 대하여 구체적인 분석이 이루어지고 있지 않아 분석의 대상에서 제외한다.

14) 『朝鮮』, 57쪽. 황염배의 이러한 견해에 대하여 李始榮은 황염배의

說)을 배제하고 한국사의 시기를 네 단계, 즉 한족개화시대(漢族開化時代), 삼국시대(三國時代), 고려시대(高麗時代), 이조선시대(李朝鮮時代)로 구분하였다. 따라서 그는 한국사의 서술을 한족개화시대부터 시작하고 있다. 그는 한(漢)이 사군(四郡)을 설치하기 이전에 한국의 문화는 완전히 중국을 발원지로 하며 이는 역사학자나 고고학자를 막론하고 모두 부인할 수 없다고 주장하였다.[15] 한족개화시대는 기자수봉(箕子受封), 위만탈국(衛滿奪國), 한사군(漢四郡)의 설치 등 3개의 절로 구성되어 있다. 기자수봉(箕子受封)에 관해서 그는 『사기(史記)』와 『한서(漢書)』의 기록을 분석하고 문자기록 외에 아직 고적(古蹟)으로 증명할 수 있는 방법이 없다고 하였다. 또 그 실체에 대하여 『사기』의 기록도 믿을 수 없다고 하면서 존재여부를 유보하고 있다.[16] 위만탈국(衛滿奪國)에 관하여 『사기』「조선열전」의 기록은 상세하지 못하며 오히려 『삼국지(三國志)』「위지(魏志)·동이전(東夷傳)」의 기록이 상세하다고 평가하고 국교(國交)와 강역(疆域)의 측면에서 분석하였다. 이에 관한 황염배의 견해에 대하여 이시영(李始榮)이 구체적으로 반박하였다.[17]

삼국시대(三國時代)에 관한 서술에서 문제가 되는 부분은 일본의 남선(南鮮) 경략(즉, 임나일본부설)과 수당(隋唐)의 고구려 원정에 관한 기록이다. 제4절 삼국시대의 소목차를 살펴보면,

---

한국사에 대한 인식에 문제가 있다고 전제하고 단군에 대한 서술을 전개하고 있다. 즉, 倍達族의 기원, 단군의 개화와 그 후예인 扶餘, 濊, 貊, 沃沮, 肅愼 등에 대하여 고증하고 있다. 始林山人, 앞의 책, 2-4쪽.

15) 『朝鮮』, 57쪽.

16) 『朝鮮』, 58-60쪽.

17) 始林山人, 앞의 책, 1934, 4-5쪽, 16-17쪽.

(1) 삼국의 흥기

(2) 일본과 중국 세력의 병진(竝進)

A, 일본의 남선(南鮮) 경략 B, 수당(隋唐)의 동정(東征)

(3) 삼국시대의 문화

(4) 신라의 통일과 그 멸망

A, 신라통일의 초기 B, 발해의 흥기와 쇠락

으로 구성되어 있는데 삼국의 역사 전개 과정을 일본과 중국의 침략으로 보고 있는 것이 특징이다. 삼국시대의 내재적인 역사를 거의 다루지 않고 외부와의 관계를 중심으로 서술하고 있다. 먼저 일본과 관련하여 서술한 부분을 살펴보자. 가라(加羅) 6국은 반도의 남단에 있으며 일본과 거리가 가장 가깝다. 숭신천황(崇神天皇) 말년에 신라와 가라(加羅)가 땅을 놓고 전쟁하였는데 가라가 이기지 못하고 일본으로 건너가서 땅을 바치며 원조를 청하자 일본이 다시 빼앗아 가라에게 돌려주었다고 한다. 그리고 이 사건이 일본세력이 한반도에 개입하게 된 기점이라고 서술하였다. 그 후 일본의 신공황후(神功皇后)가 신라를 정벌하자 신라가 대항할 수 없어서 항복하고 이에 일본이 한반도에 세력을 더 확장하였다고 한다. 또 일본이 백제를 도와 신라를 정벌하고 획득한 영토와 보호국을 총칭해서 임나(任那)라 부르고 임나일본부(任那日本府)를 설치하여 통치하였는데 그 성격이 조선총독부와 거의 같다고 하였다. 웅략천황(雄略天皇) 말년에 고구려의 장수왕이 대거 백제를 공격하여 그 도읍을 함락하자 일본이 임나(任那)의 일부인 웅진(지금의 공주)을 주어서 백제를 복구하게 하였다고 한다. 이때에 한반도에는 북쪽의 고구려를 제외하고 일본세력이 한반도를 지배하였으며 일본 흠명천황(欽明天皇)

31년(570)에는 고구려도 사신을 보내 일본에 조공하였다고 서술하였다.[18)]

황염배가 일본의 한반도 지배에 관한 사실을 어느 책을 보고 인용하였는지를 밝히고 있지 않아 알 수는 없으나 일본이 과거부터 주장해 오던 임나일본부설을 그대로 인용하여 따르고 있다.[19)] 더 나아가 고구려도 일본에 조공하였다는 서술에 이르러서는 동아시아사에 대한 그의 역사 인식이 매우 편중되어 있음을 알 수 있다. 또 하나 거론할 수 있는 것은 삼국시대의 역사를 숭신천황(崇神天皇), 신공황후(神功皇后), 웅략천황(雄略天皇), 흠명천황(欽明天皇) 등 일본왕의 교체에 따라서 서술하고 있는 점이다. 여기에서 황염배가 일본인의 저서를 무비판적으로 인용하지 않았나 하는 의심을 품게 한다.

중국과 관련된 부분도 전쟁을 통하여 파악하였다. 신라가 통일하는 과정을 간략하게 언급하고 이때 중국은 남북조(南北朝) 시기의 전쟁으로 한반도까지 돌볼 여유가 없었다고 서술하였다. 수(隋)가 전국을 통일하자 삼국이 조공하여 수봉(受封)하고 일본도 사신을 보내고 국서(國書)에 "해가 뜨는 곳의 천자(天子)가 해가 지는 곳의 천자에게 서신을 보내 안부를 묻는다"라고 쓴 부분에서는 '그 기개를 짐작할 수 있다'고 평가하였다. 이 부분에서는 중・일 간의 관계를 삼국을 통하여 경쟁의 관계로 바라보고 있는 것은 아닌가라는 생각을 갖게 한다. 그리고 수와 고구려의 전쟁과정, 당(唐)과의 전쟁을 통하여 고구려가 멸망하였다는 사실을

---

18) 『朝鮮』, 71-72쪽.

19) 황염배가 제시한 참고문헌에 이 시기에 관한 역사서적으로 青柳綱太朗의 『朝鮮四千年史』(大正6年), 林泰輔의 『朝鮮通史』(大正元年), 小田省吾의 『朝鮮上世史』(大正12年), 柏原昌三의 『日鮮關係史』(大正12年) 등을 들 수 있다.

서술하였다.[20] 황염배의 이와 같은 역사서술에 대하여 이미 그 문제점이 지적된 바 있다.[21]

황염배는 신라의 통일을 간략히 언급하고 삼국시대의 문화를 서술하고 있다. 그는 삼국시대의 문화에 중국의 영향이 절대적이었다고 인식하였다. 즉 한반도 문화의 원천은 중국이며 삼국 가운데에서 신라가 그 문화를 제창하고 전파하는 데 공헌하였다고 지적하였다. 고구려는 한반도에 불법(佛法)을 전파한 공로가 있다고 서술하였다. 그리고 백제를 중국과 일본의 문화교류에서 중개자의 역할로서 파악하였다. 그는 백제가 일본의 보호국이기 때문에 중국의 문화를 흡수하여 빨리 일본으로 보내는 교통로의 역할을 하였으며 이는 국정, 지리의 측면에서 그리할 수밖에 없었다고 쓰고 있다.[22]

통일신라와 그 흥망에 대해서는 아주 간략하게 서술하였다. 그러나 통일신라와 발해의 흥망을 같이 서술하고 있는 점에서 시사하는 바가 크다. 발해를 건국한 대조영(大祚榮)을 말갈인으로 파악하여 고구려와의 계승관계를 인정하지 않았다. 발해가 당과의 관계에서 매우 공순하였기 때문에 매우 훌륭하다고 한 부분에서는 중국 중심적인 역사관을 엿볼 수 있다.[23]

삼국시대 이후 통일왕조를 형성하고 유지한 고려시대와 조선시대에 관한 역사서술에서 황염배는 독특한 관점을 보이고 있다. 즉 고려 470여 년의 역사는 3개의 큰 주제, 내란(內亂)과 외환(外患) 그리고 불교(佛敎)로 묶을 수 있는데 이 세 가지는 서로

---

20) 『朝鮮』, 73쪽.

21) 柳鏞泰, 앞의 글, 148쪽에서 삼국의 항쟁을 중·일 간의 쟁패로 서술하였다고 평가하였다.

22) 『朝鮮』, 75-77쪽 참고.

23) 『朝鮮』, 79쪽.

인과관계를 가지고 있으며 이로 인하여 고려는 종말을 고하였다[24]고 파악하였다. 그가 말하는 내란이란 왕실과 외척, 권신 사이에 일어난 것이며 그 사이에 무직(武職)이 문직(文職)을 참살하는 사건이 끊이지 않았다고 한다. 그리고 모든 화란(禍亂)이 궁정에서 발원했으며 고려왕조 34세(世) 동안 몇몇 왕을 제외하고 대부분 혼란스럽고 아둔하며 방종하여 잘못이 많았다고 평가하였다.[25] 외환(外患)의 항목에서는 고려가 요(遼), 금(金), 원(元)의 침략을 받은 사실을 열거하고 침략국가의 역법을 받들고 그 의관을 입었으면 왕실에서는 아첨이 끊이지 않는, '소국(小國)이 사대(事大)하는 고통'을 서술하였다. 황염배가 보기에 고려가 멸망한 이유는 군신(群臣)이 대국의 눈치를 보고 국인(國人)에게 거만하게 행하였으며 '발분자강(發憤自强)'하지 않고 구차하게 살면서 욕망대로 하는 것을 낙으로 삼았기 때문이라는 것이다.[26]

불교의 항목에서 황염배는 고려가 '부처에 홀리고 부처 때문에 망하였다'고 하면서 불교가 교의(教義) 선교는 하지 않고 연등회, 팔관회 등을 제창하여 불교의 기본 의의를 없애고 형식에 얽매여 그 폐해가 이루 말할 수 없다고 지적하였다. 그러나 대장경(大藏經) 판각(板刻)에 대해서는 고려조 문화에서 공헌이 있다고 평가하였다.[27]

조선시대사도 세 개의 큰 주제, 즉 가난(家難), 당쟁(黨爭), 외환(外患)으로 묶어 서술하였다. 가난의 항목에서는 조선의 정치를 4차의 왕족 분란으로 설명하였다. 제1차는 태종의 왕위 찬탈,

---

24) 『朝鮮』, 80쪽.
25) 『朝鮮』, 81-82쪽.
26) 『朝鮮』, 82쪽.
27) 『朝鮮』, 83쪽.

제2차는 세조의 왕위 찬탈, 제3차는 광해군의 폐위 사건을 들고 제4차는 숙종 때 세자책봉을 둘러싸고 비빈과 외척이 권력 다툼한 것을 들고 있다. 이후 계속되는 왕위계승문제를 거론하면서 조선의 운명이 왕당(王黨)과 비당(妃黨)이 서로 싸우는 와중에 끊어졌다고 서술하였다.[28)]

당쟁(黨爭) 항목에서 이조(李朝)의 가난(家難)이 당쟁을 포함하고 있으며 이조가 당쟁 때문에 망했다고 해도 과언이 아니라고 글을 시작하고 있다. 그는 붕당(朋黨) 발생의 원인을 과거(科擧)에 의하여 인재를 등용한 것에서 찾고 있다. 유생이 정치에 참가하고 세력이 있는 사람이 나와서 그 도당을 이끌면 파벌이 형성되고 도당에서 세력을 가진 사람들이 동시에 나오면 몇 개의 파벌로 나누어지며 파벌이 다르면 혼인도 하지 않는다고 지적하고 있다. 조선의 붕당은 일종의 병태(病態)심리의 표현이라고 간주하고 일고의 가치도 없다고 평가하고 '일한합방' 이후 일본이 작위를 수여할 때도 파벌을 따져서 결코 변할 수 없는 것이라고 혹평하였다.[29)]

외환(外患)의 항목에서는 임진왜란과 정묘・병자호란을 거론하였다. 임진왜란을 일으킨 풍신수길(豊臣秀吉)이 '영지(英鷙)'의 자태를 가지고 국정을 장악하였으며 나아가 중국을 도모하였다고 적었다. 조선의 조정은 일본에 대비하는 문제로 당쟁이 크게 일어났지만 준비하지 못하였다고 비판하였다. 그리고 임진왜란과 관련하여 그는 한 사건을 언급하였다. 명이 망하자 조선에서는 임진왜란 때 군사를 보낸 명(明)의 덕을 생각하여 대보단(大報壇)을 금원(禁苑, 비원)에 세우고 신종(神宗)에게 제사

28) 『朝鮮』, 85-86쪽.
29) 『朝鮮』, 86-88쪽.

를 지냈으며 조선이 망할 때까지 명을 잊지 못하고 청을 매우 미워하였다고.[30] 정묘·병자호란에 대해서는 인조(仁祖)가 도망가고, 주전파와 주화파의 당쟁으로 인하여 한양이 함락되고 속국의 예로서 항복하였다고 서술하였다. 그리고 조선의 멸망은 가난(家難)에서 배태되고 당쟁으로 배양되고 외환으로 끝맺었다고 평가하였다.[31]

마지막으로 조선의 망국에 대한 항목에서는 그 과정을 간략하게 표로 정리하고 3·1 독립운동부터 이승만이 워싱턴에서 진정서를 내는 활동까지 독립운동에 관하여 개괄적으로 서술하였다. 1919년 3월 1일의 독립운동 이후 한국에 대한 일본의 시정방침이 변화하였다고 지적하였다. 즉 1919년 8월 조선총독부의 관제를 바꾸고 총독에 무관을 임명하던 것을 문관도 임명하였으며 1920년 9월 총독부가 형식적인 정치의 타파, 정무의 간소화, 언론·집회·출판에 대한 고려, 교육·산업·교통·경찰·위생 등 사회경제와 기타 행정의 쇄신을 표방한 '문명정치'의 포고를 발표하였다는 사실을 들고 있다.[32]

---

30) 『朝鮮』, 90쪽.

31) 『朝鮮』, 90쪽. 『朝鮮』에 나타난 황염배의 역사 서술과 인식에 대하여 李始榮은 문제가 있음을 지적하였다. 즉 일본을 대신하여 선전하였으며, 자료를 자의적으로 사용하여 핵심을 잃어버리고 지엽적인 것을 채택하였으며, 일본문명의 발전만을 주목하고 한국인의 애통함을 알지 못하니 황염배의 생각이 무엇인지 모르겠다고 강하게 질책하였다. 이러한 황염배의 서술이 당시 한국에 대한 중국인의 무지와 다를 것이 없다고 언급하였다. 즉, 박학다식한 張太炎은 漢四郡의 범위에 대하여 알지 못하여 분석할 수 없었으며, 梁啓超도 이웃나라의 역사를 연구하지도 않고 근거 없이 國文이 없는 나라이기 때문에 망하였다는 오류를 범한 사실을 들고 있다. 始林山人, 앞의 책, 12-14쪽 참고.

32) 『朝鮮』, 95-96쪽.

한국에서의 독립운동에 대하여 황염배는 1918년 미국대통령 윌슨이 주장한 민족자결주의의 영향을 받아 일어났으며, 한국인의 미국에 대한 기대를 “군중은 미국이 좌시하지 않을 것이며, 윌슨총통이 비행기를 타고 와서 원조할 것이라 믿고 민중은 밤낮으로 북한산에 모여 하늘을 쳐다보며 비행기가 오기를 기다렸다”[33]고 평하하였다.

2) 일제통치 하의 한국에 대한 서술

황염배는 한국의 정세에 대한 서술에 앞서 일본의 정책과 시책의 성과를 언급하고 있다. 그는 자신이 조선을 두 번째 여행하면서 일본의 정치능력이 대단함을 느꼈다고 한다. 특히 일본이 1894년 중국에게, 1904년 러시아에게 전쟁에서 승리하였고 1902년 영국과 동맹을 맺으면서 1910년 ‘일한합방(日鮮合邦)’의 결과를 얻었다고 평가하였다. 그리고 일본이 한국을 통치한지 23년 밖에 되지 않았는데 식민통치의 성과가 대단하다고 파악하였다. 그는 그 성과를 주로 사회생산력과 대외무역에서 구하고 있다.[34] 이러한 인식은 황염배가 사회의 발전이나 수준을 경제

---

33) 『朝鮮』, 97쪽.

34) 그 근거는 다음과 같은 통계이다. (1) 지방생산력의 격증. 경지면적은 명치43년(1910)에 246만 정보, 대정14년(1925)에 450만 정보로 약 2배 증가하였다. 농산총액은 1910년 2만 4천만 원, 1924년 12만 8,600만원으로 약 6배 증가하였다. 어획 및 수산제조액은 1911년 940만원에서 1925년 8,500만원으로 약 9배 증가하였다. 철도영업 마일은 1912년 800여 마일, 1925년 1천 8백 마일로 2배 이상 늘었다. 도로 길이는 1, 2, 3 등 합계해서 1912년 1천 1백리, 1925년 5천 6백리로 5배 증가하였다. 공산물가 총액은 1910년 3천만 원, 1924년 2억 7천만 원으로 9배 증가하였다. 회사자금 實收額은 1910년 867만원, 1925년 1억 4천만 원으로 16배 증가하였

적 측면에서 판단하는 듯하다. 이는 위에서 언급했듯이 『조선』에서 경제에 관한 부분에 상당한 쪽수를 할당하고 있는 것에서도 알 수 있다.

그런데 주목해야 할 것은 황염배가 한국에 대한 일본의 식민통치에 대한 의식이다. 그는 식민통치라는 사실보다 통치라는 측면에 중점을 두고 있는 듯하다. 통치자의 역할과 일본의 조선통치에 대한 황염배의 생각을 엿볼 수 있는 좋은 문장이 있는데,

> 오늘날 정치의 진보로서 치리(治理)의 정밀함은 피치자에게 미치는 행복의 다소유무 뿐만 아니라 통치자의 조치도 요구된다. 더 나아가 민족 전도의 강약존망과 그 권한 또한 통치자가 다루며 그 책임 또한 통치자가 진다. 지금 정치를 관찰하는 사람들이 홀시할 수 없는 작은 일이 있는데 민족을 약하게 하고 망하게 할 수도 있으니 바로 조선인의 결혼연령이다. 1925년 통계에서 남편이 17세 미만인 사람이 4,500여명에 이르고 아내가 15세 미만인 사람은 1만 3,000명에 이른다. 지난날에 비하면 늘어났고 줄어들지 않았다. 조선은 온대 북부에 있어서 생리상 조숙하지 않다. 정령(政令)에 소홀한 국가에서는 돌보지 않고 그럴 수 있다고 한다. 일본정부가 심혈을 기울여 이 조혼문제를 잘 깨우치고 이 누속(陋俗)을 혁제하는 것이 불가능한 일은

다. (2) 대외무역의 맹진. 1911년 조선 輸移出入貨價는 7,200만 원, 1925년 6만 8,100만 원으로 9배 증가하였다. 수이출입을 비교하면 1924년부터 입초에서 출초로 변하였다. 1924년에 출초는 1,900만 원에 달하였다. 관세 수입은 1910년 360만원, 1921년 세율개정의 해에 1,630만원으로 증가하였다. 이러한 사회생산력의 비약적 진보는 경제정책의 성공이다. 그 경제정책은 全鮮경제활동의 기능을 모두 정치권력의 지배 아래에 둔 것이다. 이점에 관하여 다음 4개의 시설을 열거한다. (1) 조선은행, (2) 조선식산은행, (3) 동양척식회사, (4) 조선금융조합. 반도 1만 4천 여 方里, 1천 9백만 인민이 이러 규모에 서고, 이런 업적에 선 것은 진력했다고 말하지 않을 수 없다. 그러나 나는 그 업적의 웅대함에 놀랄 뿐만 아니라 그 능력의 빠름에 더욱 감탄한다. 『朝鮮』, 7-8쪽.

아니다. 이는 통치자가 피치자를 행복하게 하는 좋은 기회일 뿐만 아니라 문명국가의 영광스런 계획이며 일찍이 혁제할 필요가 있다. 이외에 유도와 검도는 국민체격을 단련하는 것으로 조선인학교와 일본인 학교에서 모두 장려하고 있으니 이 또한 정치를 관찰하는 사람이 매우 바라는 것이다.[35)]

라는 글이 바로 그것이다. 이 문장은 당시 한국의 결혼풍속을 비판하는 관점에서 쓴 것이라기보다는 통치자의 역할을 중시하고 일본의 통치 능력을 높이 평가하는 인식에서 쓰인 것이다. 따라서 그는

2천년의 역사를 가진 민족이 300년의 당쟁의 결과 나라는 있되 자존할 수 없게 되어 지사와 유민(遺民)은 비분에 잠겨 있다. 결합하는 바가 있으면 운동하는 바가 있고 그래서 그 민족의 생명과 행복을 유지하게 된다. … 일본정부는 인심공도(仁心公道)의 태도를 취하여 선인(鮮人)에 대하여 그 복운을 끊이지 않게 하고 그 진화를 돕고 공존공영을 일선(日鮮) 인민에 대한 공동준칙으로 하고 있으니 선인(鮮人)이 감덕(感德)을 모르는 자가 없다.[36)]

라고 일본의 한국 통치를 오판하고 있다. 이러한 오판은 『조선』에서 한국에 대한 일본의 식민통치를 다룬 제4장 현재의 조선(現在的朝鮮)에서 계속되고 있다. 상당히 많은 자료를 동원해서 분석을 하고 있지만 자료가 일본의 식민통치를 미화하기 위한 성격을 가진 이상, 그리고 그 자료를 그대로 비판도 없이 사용한 이상 한국에 대한 황염배의 인식이 왜곡되어 나타나는 것은 당연하다 할 수 있다.

일본의 한국통치에 관한 서술은 『조선』의 제4장에 잘 나타나

35) 『朝鮮』, 10쪽.
36) 『朝鮮』, 10쪽.

있다. 이 항목은 당시의 조선에 대한 개설과 정구(政區), 호구(戶口), 행정(行政), 재정(財政), 경제(經濟)·산업(產業), 교육(教育)·문화(文化), 토목(土木)·교통(交通), 사법(司法), 경찰(警察), 위생(衛生), 군사(軍事) 등으로 구성되어 있으며 분량도 190쪽에 이를 만큼 상당히 많이 배분하고 있지만 주로 조선총독부의 통계와 연감을 사용하여 전반적인 시정(施政)을 소개하고 있다.[37)]

황염배는 조선의 현황을 연구하려면 '조선합방'의 18년간을 알아야 하며 그 시기는 대정(大正)8년(1919) 조선독립운동의 이전과 이후로 나눌 수 있다고 지적하였다. 조선독립운동 이후 일본의 조선정책에 변화가 있다고 하면서 소위 앙체조서(仰體詔書)를 발표하여 치안의 확보, 민의의 창달, 민생의 안정, 문화와 복리의 증진, 제도의 갱신, 조선인과 일본인 관리대우의 차별의 철폐, 지방제도의 수정, 중앙집권주의를 지방분권으로 개정, 행정처분상의 피처분자에 대한 양해, 구문화와 관습의 존중·채택, 언론 집회 출판의 자유, 교육의 보급, 산업의 개발, 인재등용의 개방, 조선인과 일본인 의사(意思)의 융화를 도모하였으며 이런 것들은 일본정부가 조선인민을 다루기 위하여 표방한 시정방침이라는 것이다.[38)]

정구(政區)의 항목에서는 일반적인 행정구역을, 호구의 항목에서는 전체 한국의 인구 증감과 일본인의 이민 통계를 소개하

---

37) 朝鮮總督府의 『朝鮮總督府施政年報』(大正 各年度); 『朝鮮總督府統計年報』(大正 各年度); 『朝鮮要覽』(昭和2년); 『朝鮮統計要覽』(大正원년); 『朝鮮統計便覽』(大正14년) 외에 內藤倫政의 『現時之朝鮮』(大正14년); 阿部辰之助의 『現朝鮮之硏究』(大正11년); 阿部薰의 『赤裸裸之朝鮮』(大正14년); 池田龍藏의 『朝鮮經濟管見』(大正14년); 上田務의『朝鮮統治論』(大正9년); 梶川半三朗의 『東亞之大富源 現代之朝鮮』(昭和 2년) 등을 대표적으로 들 수 있다.

38) 『朝鮮』, 99쪽.

고 행정의 항목에서 중앙과 지방의 행정기관에 대한 서술에 그치고 있다.

재정(財政)의 항목에서 황염배가 서술한, 한국에 대한 일본의 정책과 그 성과를 정리하면 아래와 같다. 대한제국정부시대에 재정이 문란하여 각 관청의 수입과 지출은 불규칙하고 조리도 없었다. 그러나 명치(明治) 37년(1904)부터 재정고문을 설치하여 정리에 착수하고 회계법을 시행하고 징세기관을 통일하고 금본위제를 실행하였으며 중앙과 지방에 금융기관을 설치하고 국유재산과 왕가의 소유재산을 구분하였다. 그 결과 명치 38년(1905) 세입과 지출의 부족분이 2/10에 지나지 않았다. 이어서 명치 40년(1907) '일한(日韓)협약'이 체결되자 행정 각부를 확장하고 재판소를 설치하였으며 각종 토목건설비와 개척·생산사업의 비용이 증가하여 일본정부가 이자를 기한 없이 조선에 빌려주었다. '일한합방(日韓合邦)'으로 일본정부의 일반예산 중에 조선총독부 특별예산이 설치되고 명치44년(1911) 이후 일본중앙정부는 조선에 매년 1,235만원의 보충금을 주었으며 제1차 세계대전이 일어나자 '수입에 맞게 지출하는' 조선재정독립계획을 확정하였다. 大正3년(1904)부터 조선총독부의 특별예산을 점차 줄여 대정8년(1919)부터 일본중앙정부에 의존하지 않게 되었다. 같은 해에 독립운동이 일어나자 일본정부는 조선의 시정방침을 급히 바꾸었다. 경찰제도를 변경하고 모든 행정계획을 쇄신하기 위하여 보충금을 다시 주었다.[39]

황염배는 한국에 대한 일본의 시정방침이 경제를 중심으로 시행되었다고 파악하였다. 그는 조선말기에 정치는 부패하고 재정은

39) 『朝鮮』, 115-116쪽.

문란하였으며 도적이 봉기하여 사회생산사업이 날마다 쇠락하였다고 혹평하였다. 그러나 합방이 이루어지고 일본은 한국에서의 정권을 공고히 하고 재정정리를 통하여 생산의 증진을 도모하여 명치43년(1910) 이후 잘 진행되었다고 평가하였다.[40)]

이후 각 항목에서도 일본의 정책이 성공한 것으로 보고 있다. 즉 보통은행과 금융조합의 설치를 통하여 농민의 금융을 완화하고 농업의 발전을 이루었으며[41)] 대외무역에서도 '합방' 전에는 수출입합계가 5천만원 정도에 그쳤으나 명치44년(1911)과 대정14(1925), 15(1926)년간 수입은 6배, 수출은 18배 이상 증가하였다고 서술하였다.[42)] 농업과 수산업 분야에서도 상당한 발전을 이룬 것으로 평가하고 있다.[43)]

---

40) 『朝鮮』, 154쪽. 그는 또한 大正13년(1923)부터 대외무역이 발전하였고, '日韓合邦' 전과 비교하여 광업생산이 3배 증가하였고 은행의 저축액과 대출액은 12배 이상, 각 회사의 자산도 16배 이상 증가하였다고 서술하였다. 같은 책, 156쪽.

41) 『朝鮮』, 167쪽.

42) 『朝鮮』, 167쪽.

43) 농업분야에서는 토지개량사업의 실시를 대표적으로 들면서 大正19년(1930)부터 실시한 토지개량사업으로 당시 조선의 경지면적이 450만 정보로 증가하여 조선농업의 전도에 희망이 있다고 평가하였다. 수산업분야에서는 행정력을 동원하여 어업법규의 수정, 어항의 건설, 어선·어구·어법의 개량과 지도, 수산양식의 장려, 수산회와 어업조합의 설립, 수산시험장의 설치, 수산교육의 보급 등을 통하여 어획고와 수산상품이 해마다 증가하여 대정14년(1925)에는 명치44년(1911)에 비하여 9배나 증가하였다고 지적하였다. 상업도 '합방' 이후 발전하였다고 평가하고 그 근거로 수출입총계를 나타낸 통계를 인용하였다. 『朝鮮』, 172-173, 198쪽 참고.

2. 황염배의 대한국관

황염배의 일생에서 가장 커다란 전환점은 1931년의 9·18사변이다. 그는 일찍이 여러 번 "나는 9·18 이전에 모든 시간과 정신을 교육의 연구와 교육의 업무에 투입하였다. 이후 얼마간의 시간을 들여 민족의 위망을 구하는 공작에 종사하는 열렬한 친구들과 실제로 국난 제거와 민족 부흥의 중임을 맡을 것을 제기하였다." 또한 "20년(1931)은 나의 일생의 사상과 행동이 급변한 한 해였다"라고 말하였다.[44] 이미 알려져 있듯이 황염배는 저명한 교육자로서 중화직업교육사의 창설자이다.

그는 일찍이 동맹회에 참가하고 입헌운동에도 참가하였다.[45] 신해혁명 이후, 정치에 실망을 느껴 관직을 그만두고 민간의 교육사업에 종사하였다. 1914년경, 『신보(申報)』 기자의 신분으로 각지의 교육상황을 조사하고 1917년 중국의 관료양성교육의 폐단을 극복하기 위하여 실험적인 중화직업교육사를 조직하여 '교육과 직업의 소통'이라는 측면에서 농업, 공업, 상업이 필요로 하는 인재를 배양하는 데 노력하였다. 그러나 1927년 이래, 그의

44) 黃炎培, 『斷腸集』 (上海: 生活書店, 1936); 黃炎培, 『五六境』 (上海: 生活書店, 1935); 周彦·劉薇·劉恩格, 「試論黃炎培救國思想的演變」, 黃炎培故居管理所·朱宗震·陳偉忠 主編, 『黃炎培研究文集』 (一) (四川人民出版社, 1997), 126쪽에서 재인용.

45) 황염배의 초기 활동에서 정치적이라고 할 수 있는 것은 중국동맹회에서의 활동이다. 1905년 7월경 蔡元培를 통하여 중국동맹회에 가입한 이후 상해지역에서 조직 활동을 한 것으로 알려져 있다. 그러나 1906년 채원배가 프랑스로 유학을 떠난 이후 신해혁명시기에 江蘇省의 諮議局 常駐議員, 江蘇省 教育總會 常任幹事, 上海工巡捐局 議董, 蘇州江蘇地方自治籌辦處 參議 등을 역임하였다. 이 조직들은 주로 입헌파의 활동근거지였다. 黃炎培, 『八十年來』, 68-71, 81쪽.

처세철학은 '외원내방(外圓內方, 외유내강)'으로 그는 다른 환경의 조건에 적응하고 사회의 진보를 모색하는 단계로 나아가게 된다. 9·18사변 후, 심각한 민족위기에 직면하자 구국을 위하여 1914년 이후의 정치활동에 종사하지 않는다는 태도를 바꾸고 항일구국연구회를 조직하였다. 1932년 1·28 송호(淞滬)항전 폭발 이후 상해시민지방유지회(上海市民地方維持會)를 발기·조직하여 19로군(路軍)의 항전을 지원하고 이후 항일구국운동에 종사하였다. 그러나 일관되게 재야인사의 신분으로 구국공작에 종사하였기 때문에 국민당 당국의 압박을 받기도 하였다. 또한 국민참정원에 당선되고 중국민주정단동맹(中國民主政團同盟)을 발기·조직하고 주석을 맡았으며 항전과 민주를 주장한 정치활동가가 되었다. 따라서 그는 1910년대와 20년대 약 20여 년 동안 정치와는 무관한 교육과 사회사업에서 활동하였다. 그가 정치보다 교육에 더 관심을 가지고 활동한 이유는 다음 글에서 확인할 수 있다.

> 오늘날 중국을 말하는 사람은 모두 인민이 이익을 많이 나누고 이익을 적게 만들어 내는 것이 빈곤에 이르는 하나의 큰 재난이라고 생각하고 있다. 법정(法政)을 익힌 사람이 하는 사업은 이익을 나누는 사업이라 하여 떼를 지어 몰려들고 있다. 농공(農工)은 이익을 만들어 내는 사업이라 하여 버리듯 한다. …
>
> 어째서 이것이 우려할 만한 것인가? 자연적인 진화 법칙에서 강한 자는 이기고 약한 자는 지게 되며 사물이 극도로 발전하면 반드시 변화하니 저 법정을 배우는데 몰두하는 사람들은 반드시 자연의 흐름에 도태된다. … 지금 나라의 인재가 모두 법정이라는 길로 몰려들고 있는데 그들이 모두 강한 것인가? 공급은 많고 구하는 것은 적으니 이미 많은 인재가 소모되고 있다. …
>
> 구학(求學)은 반드시 현재 필수적인 구학(求學)을 해야 하며 교육

은 현재 많은 사람을 위하여 교육을 해야 한다.…[46]

황염배는 사회의 생산능력의 증진 및 개인과 사회의 생계문제를 해결하기 위하여 교육 특히 직업교육을 제창하였다. 그는 직업이 없으면 사회와 국가를 운영할 수 없다고 주장하면서 '불노이식(不勞而食)'을 배척하고 전통적으로 직업과 직업교육을 경시하는 관점을 버리고 직업의 신성함과 직업평등의 정신을 갖자고 선전하였다. 그리고 생존권으로 직업 창출과 직업교육의 시행을 언급하면서 이는 민주정부의 책임이자 현대국가의 공민이 향유해야 할 기본적인 권리이며 나아가 민중의 생계문제는 '천하치란(天下治亂)의 근본'으로 규정하였다.[47]

따라서 황염배의 직업교육사상은 그의 사상체계의 중심에 놓여있다. 즉 일반인의 개인생활의 활로가 직업교육의 목표이며 사회의 진정한 구성원은 바로 '자기를 위해 생계를 꾸리고, 사회를 위해 일하는 사람'이다. 여기서 그는 개인이익의 합리성을 인정하고 개인의 이익이 사회 전체의 이익과 불가분의 부분이라는 것을 강조하였다. 또한 교육이 어떤 특권층을 위한 것이 아니라 보통사람을 위한 것이라 하여 전통교육에 대하여 전면적으로 부정하였다.

그는 더 나아가 직업교육운동은 사회를 개조하는 정치방안이며 교육은 자치(自治)와 민치(民治)를 위하여 조건을 만드는 것이고 개인의 생산능력과 직업기능을 발전시키고 강화하는 것이며 사회경제의 발전과 인민생활의 수준을 제고해야 독립의 민족

---

46) 中華職業教育社編, 「教育前途危險之現象」, 『黃炎培教育文選』 12-13쪽. 원래 이 글은 『東方雜誌』 第9卷 第20號(1913)에 게재되었다.

47) 高奇, 「黃炎培職業教育觀的歷史意義」, 黃炎培故居管理所・朱宗震・陳偉忠 主編, 『黃炎培硏究文集』(一), 146-147쪽.

국가의 기초를 세울 수 있다고 강조하였다.[48]

이러한 사상에 바탕을 두고 그는 당시 자신이 여행하였던 한국에 대한 생각을 피력하였다.[49] 우선 그는 조선멸망의 원인을 일본이 조선을 멸망한 것이 아니라 조선의 정부와 인민이 멸망의 길로 이끌었다고 파악하였다. 대외적인 측면에서 당시의 한국은 미국이 통상을 요구하자 그 함대를 격침시켰고 일본의 통상요구 거절할 정도로 민기(民氣)가 높았다고 평가하였다. 그러나 조선의 내정은 고쳐지지 않았으며 실력이 불충분하고 당쟁은 끊이지 않아 멸망에 이르렀다고 주장하였다.[50] 황염배가 가지고 있는 한국에 대한 인식이 무엇인가를 살펴보려면 우선 그가 가지고 있는 세계관을 검토할 필요가 있다. 황염배의 세계관은 다음 글에서 파악할 수 있다.

> 작자의 이상(理想)으로는 반드시 대동(大同)의 세계가 존재한다. 지금 열국이 병립하고 있는데 (이는) 인류진화사의 대드라마 중에서 매우 짧은 1막에 지나지 않는다. 그리고 오늘날 민족은 아직 강과 약, 통치자와 피치자가 없을 수 없다. 강한 통치자가 약한 피치자에 대하여 토지를 이권독점의 기본재산으로 삼지 않고 인민을 강력(强力)으로 정복한 소유품으로 삼지 않고 선의로써 그 장점을 가지고

48) 蕭小紅,「從黃炎培與江蘇省敎育會看中國國家和社會關係的歷史演變(1905-1927)」, 朱宗震·陳偉忠 主編,『黃炎培硏究文集』(2), 18-21쪽.

49) 황염배의 한국에 대한 인식을 구체적으로 볼 수 있는 자료는『朝鮮』밖에 없다. 1931년 한국과 일본을 여행하고 난 후에 쓴『黃海環遊記』(上海: 生活書店, 1933)에서도 한국에 관한 언급이 있지만 주로 일본에 대하여 서술하고 있다. 이외에 들 수 있는 자료는 그의 일기인데, 그는 20여 년 동안 계속 일기를 써왔던 것으로 알려져 있다. 현재 그 일기가 중국사회과학원 근대사연구소에 소장되어 있으나 열람금지대상으로 분류되어 볼 수 없다.

50)『朝鮮』,「開卷語」.

부족함을 보충하게 하면 모든 시설을 서로 공유하고 공존공영을 원칙으로 삼게 된다.

약한 피치자는 자립 자존의 길로서 분투노력하면 희망의 여지가 있으므로 강한 통치자를 적대시하여 칼을 서로에게 향할 필요가 없다. 세계의 살기(殺氣)가 가라앉기를 바라는가? (그렇게 되려면) 강자과 약자, 통치자와 피치자를 막론하고 서로 자기와 집단에 대한 천직(天職)을 다하며 모든 행위가 각각 그 있는 바에 따르며 이기(利己)로 다른 사람을 해치지 않는 것을 원칙으로 한다. 오늘날 강자와 약자는 그 역량에 차이가 있다. 통치자와 피치자는 그 지위에 차이가 있다. 민치(民治)는 초보적인 단계이며 대동(大同)이 최고의 목적이다. 민치제도가 확립되면 통치자와 피치자는 물론 정치상의 계급은 타파되며 하루아침에 대동세계가 실현되고 국제간의 한계가 모두 없어진다. 이 목표를 위하여 일치하여 권력이 있고 힘이 있는 자가 앞에서 창도하고 권력이 없고 힘없는 자는 뒤에서 분발하여 각자 인류 최고의 목표을 위한 운동의 일원이 되면 분규가 어디에 있겠는가?[51)]

황염배가 말하는 대동(大同)이란 바로 민치(民治)제도의 실시를 통하여 통치자와 피치자가 없어지고 국제간의 갈등이 사라지는 상황이다. 대동을 이루기 위해서는 권력이 있고 힘이 있는 자가 앞에서 창도하고 권력이 없고 힘없는 자는 뒤에서 분발하여 각자 인류 최고의 목표를 위한 운동의 일원이 되는, 바로 자신의 위치에서 주어진 역할을 충실히 시행하는 것이다. 대동에 대한 이러한 인식이 당시 다른 지식인들이 가지고 있는 대동론(大同論)과 어떤 차이가 있는지 더 고찰해야 할 필요가 있다. 그러나 문제는 바로 뒤를 이어 우승열패론(優勝劣敗論)을 이야기하면서 '열등한 자는 자연의 운행에서 패한 것으로 인력으로 구할 수 없는 것'이라고 조선의 멸망 문제와 관련하여 언급하고 있다. 이러

51) 『朝鮮』, 11쪽.

한 인식은 한국에 대한 일본의 통치를 정당화하고 있다는 의심을 갖게 한다. 그리고 한국인에게 민족의 생존문제에 대하여,

> 조선인에게 말하고자 한다. 태어나서 사람이 되고 민족이 되면 그 생존을 구한다. 생존을 구하는 것은 서로 싸움으로 해서 약간의 생명을 희생한다. 어떤 사람을 막론하고 인정상 인도상(人道上) 동정의 눈물을 흘리지 않겠는가? 내가 조선을 여행하고 돌아오니 사람들이 다투어 묻는다. '당신이 보기에 조선인의 전도는 어떠한가?' 나도 조선에 있을 때 같은 질문을 하였지만 조선 사람들이 아직 확답을 하지 못하였다. 따라서 나도 어찌 확답할 수 있는가? 이 문제는 동아의 대세를 관찰하는 사람이 많이 생각하고 있으니 조선의 지사들은 노력해야 할 것이다.
>
> 내가 일찍이 논하였다. 모든 일은 그 성분을 취해서 분석해야 된다. 대체로 비교적 큰 부분은 자력(自力)에 속하며 비교적 작은 부분은 타력(他力)에 속한다. 타력이라는 것은 시기와 상황이다. 자력을 극도로 쌓으면 시세(時勢)는 창조할 수 있다. 군자(君子)는 자강(自强)하고 철인은 지기(知幾)한다. 자강을 체(體)로 삼고 지기를 용(用)으로 삼아야 한다. 하늘과 사람을 탓하지 말고 스스로 매진해야 한다.[52)]

라고 하면서 자강(自强)과 지기(知幾)하며 스스로 매진할 것을 충고하였다. 이러한 생각은 1931년 한국을 여행한 이후에도 변함이 없다. 그는 조선이 망국한 이후에 무슨 방법을 강구하고 무슨 말을 할 필요가 있겠는가라고 질문을 던진 다음, 1919년 한국에서 민족자결의 신사조의 영향을 받아 전국에서 독립운동이 일어났으나 결과적으로 독립하지 못하였다고 지적하였다. 그리고 만약 1910년 망국하기 전에 한국인이 모두 죽기를 각오하였으면 결코 망국하지 않았을 것이라고 언급하였다.[53)]

---

52) 『朝鮮』, 12쪽.

황염배는 요세승(廖世承)이 쓴 「조선지일별(朝鮮之一瞥)」이란 글을 인용하면서 한국인에 대한 생각을 나타내고 있다. 요세승은 조선을 여행하면서 느낀 경험을 짤막하게 쓴 글에서, 조선의 망국 원인이 어디에 있는지를 조선주재 중국 부영사에게 물어보자 그는 첫째가 게으름이요 다음으로는 계획성이 없다는 것, 미래에 대한 전망이 없다는 것, 절약과 저축을 모른다는 것이라 대답하였다.[54] 그는 또한 한국인의 습성을 비판하고 있다. 즉, 조선의 풍속이 대대적으로 개량되어야 하고 근(勤), 검(儉), 신실(信實)은 민족건국의 요소로서 개인의 자립적 신조인데 이것들이 모두 결핍되어있다. 여종업원이 임금을 받으면 집에 가지 않고 모두 다 써버리고 집에 가서는 빚을 얻어 생활한다. 3일 논다고 하고 4일 5일 논다. 친구사이에 한 사람이 관리가 되면 벌떼처럼 모여들어 식사하고 일을 꾀한다. 내가 4년 전에 조선을 여행할 때 알게 된 모모 국장은 조선인이었는데 이번에 방문할 때에 이미 파직되었다. 무슨 까닭인지 물어보니 국장의 신분이 되니까 친척과 친구들이 매일 그 집에서 식사하고 무참히 그를 곤궁하게 하였다. 뇌물을 받아 파직되었다. 풍속의 불량은 망국의 원인이라고 언급하였다.[55]

3. 황염배의 현실인식

황염배가 조선을 여행한 1927년은 장개석이 남경에 국민정부를 수립한 해이다. 이때 황염배는 국민정부에 의하여 '학벌(學

---

53) 黃炎培, 『黃海環遊記』, 76-77쪽.
54) 『朝鮮』, 10쪽.
55) 黃炎培, 『黃海環遊記』, 26-27쪽.

閥)'이라 지목되어 수배령이 내려졌고 강소성교육회(江蘇省教育會)와 중화직업사(中華職業社)도 폐쇄되었다. 그는 수배령을 피해 대련(大連)과 천진(天津)에서 약 6개월간 피신생활을 하였다.[56] 이때에 그는 일본관동군이 경영하는 철도도서관에서 독서하거나 대련의 중일문화협회와 교류하면서 남만주철도회사를 참관하는 등 주로 일본인의 편의로 일본의 만몽(滿蒙) 개발에 관한 정책을 숙지하였다.[57] 그런 후에 10월 21일 한국으로 여행을 떠났다.

황염배는 이때 일본인과의 교류와 독서를 통하여 일본의 대외정책을 파악하였고 한국을 여행한 것도 바로 일본의 통치상황을 파악하기 위한 것이라고 추측된다. 따라서 그는 주로 일본총독부가 발행한 관변자료와 일본인의 저작을 수집하여 한국에 대한 통치상황을 파악하였다. 앞에서도 언급하였듯이 그가 조선을 연구해야 하는 이유로서 일본의 대륙침략정책을 들고 있다. 그리고 일본의 대외정책이 중국을 겨냥하고 있음을 언급하면서 중국인에게 각성을 촉구하고 있다.[58] 『조선』의 내용을 살펴보면 황염배의 위와 같은 관점이 일본의 통치라는 측면에 집중해서 서술되어 있으며 일본의 '근대화된' 통치력이 당시의 한국에 시행된 사례를 상당수 인용하고 긍정적으로 서술한 것에서도 알 수 있다.

사실 일본에 대한 황염배의 평가는 일본의 근대화에 바탕을 두고 있다. 9·18사변으로 일본이 중국을 침략한 이후에 쓴 소책자 『황해환유기(黃海環遊記)』에서는 일본의 문화와 국가의 정책이라는 측면으로 분리하여 평가하고 있다. 즉 일본의 문화는

56) 黃炎培, 『八十年來』, 128-129쪽.
57) 許漢三, 『黃炎培年報』, 72-74쪽 참고.
58) 『朝鮮』, 14-15쪽.

서양의 신문명과 동양의 고문명을 접속하여 동양의 이상적 풍속을 보존하고 실현하는 한편, 과학적으로 서양의 물질문명을 흡수하였다[59]고 평가하였다. 그러나 국가의 정책이라는 측면에서는 일본이 군벌이나 자본가가 대외적으로 확장하려는 야심을 가지고 있으며 남만주철도회사의 예를 들면서 일본과 중국의 공존공영이라는 미명을 빙자하여 각 산업분야에 많은 돈을 투자하고 반관반민(半官半民)의 경영방식을 취하고 있지만 사실은 정부가 실권을 장악하고 있으며 외교, 경찰, 정치력을 통하여 제국주의를 실행하고 있으니 제2의 조선통감과 다를 바 없다고 정확히 비판하였다.[60] 여기에서 황염배가 『조선』을 쓴 이유를 분명히 알 수 있다.

한국사에 대하여 황염배가 아무리 일본인의 저서를 참고하여 썼다고 하더라도 역사에 대한 성찰을 보여주지 못하였다는 점에서 한국사에 대한 왜곡이라는 책임을 면할 수 없다.[61] 이러한 왜곡은 이미 '한국사에 대한 서술'에서도 파악하였다. 황염배의 『조선』에 대한 내용을 조목조목 비판한 이시영(李始榮)도 중국인이 전통적으로 외정(外情)에 밝지 못하고 박학다식한 장태염(章太炎)도 한사군(漢四郡)의 강역을 밝히지 못하였으며 더 나아가 양계초(梁啓超)는 한국에 국문(國文)이 없다고 판단하였다[62]는 지적에서 황염배의 한국사에 대한 인식을 파악할 수 있다.

황염배가 당시의 한국을 어떻게 파악하였는가를 보여주는 내용은 조선의 망국(亡國)이다. 그는 조선이 망하게 된 역사를 내

---

59) 黃炎培, 『黃海環遊記』, 36쪽.
60) 위의 책, 7쪽.
61) 사실 황염배가 『朝鮮』을 집필하기 시작하여 탈고하기까지 걸린 시간은 120일에 불과하다.
62) 始林山人, 앞의 책, 14-15쪽.

란(內亂)과 외환(外患)이라는 두 측면에서 서술하였다. 내란과 외환으로 점철된 조선은 결국 자강(自强)과 지기(知幾)가 결여되어 일본에 의하여 망하게 되었다는 것이다. 이러한 인식은 일본의 침략에 직면한 중국인에게 촉구하는 내용에서도 드러난다. 즉 공포심, 소극성, 숙명적 심리를 버려야 하며, 통일을 유지하고 생산을 높이며 국방을 강화해야 한다는 것이다.[63] 이러한 점에서 황염배는 '조선'을 중국의 가까운 '미래'라고 생각하였을 것이다.

63) 黃炎培, 『黃海環遊記』, 85쪽.

맺 음 말

1894년 청일전쟁으로 동아시아의 전통적 국제질서인 조공체제가 무너진 이후, 특히 신해혁명으로부터 1949년 중화인민공화국이 수립되기까지 전환기 중국의 대한국관은 커다란 변화를 겪었다. 중국의 대한국 인식은 계층과 정파에 따라 공통성과 차별성이 동시에 존재하고 있었다. 이 시기 중국 정부와 언론 그리고 국민당, 공산당, 지식인 등의 대한국관을 통하여 현재 중국의 한국인식의 변용과정을 살펴볼 수 있었다.

중국은 서구열강의 침입을 받는 과정에서 근대적 민족주의사상이 형성되었으며, 특히 일제의 식민지화가 촉진제 역할을 하여 그 민족운동의 전개과정에서는 한국민족의 대일항거가 참조기준이 되었다. 즉 제1차 세계대전의 발발로 서구열강이 대전에 휘말려 중국을 돌볼 여유가 없게 되자 일본은 재빨리 중국에 대한 침략을 강화하였다. 이에 중국민족의 저항운동이 야기되어 일본상품 배척운동·국산품 애용운동을 벌였던 것은 한국의 애국물산장려운동, 그리고 중국이 1915년에 구국저금운동을 벌였던 것은 한국의 국채보상운동과 그 양상을 같이 하는 것이라 할 수 있다.

이와 같이 중국에서 민족적 위기가 증가함에 따라 지식인층의 대한국관은 전통적 중화의식에서 파생된 우월에서부터 연대로 전환되어 갔다. 즉 한국과 중국이 서로 도와나가는 것이 공동의 필요라는 인식이 생겨난 것이다. 특히 양국 민족 간의 연대의식은 1919년 3·1운동을 계기로 급속히 증대되었으며, 따라서 3·1운동은 중국 5·4운동에 기폭제적인 역할을 했다고 말할 수 있다.

한반도 전역에서 3·1운동이 전개되자 중국 각 신문들은 한국민족의 기개에 대해 존경의 뜻을 포함한 관계기사를 싣고 있다. 1919년 3월부터 5·4운동이 발생되는 두 달 동안의 기간에 중국에서 발행된 신문잡지에 소개된 한국독립운동관계 보도들을 보더라도 이 같은 중국의 반응을 짐작할 수 있다. 이 중에서도 당시 가장 진보적 지식인인 북경대 교수 진독수는 3월 22일자 『민국일보』를 통해 「조선독립운동의 감상」을 발표하여 한국 민족의 일제에 대한 투쟁을 높이 찬양하며 이에 깊이 감명 받았음을 솔직히 고백하고 청년학생들에게 조선인을 본받으라고까지 호소하고 있다.

이후 북경대학생 부사년·나가륜(羅家倫)·장국도(張國燾) 등은 학생운동의 지도자로 앞장서 마침내 반외세·반봉건의 5·4운동을 선도하였던 것이다. 이렇게 볼 때 3·1운동은 5·4운동의 확대를 촉성시키는데 큰 작용을 하였고 중국 지식인은 3·1운동의 인식으로부터 대한국관에 변화를 일으켜 과거 조공의 예속관계에서 민족운동의 항일 투쟁방법 및 책략을 배우는 대상으로, 나아가서는 우호연대의 관계로 변화하게 되었던 것이다. 이러한 발전의 주요 추진세력은 해외에 망명한 한인 애국지사들로서 그들은 한국의 민족운동을 적극적으로 선전하였다.

일제의 한국에 대한 식민지정책에 대항하여 전개된 각종의 민족운동이 이른바 무단정책에 의해 무자비하게 진압됨에 따라 한국민족운동가들은 국내에서의 활동무대를 상실하고 대부분 해외로 망명하였다. 특히 그들은 상해에 한국임정을 수립하고 그곳의 지사들과 연합하여 항일공동전선을 결성하기도 하였다. 즉, 한중 양 민족간의 우의를 증진시키고 공동의 적으로서 일제침략정책에 대한 공동투쟁과 상호원조를 위하여 중국 각지에 사회단체를 결성하고 출판물을 발간하였다. 또한 한국민족운동가들은 언론활동을 통하여 중국민족으로 하여금 항일구국운동을 전개토록 고무시켰고 이에 따라 중국인들은 한국 민족과의 유대감을 높여갔던 것이다. 또한 직접적으로 중국혁명에 참여하여 한국독립의 가능성을 찾으려 한 경우도 있으며, 중국을 무대로 한 독립운동도 중국과 한국이 상호연대의 필요를 전제로 한 것이었음은 두말할 나위가 없다.

한국이 1910년 이후 일본제국주의의 지배 아래 들어가게 되어 중국 대륙까지 위협받게 됨으로써 중국은 과거 일방적인 우월적 중화의식에서 벗어나 방어적 의미에서 상호 연대하는 대한국정책을 중요한 목표로 삼게 되었고 이것은 3·1운동이 계기가 되었다.

북벌(北閥) 성공으로 전국통일을 이룬 남경정부는 훈정(訓政)을 실시하면서 통치이념으로 손문의 삼민주의를 내세웠다. 그 가운데 민족주의는 서구열강과 일제의 침략에 맞선 중국의 대외관계를 규정지은 사상으로, 전통적 중화의식이 호혜평등과 상호부조에 의한 반제연대투쟁으로 변용되었다. 이 시기 중국은 조선에 대해 이중 잣대를 가지고 대하였다. 즉 공동의 적인 일본제국주의에 대항하기 위해서는 우호 협력이 필요했던 반면, 만주 및 중국 내에 거주하고 있던 조선인과의 갈등, 대립이 끊이지 않았다. 이러한 이중구조 속에서 발생한 만보산사건은 남경정부시기 중국의 한국인식을 가늠하는 주요 척도라고 할 수 있다.

우선 국민당은 만보산사건을 일본의 계획적이며 조직적인 대륙침략정책의 하나로 보았다. 뒤이은 조선배화폭동도 역시 일본의 충동질과 강압에 의해 꾸며진 음모로 인식하였다. 이 때문에 사건과 관련된 모든 책임이 일본에게 있다고 주장하였다. 그러나 사후처리에 있어서는 무력에 의한 강경대응보다 외교 절충에 의한 타협방식을 취하였다. 구체적으로는 일본당국의 사과와 관련자 처벌, 인적 물적 손해배상 등을 요구하였고 국제적으로는 일본의 침략의도를 폭로하여 재발방지를 도모하였다. 당내의 일부 조직과 지식인, 민영언론 등은 이 기회에 중일간 갈등요인이 된 토지상조권이나 내지잡거권 등 만주문제를 근본적으로 해결하려고 했지만 일본의 노골적인 침략정책 때문에 어떤 성과도 거둘 수 없었다.

당시 조선화교의 월등한 경제력도 배화폭동의 한 요인으로 작용하였다. 이들은 조선의 해외수입과 주요 도시의 상권을 장악하고 농업분야에서도 우월적 지위를 가짐으로써 조선인의 질시대상이 되었다. 더구나 화교들은 조선인의 나태한 품성과 무능력, 비생산적인 습성 등을 꼬집으며 자신들의 경제적 지배를 당연시하였다. 이 때문에 조선인과 조선화교 사이의 갈등이 빈번하였으며 서로에게 나쁜 감정을 심어 줄 수밖에 없었다.

만보산사건이 발생한 직후 중국의 모든 언론은 거의 한달 내내 사건에 관해 상세히 보도하면서 각각의 시국관과 정치적 입지에 따라 다양한 논리를 폈다. 관영언론은 일본의 계획된 대륙침략에 의한 외부요인을 집중 거론하면서 국민당의 대응 및 각종 외교조치들을 소개하고 지지를 표하며 타협적인 해결책을 모색하였다. 반면 민영언론은 일본의 침략성을 비판하면서도 동시에 중국 내부의 문제점들을 낱낱이 지적하고 자주적이며 근본적인 해결책을 도모하였다. 이처럼 관영, 민영 언론은 시국관 및 국민당과 친소여부에 따라 상이한 대응논조를 띠었다.

그러나 대한인식에 있어서는 국민당과 언론계 모두 별다른 차이를 보이지 않았다. 사건을 처리하는 과정에서 국민당과 중국언론은 폭력사태에 직접 관여한 조선인들을 일제 침략의 하수인이라 비하하면서 이들의 단순함과 무지, 비굴함과 야만성을 들춰내며 분노, 멸시, 연민, 동정 등의 감정표현을 감추지 않았다. 다만 중국여론은 전통적 화이관과 문화적 우열의식을 토대로 일제의 침략에 대항하기 위한 현실적 필요 때문에 피압박 민족의 연대와 투쟁을 강조하며 조선을 최우선 대상으로 삼았다. 이 시기 중국인의 대한인식은 유구한 역사적 자부심과 문화적 경제적 우월감, 지정학적 대국의식, 전통적 주종관계에 따른 보호의식 등이 복잡하게 뒤얽힌 채 특유의 중화의식이 호혜평등과 상호부조에 의한 반제연대투쟁이란 형태로 변용되어 표출된 것이다.

외형상 남경정부시기 중국의 한국인식은 이천여 년 동안 계속된 중화의식에 의한 주종관념이 자취를 감추었다. 그 대신 식민지배를 받고 있는 조선의 처지에 대한 연민과 동정을 나타내면서 반제투쟁을 위한 동지적 관계로 바뀌었다. 그렇지만 재만한인에 대한 통제와 핍박, 조선화교의 경제권 보호 및 조선인에 관한 부정적 시각 등에서 볼 수 있듯이 이중적 성격이 강하였다. 여기에 내재된 중화의식은 한국독립운동과정에서 국민당의 인적 물적 지원과 외교적 군사적 후원을 통하여 지속, 표출되었으며 해방정국까지 계속되었다.

중국공산당의 한국을 포함한 주변 국가에 대한 인식은 전통적인 중화의식 속에서 1920년 이후 코민테른의 이론적 지도의 영향이 있었고, 동시에 중국이 처해 있던 국내외 환경의 변화와도 밀접한 관련을 가지고 있었다. 중국공산당은 1930년대 장정 이후에는 조선과 대만을 포함한 주변 국가들과 손을 잡고 항일을 하자고 주장하였다. 이 시기에 중국은 현실적으로 일본과 단독으로 맞서서 싸울 역량을 갖추지 못하고 있었다. 중국공산당의 주변 국가에 대한 인식은 나라의 "크기는 크지만 힘이 약한 나라"라는 현실 속에서 비록 주변 국가들을 속국이라고 보는 내적 인식이 변화하지는 않았지만 이들과 연대를 하여야 할 필요가 있었기 때문에 주변 국가와 민족에게 항일을 위해 연대할 것을 지속적으로 제의하였다. 그러나 중국공산당의 주변 국가에 대한 전통적 인식은 1939년의 「중국혁명과 중국공산당」에서 한국, 대만 등 주변 국가를 속국으로 파악하고 있는 점에서 드러나듯이 여전히 내재해 있었다고 할 수 있다.

이러한 중국공산당의 인식은 국제적인 환경변화 등으로 인하여 공식적으로 변화하게 된다. 1943년 카이로회담에서 중국은 일본이 차지하고 있던 만주와 대만, 팽호군도 등을 반환받기로 하였다. 또한 카이로회담에서는 조선의 독립도 국제적으로 인정받게 되었다. 중국공산당은 이 카이로선언을 전폭적으로 수용하는 태도를 보였다. 이러한 상황변화 이후 중국공산당은 더 이상 대만 등과의 연대를 주장하지 않았다. 이러한 태도변화는 항일민족통일전선 속에서 미국과 소련 등의 입장을 수용한 결과라고도 할 수 있다. 그러나 이러한 태도변화는 중국이 국제정세와 국익 등을 고려하여 수용한 것이었기 때문에 근본적으로 전통적인 중화의식에서 벗어났다는 것을 의미하는 것은 아니었다. 중국인의 의식 속에 남아있는 중화의식은 역사적으로 뿌리 깊은 것으로 일순간에 국가의 정책 등에 의해서 사라질 요소가 아니었다. 크지만 약한 중국에서 크고 강한 중국이 되는 순간 언제든지 중국인의 의식 속에 내재해 있는 중화의식이 밖으로 표출될 여지가 있다.

중국 근대의 지식인인 황염배는 한국, 일본, 동남아시아를 여러 차례 방문하여 각국의 국정을 잘 파악하고 있었다. 그는 한국을 세 차례 방문하였으며 두 번째 방문 후에 『조선』이라는 책을 출간하였다. 일본이 동아시아에서 세력을 확장하고 있던 당시에 황염배는 한국에 대한 연구가 중국의 전도와 직접 관련이 있다고 생각하였으며 따라서 중국인이 한국을 주목해야 하며 한국에 대한 일본의 통치와 민정, 재정, 역사 등을 파악할 것을 강조하였다. 그는 주로 일본총독부가 발행한 관변자료와 일본인의 저작을 수집하여 한국에 대한 통치상황을 파악하였다. 황염배는 조선을 연구해야 하는 이유로서 일본의 대륙침략정책을 언급하면서 중국인에게 각성을 촉구하고 있다.

황염배가 당시의 한국을 어떻게 파악하였는가를 보여주는 내용은 조선의 망국(亡國)이다. 그는 조선이 망하게 된 역사를 내란과 외환이라는 두 측면에서 서술하였다. 내란과 외환으로 점철된 조선은 결국 자강과 지기(知幾)가 결여되어 일본에 의하여 망하게 되었다는 것이다. 이러한 인식은 일본의 침략에 직면한 중국인에게 촉구하는 내용에서도 드러난다. 즉 공포심, 소극성, 숙명적 심리를 버려야 하며, 통일을 유지하고 생산을 높이며 국방을 강화해야 한다는 것이다.

이에 대하여 이시영은 황염배의 서술내용을 상세하게 비판하였다. 황염배의 『조선』을 통하여 우리는 중국인이 일반적으로 한국에 대하여 잘 알지 못하였으며 황염배의 한국에 대한 인식도 많이 왜곡되어 있음을 알 수 있다. 그가 당시의 한국을 거론한 이유는 일본에 의하여 식민지가 된 조선을 통하여 중국인이 일본에 어떻게 대응해야 하는가를 각성시키려는 것에서 찾을 수 있다. 이러한 점에서 황염배는 '조선'을 중국의 가까운 '미래'라고 생각하였던 것이다.

20세기 전반기 한국과 중국은 일본과 서구 제국주의국가의 침략을 받았다는 공통점이 있다. 그리고 양국은 이 시기 식민지 혹은 반식민지 상황을 탈피하려는 지향성도 공유한 시기였다. 중국인의 한국인식은 전통적인 중화의식의 틀 속에서 지속되어 온 측면과 근현대사를 겪으면서 변용되어 온 측면이 함께 존재하고 있다. 외면적으로 한중관계는 시간적으로 우월에서 연대관계로, 연대에서 우호・협력관계로, 우호・협력에서 동반관계로 변화하여 갔다. 이러한 중화의식의 지속과 변용의 변주 속에서 현재 중국의 대한국인식이 형성되었다고 할 수 있다.

부　록

1. 20세기 전반 한중관계 기사색인 해제
2. 중조중한관계문건자료회편(1919-1949)색인
3. 국민정부와 한국독립운동사료(주가화당안)색인
4. 중국국민당중앙위원회 당사관소장(한국관련특16당안자료)목록
5. 1947-48년 중국언론의 한국관련 기사색인

1. 20세기 전반 한중관계 기사색인 해제

근현대 한중관계사를 연구함에 있어서 지적할 수 있는 것은 기존 한중 관계와 관련된 자료집과 논저목록들이 부분적으로 존재하지만 정치적 제약 혹은 中國이나 臺灣에서 입수할 수 있는 일부 자료를 바탕으로 편집되었기 때문에 전체를 포괄하고 있지 못한 문제점이 있다. 기존 자료집 가운데 대표적 성과로는 張存武 · 趙中孚 · 胡春惠 主編의 『近代中韓關係史資料彙編』 12冊 (臺北: 國史館, 1990)과 劉金質 外編의 『中朝中韓關係文件資料滙編(1919-1949)』 上 · 中 · 下(北京: 中國社會科學出版社, 1999)를 들 수 있다. 전자는 국민당의 관점에서 자료를 선별하여 『華字日報』 『民呼日報』 『民吁日報』 『民立報』 『申報』 『大公報』 『中國日報』 『中華新報』 『東方雜誌』 『民報』 『外交報彙編』 등에서 대부분 수집 정리되었다. 반면 후자는 공산당의 관점에서 자료를 정리하여 『八路軍軍政雜誌』 『布爾塞維克』 『大衆日報』 『紅旗週報』 『紅色中華』 『解放日報』 『解放週刊』 『晋察冀日報』 『救國時報』 『救亡日報』 『每週評論』 『民國日報』 『群衆』 『人民日報(晋冀魯豫)』 『人民日報』 『先驅』 『新潮』 『新華日報』 『新中華報』 『中國青年』 등의 신문 · 잡지에 수

록된 한중 관련기사 중 1949년까지의 내용을 수록하였다.

이 부록에 실린 색인기사는 위의 연구 성과를 토대로 20세기 전반 중국의 한국관을 종합적으로 분석하기 위하여 '近現代 韓中關係記事'를 수집하여 본격적인 연구의 토대를 마련하기 위하여 작성된 것이다. 중국의 각종 자료는 아직까지 공개되지 않거나 公刊되지 않은 것이 많기 때문에 현지조사를 통해서만 접근이 가능하다. 더욱이 중국공산당 및 중국국민당과 관련된 상당 부분의 자료들이 여러 지역에 소장되어 있기 때문에 자료의 수집과 기사색인을 작성하기 위해서는 중국·대만 등에서 조사하여야 했다.

이 '색인기사'는 기왕의 『中朝中韓關係文件資料滙編(1919-1949)』을 제외하고 근래에 출판된 몇몇 목록집과 당시 신문기사의 스크랩 자료를 토대로 하여 작성하였으며 새로 발굴한 자료집의 목록도 추가하였다. 여기서 분석대상으로 삼고 있는 각종 신문·잡지의 주요 정보와 내용 및 특징을 정리하면 아래와 같다.

『八路軍軍政雜誌』는 항일전쟁시기 중국공산당이 이끈 중국국민혁명군 第八路軍 총정치부가 延安에서 발간한 월간잡지이다. 1939년 1월부터 1942년 3월까지 39기가 발간되었다.

『布爾塞維克』은 중국공산당 중앙위원회의 기관지로서 1927년 10월 상해에서 비밀리에 발간되었다. 1927년 7월 폐간되기까지 52기가 발행되었다.

『大衆日報』는 중국공산당 山東地區黨의 기관지로서 1939년 1월 山東에서 창간되었다. 항일전쟁시기에는 중공중앙 산동분국의 기관지로 바뀌었고 국공내전시기에는 중공중앙 華東局과 산동국의 기관지가 되었으며 1949년 1월부터 濟南에서 발간되었다.

『地學季刊』은 상해의 중화지학회가 1932년 7월 창간하고

1936년 3월에 폐간하기까지 2권이 간행되었다.

『地學雜誌』는 북경 중국지학회가 1910년 1월 창간하고 1937년 3월 폐간되었다. 모두 25권이 있다.

『東北日報』는 중국공산당 中央東北局의 기관지로 1945년 11월 1일 瀋陽에서 창간되었으며 1951년 8월 31일 폐간되었다.

『工人之路』는 中華全國總工會 省港罷工委員會의 기관지로서 1925년 5월에 廣州에서 창간되고 1926년 1월에 폐간되었다.

『公言報』는 1916년 11월 북경에서 창간되고 1920년 7월에 폐간되었다.

『紅旗週報』는 1930년대 초반 중국공산당 중앙위원회의 기관지로서 1931년 9월 上海에서 창간되고 1934년 3월 폐간되었다.

『紅色中華』는 1930년대 중국공산당이 혁명 근거지에서 창간한 중앙기관지로서 1931년 12월 江西省 瑞金에서 창간되었다. 1934년 10월 대장정이 시작되면서 잠시 정간되었다가 1936년 1월 陝西省 瓦窯堡에서 복간되고 1937년 1월에는 『新中華報』로 이름을 바꾸었다.

『解放日報』는 항일전쟁시기와 국공내전시기 중국공산당 중앙위원회의 기관지로서 1941년 5월 延安에서 창간되고 1947년 3월 폐간되었다.

『解放週刊』은 중국공산당중앙위원회의 기관지로서 1937년 4월 延安에서 창간되었다. 처음에는 주간으로 발행하다가 나중에 격주간으로 발행하였다. 1941년 8월 폐간될 때까지 134기를 출간하였다.

『晋察冀日報』는 중국공산당 진찰기분국의 기관지이다. 1937년 12월 河北省 阜平縣에서 창간되었다. 처음에는 『抗敵報』라는 이름으로 발행되다가 1940년 11월 『『晋察冀日報』로 이름을 바꾸고

1948년 6월 폐간되었다.

『救國時報』는 1930년대 중국공산당이 국외에서 창간한 기관지이다. 1935년 12월 프랑스 파리에서 창간하였으며 처음에는 주간으로, 나중에 5일간, 3일간으로 발행하였다. 1938년 2월에는 미국 뉴욕으로 옮겨 중국공산당의 『先鋒』과 합병하여 『救國時報』라는 이름으로 발행되자마자 폐간되었다.

『救亡日報』는 중국의 각계구국연합회 즉, 상해문화계, 부녀계, 직업계, 상해 각 대학의 교수와 상해국난교육사 등이 1936년 5월에 창간하였지만 같은 해 12월 10에 폐간되었다.

『每週評論』은 중국의 五四運動시기에 신사조를 선전한 시사성, 정치성을 가진 주간이다. 1918년 12월에 북경에서 창간되고 1919년 8월 폐간되었다.

『民國日報』는 중국 국민혁명시기에 발행된 국민당 기관지이다. 1926년 11월 漢口에서 창간되었고 1927년 9월 폐간되었다.

『群衆』은 중국 항일전쟁시기와 국공내전시기에 중국공산당이 국민정부 통치지역에서 공개적으로 출판한 기관지이다. 1937년 12월 漢口에서 주간으로 창간되다가 1938년 10월 정간되고 같은 해 12월 重慶에서 복간되었다. 1943년 1월부터 격주간으로 발행되었다가 1946년 6월 上海로 옮기면서 다시 주간으로 바뀌었고 1949년 10월 폐간되었다.

『人民日報』(晋冀魯豫)는 중국공산당 晋冀魯豫 소비에트중앙국의 기관지로서 1946년 5월에 창간되었다. 河北省 邯鄲市와 武安縣에서 출판되다가 1948년 6월 폐간되었다.

『人民日報』는 중국공산당 중앙위원회 기관지로서 1948년 6월 하북성 평산현 서백파에서 창간되었다. 진찰기해방구의 『晋察冀日報』와 晋冀魯豫의 『인민일보』를 합병하여 만들었다. 1949년 북경으로 옮겨 발행하면서 지금에 이르고 있다.

『先驅』는 중국사회주의청년단의 기관지로서 1922년 1월 북경에서 창간되었으며 처음에는 격주간이었지만 기간에 맞추어 발행되는 경우는 드물었다. 발행량은 10만부에 달하였으며 초기에는 국외에서 발행되기도 하였다. 1927년 7월 폐간되었다.

『新潮』는 북경대학 신조사가 월간으로 발행한 것이다. 1919년 1월에 창간되고 1922년 3월에 폐간되었다.

『新華日報』는 항일전쟁시기와 국공내전시기에 중국공산당이 국민정부 통치지역에서 공개적으로 발행한 대형기관지이다. 1938년 1월 무한에서 창간되었으며 같은 해 10월 중경으로 옮겨 출간하다가 1947년 2월 폐간되었다.

『新中華報』는 항일전쟁시기 중국공산당 중앙위원회와 陝甘寧邊區 정부의 기관지이다. 원래는 『紅色中華』로 1931년 1월에 창간되었으나 1937년 1월 『신중화보』로 이름을 바꾸고 연안에서 출판하였다. 1939년 2월에 중공중앙의 기관지로 개조하면서 섬감녕변구정부의 기관지를 겸하였다. 3일간으로 출간되었다. 1941년 5월 폐간되고 『解放日報』로 합병되었다.

『中國青年』은 중국공산주의청년단의 기관지로서 1923년 10월 上海에서 창간되었다. 당시에는 중국사회주의청년단의 기관지였는데 『無産青年』, 『列寧青年』 등으로 이름을 바꾸어 출간되다가 1932년 정간되었다. 1939년 4월 延安에서 원래의 이름으로 복간되었다. 1941년 다시 정간되었지만 1948년 12월 중공중앙 청년공작위원회가 河北省 平山縣에서 다시 간행하였다. 1949년 중국신민주주의청년단(중국공산주의청년단의 전신)이 성립된 후 중국공산주의청년단의 기관지로 되었다.

中央研究院近代史研究所에서 編印한 『國民政府與韓國獨立運

動史料』(臺北: 中央硏究院近代史硏究所, 1989)는 중앙연구원 근대사연구소가 소장한 『朱家驊檔案』을 영인한 자료이다. 내용은 크게 6가지 즉, 한국독립운동 각 단체의 재화활동, 한국광복군, 한국독립운동에 대한 국민정부의 원조, 한국과 한국인에 대한 국민정부의 관심, 중한문화협회, 잡건 등이다.

『韓特16檔案』은 中國國民黨 中央委員會 黨史館에 소장되어 있는 '韓國關聯 特16檔案資料'의 목록이다. 목록의 내용을 통하여 1940년대 전반기 국민당과 장개석정부의 한국독립운동에 대한 지원이 매우 많았다는 사실을 파악할 수 있으며 한국의 독립운동단체와 독립지사 및 국민당의 밀접한 관계를 파악할 수 있는 귀한 자료라 생각된다. 당사관은 이 자료의 목록을 만들어 놓았지만 전체적인 열람은 허가를 얻어야 볼 수 있다.

아울러 여기서는 다루고 있지 않지만 『近代中韓關係史資料彙編』 12冊에 포함된 신문·잡지의 내용을 간략히 소개하면 다음과 같다.

『華字日報』는 1864년에 창간되었는데 홍콩에서 발간된 China mail의 중문판이며 陳靄亭이 주편하였다. 대부분 서양의 신문에서 기사를 번역하여 실었다. 1919년 China mail에서 분리하여 독립적으로 발행하다가 1941년에 정간되었다. 77년에 걸쳐 발행되었으며 가장 역사가 오래된 근대적인 중문 신문이라 할 수 있다.

『民呼日報』는 1909년 5월 于右任이 상해에서 창간하였으나 출간된지 93일 만에 폐간되었다. 타이완의 중국국민당 黨史會에 소장되어 있다.

『民吁日報』는 『民呼日報』가 폐간되자 于右任이 상해에서 1909년 10월에 창간한 신문으로 필진도 『民呼日報』에 기고했던 사람이 대부분이다. 국민정신을 제창하고 國粹를 보존하며 실학을 강구하는 것을 宗旨로 삼고 있으며 특히 대외정책을 중시하였다. 타이완의 중국국민당 黨史會에 소장되어 있다.

『民立報』는 1910년 10월 상해에서 于右任이 발간한 것이다. 필진은 宋教仁, 葉楚傖, 馬君武, 張季鸞 등으로 청조에 대한 혁명을 선전하였으며 1912년 9월 정간되었다. 타이완의 중국국민당 黨史會에 소장되어 있다.

『申報』는 1872년 상해에서 창간되었다. 원래는 영국인이 경영하였으나 1912년부터 중국인이 경영하였다. 『申報』는 창간에서 폐간까지 78년의 역사를 가지고 있고 그 사이에 정간과 복간을 반복하였기 때문에 그 논조가 많이 변하였다. 1905년 이전에는 주로 官紳을 중심으로 한 독자가 대부분이었다. 1905년 이후에는 개혁과 維新을 제창하였다.

『大公報』는 1902년 6월 천진에서 창간되고 1925년 11월 폐간되었다. 1926년 9월 吳鼎昌, 胡政之, 張季鸞 등이 경영하면서 '不黨, 不私, 不賣, 不盲'을 사훈으로 하고 객관적으로 논설을 전개하여 영향이 매우 컸다. 1937년 8월 漢口로 옮겨 발행하다가 다시 重慶으로 옮겨 발행하였으며 1945년 천진에서 복간되었으나 1949년 폐간되었다. 『大公報』가 발간된 당시에는 군주입헌을 고취하는 등 청말 개혁파의 이론을 옹호하였다. 중화민국이 수립된 이후에는 북경의 군벌정부 입장에 서면서 광동의 혁명정부에 적대적인 태도를 가졌다. 1926년 이후에는 그 입장을 바꾸어 報國 언론을 제창하면서 정치와 사회 각 방면에서 커다란 영향을 주었다.

『中國日報』는 1899년 陳少白이 孫文의 명령으로 홍콩에서 창간하였으며 혁명을 처음으로 선전하였다. 1906년 약간의 개편을 거쳤으며 1911년 9월 廣州에서 발간하다가 1912년 폐간되었다. 타이완의 중국국민당 黨史會에 소장되어 있다.

『中華新報』는 1915년 상해에서 창간되었으며 주로 袁世凱를 공격하였고 1923년 폐간되었다. 타이완의 중국국민당 黨史會에 소장되어 있다.

『東方雜誌』는 1904년 商務印書館이 창간한 최초의 잡지이다. 창간 이후 4차의 정간을 거쳐 1967년 7월에 복간되었다. 『東方雜誌』의 전신은 『外交報』로 국제정세를 중시하였다.

『民報』는 1905년 11월 東京에서 中國革命同盟會의 기관지로 창간되었다. 三民主義를 주창하였으며 1908년 10월 청정부의 요구로 일본정부가 폐간하였지만 1910년 1월 다시 간행하였다.

『外交報彙編』은 상무인서관이 1901년 발간한 『外交報』의 내용을 8가지 즉 논설, 諭旨, 文牘, 本國外交紀聞, 각국의 중국정책 번역문, 각국의 교섭, 각국의 내정, 전보로 분류하여 엮은 것이다. 1910년 폐간되었다.

2. 中朝中韓關係文件資料滙編 (1919 ~ 1949)

기사 제목	게재지	게재일자
高麗亂事紀聞	公言報	1919. 3. 6
東方通訊社特約電	公言報	1919. 3. 7
朝鮮擾亂之原因	公言報	1919. 3. 9
高麗亂事近聞	公言報	1919. 3.12
哀哉朝鮮人之言	公言報	1919. 3.13
照錄朝鮮獨立活動被捕之人名	公言報	1919. 3.13
高麗擾亂之餘波	公言報	1919. 3.16
朝鮮獨立的消息	每週評論	1919. 3.18
延吉方面韓人獨立之運動	公言報	1919. 3.18
韓民上書吾國政府	公言報	1919. 3.23
朝鮮獨立運動之感想	每週評論	1919. 3.23
中國的李完用宋秉竣是誰	每週評論	1919. 3.23
朝鮮獨立活動的情狀	每週評論	1919. 3.23
高麗紛擾詳記	公言報	1919. 3.24
吉省韓人之獨立活動	公言報	1919. 3.25
高麗時局之發展	公言報	1919. 3.29
高麗獨立近聞	公言報	1919. 3.31
朝鮮獨立運動中之新教訓	新潮 (第1卷 第4號)	1919. 4. 1
朝鮮獨立運動感言	新潮 (第1卷 第4號)	1919. 4. 1
關於高麗獨立之報道	公言報	1919. 4. 5
朝鮮近事匯聞	公言報	1919. 4.14
論高麗之復興及其與中國之關係	公言報	1919. 4.19
請看高麗臨時政府之宣言	公言報	1919. 4.21
高麗各地騷亂之蔓延	公言報	1919. 4.21
朝鮮運動獨立之昨訊	公言報	1919. 4.26
十日旅行中的春申浦	新青年 (第9卷 第3號)	1921. 7. 1
太平洋會議與太平洋弱小民族	新青年 (第9卷 第5號)	1921. 9. 1
遠東各國共產黨及民族革命團體第一次大會宣言	先驅	1922. 8.10

기사 제목	게재지	게재일자
遠東勞苦少年與歐美無產階級少年聯合的呼訴	先驅	1922. 9. 3
遠東革命少年會議宣言	先驅	1922.10.15
紅軍在海參崴勝利後的遠東時局	嚮導(第11期)	1922.11.22
少年國際大會東方運動決議案	先驅	1923. 2.27
中國承認蘇俄與東交民港	嚮導(第56期)	1924. 2.27
高麗的革命青年運動	中國青年(第47期)	1924.10. 4
被壓迫的民族宣言	工人之路	1925. 7.20
如何應付眼前的國際進攻	中國青年(第85期)	1925. 7.28
被壓迫民族聯合會第二次會議紀	工人之路	1925. 8. 8.
斥'中日親善'和'日韓親善'	工人之路	1925. 8.10
被壓迫民族聯合會代表姜世宇先生第卄五次罷工工人代表大會演講辭	工人之路	1925. 9.19
朝鮮工人群趨共產	工人之路	1925.10. 4
韓國大統領在滬逝世	工人之路	1925.11.16
一個朝鮮人: 朝鮮之大示威運動	嚮導(第159期)	1926. 6.23
罷工委員會電授韓國革命	工人之路	1926. 7.13
高麗鐵路最近營業狀況	民國日報	1927. 1.20
列寧論東方民族的解放運動	嚮導(第184期)	1927. 1.21
高麗參之產銷	民國日報	1927. 2. 9
日本網羅朝鮮之鐵道大計劃	民國日報	1927. 2.12
東京總理二週年祭	民國日報	1927. 3.26
太平洋勞動會議特載	民國日報	1927. 5.27
韓國旅鄂青年就中國革命發表宣言 慶祝北伐宣言	民國日報	1927. 6.18
朝鮮青年運動	民國日報	1927. 7.11
日警逮捕太平洋勞工大會代表	民國日報	1927. 7.26
朝鮮漢城大捕共黨	中央日報	1928. 2. 5
日當局承認韓人自由出籍	中央日報	1928. 2.10
朝鮮華僑慘案眞相-朝鮮黨部向海外部駐滬辦事處的報告	中央日報	1928. 2.11
朝鮮黨案	中央日報	1928. 2.14
日本帝國主義下的韓國	中央日報	1928. 2.28
日帝國主義者又在厦門逞凶	中央日報	1928. 3. 8
幾個韓國革命青年的一席話	中央日報	1928. 3.15

기사 제목	게재지	게재일자
朝鮮向日本和我國移民	中央日報	1928. 3.20
朝鮮亦效美國將限制華工入境	中央日報	1928. 3.25
華人移居韓國者激增	中央日報	1928. 4. 1
韓人移住耳其斯坦	中央日報	1928. 4.10
日軍閥防備韓人益加嚴密	中央日報	1928. 5.10
韓人的赤化運動	中央日報	1928. 5.12
東京排斥韓國勞工	中央日報	1928. 6. 1
朝鮮總督抵東京	中央日報	1928. 6.13
引起上總督辭職之所謂台灣重大事件	中央日報	1928. 6.15
朝鮮山梨總督抵東京	中央日報	1928. 6.18
朝鮮增兵說	中央日報	1928. 6.19
韓報祝望國民革命的前途	中央日報	1928. 6.20
山移總督已請增兵朝鮮	中央日報	1928. 6.20
朝鮮增兵決定	中央日報	1928. 6.22
日外交系反對朝鮮增兵	中央日報	1928. 6.23
日政府黨亦有人反對增兵朝鮮	中央日報	1928. 6.25
日當局檢擧日韓黨人紀詳	中央日報	1928. 6.28
東三省韓國僑民的民族運動	中央日報	1928. 6.30
朝鮮增兵六營	中央日報	1928. 7. 4
高麗革命黨員被捕	中央日報	1928. 7.18
朝鮮警備問題	中央日報	1928. 7.26
韓人獨立運動再接再厲	中央日報	1928. 7.27
被日警捕去的權熙民已釋放出獄	中央日報	1928. 8.14
日警拘捕旅滬韓人	中央日報	1928. 8.18
大阪大批韓人因組織無產青年黨被補	中央日報	1928. 8.21
韓人獨立運動再接再捕	中央日報	1928. 9. 1
韓人慨助我國救國基金 來函力祝革命成功	中央日報	1928. 9. 4
韓族獨立運動忽然緊張	中央日報	1928.10.29
朝鮮總督赴東京	中央日報	1928.10.30
韓報暴露日本之滿業政策	中央日報	1929. 4.18
韓人反對拓殖省管轄朝鮮	中央日報	1929. 4.20
日人焚毁三民主義書籍	中央日報	1929. 4.22
韓國革命黨開始猛進	中央日報	1929. 5. 1
日本移民計劃髮表	中央日報	1929. 5.12

기사 제목	게재지	게재일자
出席太平洋勞運動議秘書處第三次會議報告(節錄)	中國工人	1929. 5.15
日人密謀滿韓經濟提携	中央日報	1929. 5.18
韓報之:中國時局觀	中央日報	1929. 5.30
恐怖的韓國	中央日報	1929. 6. 3
大夫 : 日兵在沈陽暴行迭見	中央日報	1929. 6. 5
執中 : 日本垂涎滿蒙	中央日報	1929. 6. 5
日政府實施韓僑計劃情況	中央日報	1929. 6. 7
日拓務省已開始執務	中央日報	1929. 6.11
日拓殖省希望滿蒙政治統一	中央日報	1929. 6.13
韓共黨檢擧案內容	中央日報	1929. 6.13
日本移殖鮮民之新政策	中央日報	1929. 6.24
勢力膨脹之東洋拓殖會社	中央日報	1929. 6.27
* 恪寄自朝鮮: 日本對朝鮮所施之殖民政策及同化主義	中央日報	1929. 7.26
韓志士呂運亨被捕不屈	中央日報	1929. 8. 4
日本拒絶朝鮮勞動者入境	中央日報	1929. 8. 6
韓國女性組織革命團體	中央日報	1929. 8.12
勾心斗角中之朝鮮總督問題	中央日報	1929. 8.13
韓學生百余名被捕	中央日報	1929. 8.17
朝鮮賄案波及東京	中央日報	1929. 9.16
日人眈耽于蒙滿利權	中央日報	1929. 9.20
日政府將廢止台韓米谷專賣	中央日報	1929. 9.25
朝鮮前總督肥田收賄案賣	中央日報	1929.10. 1
漢城學生暴動	中央日報	1929.12.12
韓京各校突罷課	中央日報	1929.12.15
朝鮮將廢止府郡島面制度	中央日報	1929.12.15
朝鮮政務總監兒玉進退爲難	中央日報	1929.12.16
韓學生反日運動擴大	中央日報	1929.12.19
朝鮮中國國民黨支部歡迎新任總領事張維城	中央日報	1929.12.20
韓國學潮延及女生	中央日報	1929.12.21
日本不安于赤黨之活動	中央日報	1929.12.24
東京特約通訊 : 山梨大將與朝鮮疑獄	中央日報	1929.12.25
韓人反日運動緊張	中央日報	1929.12.28
鮮人謀炸大邱銀行	中央日報	1929.12.30
平陵:韓國獨立運動	中央日報	1929.12.30

기사 제목	게재지	게재일자
韓國革命領袖吳東披被捕	中央日報	1930. 1. 5
日警破獲朝鮮國際共產黨決死隊	中央日報	1930. 1. 7
朝鮮將施行地方自治	中央日報	1930. 1. 9
韓國各地五十萬學生罷課	中央日報	1930. 1.13
韓國獨立運動愈轉嚴重	中央日報	1930. 1.18
韓國獨立運動轉劇	中央日報	1930. 1.19
韓國獨立運動擴大	中央日報	1930. 1.20
韓國獨立運動悰動加藤	中央日報	1930. 1.21
韓國五千餘工人突起暴動援助學生	中央日報	1930. 1.23
韓學潮層不究	中央日報	1930. 1.25
朝鮮賄案定基公判	中央日報	1930. 1.26
韓人積極組織大獨立黨	中央日報	1930. 1.29
上海韓人各團體聯合會宣言	中央日報	1930. 2. 6
韓族同盟會敬告中國同志書	中央日報	1930. 2.16
韓國獨立黨告中國同胞書	中央日報	1930. 2.22
韓國一部分失業狀況	中央日報	1930. 4.19
日本對于東三省韓人問題的兩大目標	中央日報	1930. 5. 1
韓獨立黨人在平被捕	中央日報	1930. 5. 8
日本對韓國的殖民政策	中央日報	1930. 5.24
日警庇助韓人在安東搗亂	中央日報	1930. 5.29
日當局淮許韓人歸化中國	中央日報	1930. 5.31
韓農五萬退出俄國	中央日報	1930. 6. 8
問島韓黨人甚形活動	中央日報	1930. 6.13
問島日警捕韓黨人	中央日報	1930. 6.16
日內閣對滿韓人加人華籍政見不一	中央日報	1930. 6.20
日擬在韓南添設師旅	中央日報	1930. 7. 6
北滿韓黨互相呑幷	中央日報	1930. 8. 4
日本增兵朝鮮因經費關系難實現	中央日報	1930. 8. 6
長春日領館界內之日韓人口	中央日報	1930. 8. 7
韓國黨人在東北暴動	中央日報	1930. 8.11
韓國反戰青年在東京大阪被捕	中央日報	1930. 9.14
韓國檢學秘密結社	中央日報	1930. 9.19
問島暴動案分別起訴	中央日報	1930.10. 4
吉林當局忠告韓僑	中央日報	1930.11.29

기사 제목	게재지	게재일자
韓總督府開拓韓北計劃	中央日報	1930.12. 1
北滿日韓僑民統計	中央日報	1930.12. 2
日本擬實施朝鮮自治	中央日報	1930.12. 3
安東鮮人糾衆行凶	中央日報	1930.12. 9
日殖民地人口計有二千六百萬人	中央日報	1930.12.13
朝鮮南部發生反日運動	中央日報	1930.12.18
日本之人口侵略	中央日報	1930.12.18
韓人在安東私運金塊	中央日報	1931. 2.19
旅京韓僑擧行韓國獨立宣言紀念	中央日報	1931. 3. 2
日本急進大陸殖民	中央日報	1931. 4.27
日本開發新義州之野心	中央日報	1931. 5. 9
朝鮮總督宇垣正式就職	中央日報	1931. 6.19
長春韓人占種案始末	中央日報	1931. 6.22
日本實施所謂“滿鮮統一”政策	中央日報	1931. 6.28
日本增兵于朝鮮台灣	中央日報	1931. 6.29
《中央日報》社論: 日人欲重演濟南慘案耶?	中央日報	1931. 7. 7
萬寶山案發生后韓人慘屠在韓華僑	中央日報	1931. 7. 7
韓人慘屠華僑案 外交部已向日本嚴中抗議	中央日報	1931. 7. 8
萬寶山案日應負全責	中央日報	1931. 7. 8
萬寶山案之眞相	中央日報	1931. 7. 8
日本新任朝鮮總督	中央日報	1931. 7. 8
外交部已將鮮案事實宣告世界 滬韓臨時政府聲明慘殺華人系日本所爲	中央日報	1931. 7. 9
被害華僑代表昨到京哭訴	中央日報	1931. 7. 9
韓人慘殺華僑 日本政府應負全責	中央日報	1931. 7. 9
萬寶山 : 韓人受日利用 戕賊我中華民族	中央日報	1931. 7. 9
日本增兵朝鮮	中央日報	1931. 7. 9
《中央日報》社論 : 再論韓人暴動事件	中央日報	1931. 7.11
朝鮮暴動已止 政府派汪使赴鮮慰問僑胞	中央日報	1931. 7.11
南京韓僑會爲萬寶山事件發表宣言	中央日報	1931. 7.11
日人唆使韓民慘殺朝鮮華僑	中央日報	1931. 7.11
萬寶山慘案發生是日本預定的陰謀	中央日報	1931. 7.12
旅鮮華僑被慘殺 各地商人電請嚴重抗議	中央日報	1931. 7.12
各省市黨部通電全國嚴重抗議萬寶山案	中央日報	1931. 7.13

기사 제목	게재지	게재일자
東三省旅京東鄉爲萬寶山事件請愿	中央日報	1931. 7.13
《中央日報》社論 : 告朝鮮民族	中央日報	1931. 7.14
日本答復不能滿意 我國對日將提二次抗議	中央日報	1931. 7.14
各民衆團體擬請市黨部召開市民大會聽援僑胞	中央日報	1931. 7.14
朝鮮慘案系日人借刀殺人 各級黨部奮起抗爭	中央日報	1931. 7.14
萬寶山事件望外交當局力爭	中央日報	1931. 7.14
對日二次抗議照會 今日可日方提出	中央日報	1931. 7.15
各級黨部通電全國紛抗爭朝鮮慘案	中央日報	1931. 7.15
南京市黨部執委會討付朝鮮慘案爲法	中央日報	1931. 7.15
鎭海軍艦赴鮮慰僑	中央日報	1931. 7.15
萬寶山案發生主因 - 郝永德勾結韓民組种稻田之經過	中央日報	1931. 7.15
《中央日報》專載 : 滿洲中心主義的尖銳化 -許紹棣在浙省黨部演進	中央日報	1931. 7.15-17
首都市民將開大會對付日韓暴民慘殺僑胞事件	中央日報	1931. 7.16
韓人排華中外同憤	中央日報	1931. 7.16
日代辦重光昨抵南京面遞復照	中央日報	1931. 7.16
同級黨部紛請嚴重抗議韓民排華慘案	中央日報	1931. 7.17
南京市黨部宣傳部告全國同志同胞書	中央日報	1931. 7.17
護僑! 雪耻!! 救國!!!(南京特別市黨部宣傳部制)	中央日報	1931. 7.17
韓民慘殺僑胞全系日人發縱指使 -市宣傳部告民衆書	中央日報	1931. 7.18
首都各界定二十二日擧行反日護僑救國大會	中央日報	1931. 7.18
朝鮮事件日本應負全責 -外交部二次抗議極力辨明責任問題	中央日報	1931. 7.18
各地民衆抗爭鮮案	中央日報	1931. 7.18
韓人對排慘案之聲明	中央日報	1931. 7.18
在日韓人依然灣橫 萬寶山事件業已開始談判	中央日報	1931. 7.19
首都各界反日護僑救國大會推定七團體担任主席團	中央日報	1931. 7.19
南京市各級黨部紛起反日護僑	中央日報	1931. 7.19
海內外對鮮案之呼吁	中央日報	1931. 7.19
日本帝國主義者在屠殺華僑	中央日報	1931. 7.19
朱藝生 : 應付朝鮮事件的辦法	中央日報	1931. 7.19
張元 : 由韓人排華問題設到赤白色帝國主義的聯合對華政策	中央日報	1931. 7.19

기사 제목	게재지	게재일자
《中央日報》社論 : 對日經濟絶交	中央日報	1931. 7.20
各級黨部對萬韓兩案極憤慨	中央日報	1931. 7.20
海內外各級黨部呈請中央嚴重・交涉朝鮮慘案	中央日報	1931. 7.20
津市黨部爲萬韓兩案開市民代表大會	中央日報	1931. 7.20
南京市商會代表要求派兵駐鮮保護僑胞	中央日報	1931. 7.20
平壤華僑死二百餘 鎭海軍艦已抵仁川	中央日報	1931. 7.20
朝鮮暴動系日人陰謀	中央日報	1931. 7.20
全國民衆熱烈援僑	中央日報	1931. 7.20
打倒日本帝國主義先應充實我們的實力 - 樓桐孫在南京市黨部的講演	中央日報	1931. 7.21
韓民暴行與日人-蔡元培在中央紀念周的報告	中央日報	1931. 7.21
南京市商民代表昨日請愿結果圓滿	中央日報	1931. 7.21
湘省黨部通電全國永遠對日經濟絶交	中央日報	1931. 7.21
南京市八區黨部通電全國上下同心一致對外	中央日報	1931. 7.21
萬案:海內外一致爭抗 決對日經濟絶交	中央日報	1931. 7.21
擧國反日聲中粵方竟甘賣國媚外	中央日報	1931. 7.22
避難僑胞又到青島五百名	中央日報	1931. 7.22
重光到經訪晤外長王正廷	中央日報	1931. 7.22
首都各界反日護僑救國大會開幕	中央日報	1931. 7.23
首都反日護僑救國大會宣言	中央日報	1931. 7.23
政府決定撥款百萬救濟僑胞	中央日報	1931. 7.23
海外黨部紛請嚴重交涉萬案	中央日報	1931. 7.23
萬案 : 吉林省交涉近訊	中央日報	1931. 7.23
平壤留學學生會對朝鮮慘案聲明	中央日報	1931. 7.23
造謠之日記者被殺始末	中央日報	1931. 7.23
蔣主席爲鮮案將告國人	中央日報	1931. 7.24
吉林韓僑組織萬案研究會 主張聯合中韓民族與日對抗	中央日報	1931. 7.24
山東旅京同鄕會呈請中央飭外交部厲行革命外交	中央日報	1931. 7.24
朝鮮慘案 : 神戶支部召集華僑大會	中央日報	1931. 7.24
難僑又到青島共三百餘人	中央日報	1931. 7.24
鮮案交涉方針已定萬寶山案交涉亦準備完竣	中央日報	1931. 7.26
日侵略滿蒙之野心	中央日報	1931. 7.27
朝鮮共黨謀起事當局拘蔣三百人	中央日報	1931. 7.27
外交部長王正廷關于萬寶山事件的講話	中央日報	1931. 7.28

기사 제목	게재지	게재일자
駐日公使汪榮寶昨抵北平	中央日報	1931. 7.28
首都各界反日護僑救國大會發出重要通電	中央日報	1931. 7.29
鮮萬兩案卽將向日方正式交涉	中央日報	1931. 7.29
南京特別市黨部執委會決議電慰旅韓被難僑胞	中央日報	1931. 7.29
援助萬案 湘民氣激昂	中央日報	1931. 7.29
四四師黨部聲援鮮案	中央日報	1931. 7.30
鎭江各界反日援僑會通過七提案	中央日報	1931. 7.30
鮮僑胞抵滬	中央日報	1931. 7.30
穎新 : 對于萬寶山案外交上的懷疑	中央日報	1931. 7.30
《中央日報》社論 : 哀朝鮮!	中央日報	1931. 7.31
日本對華意存延宕 外交部擬提出賠償要求	中央日報	1931. 7.31
萬案交涉	中央日報	1931. 8. 1
鮮萬兩案日本延不答復 外交部將作進一步交涉	中央日報	1931. 8. 1
日貨來華 國人宜速謀抵制	中央日報	1931. 8. 1
異哉所謂 : “滿洲日人自主同盟	中央日報	1931. 8. 1
對鮮案問題韓人之一片辯解聲	中央日報	1931. 8. 1
鮮形勢仍不穩 華僑逃至安東	中央日報	1931. 8. 1
元山暴動之眞相	中央日報	1931. 8. 1
鮮萬兩案日本毫無交涉誠意	中央日報	1931. 8. 2
粵僞國府外交部長陳友仁赴日任務之又一說	中央日報	1931. 8. 2
東省日禍層出不窮	中央日報	1931. 8. 2
吉省所聞之萬案交涉	中央日報	1931. 8. 4
平壤災僑尙餘千名飮食斷絕	中央日報	1931. 8. 4
哈埠所聞之萬寶山近狀	中央日報	1931. 8. 5
蔣主席關心對日交涉	中央日報	1931. 8. 6
駐韓領館辦理難僑善后	中央日報	1931. 8. 6
東三省韓僑之人口與職業	中央日報	1931. 8. 6
萬寶山案尙未人實際交涉	中央日報	1931. 8. 7
王外長在護續談朝鮮事件	中央日報	1931. 8. 8
外交部派員在中央電台報告最近外交形勢(節錄)	中央日報	1931. 8. 8
梁沌園 : 鮮案內幕及其應付	中央日報	1931. 8. 9
鮮案第三次抗議昨晨已向重光提出	中央日報	1931. 8. 9
萬寶山日警撤撤退	中央日報	1931. 8. 9
彭萼 : 鮮案與國民應有之覺悟	中央日報	1931. 8. 9

기사 제목	게재지	게재일자
日本答復鮮案二次抗議對責任問題依然諉卸	中央日報	1931. 8.11
長春等地關于萬案的通電	中央日報	1931. 8.11
蘇省會民衆反日援僑會發表成立宣言	中央日報	1931. 8.12
日政友會大議士在東北發表之謬論	中央日報	1931. 8.12
《中央日報》專載 : 萬寶山消息	中央日報	1931. 8.13
鮮案交涉究竟如何	中央日報	1931. 8.13
鮮案第三次抗議有待	中央日報	1931. 8.15
萬寶山案交涉近況	中央日報	1931. 8.17
朝鮮鄉村排華仍熾第三次抗議照會日內送出	中央日報	1931. 8.17
日人所調查之吉黑兩省韓僑概數	中央日報	1931. 8.17,18
鮮案抗議正在愼重擬稿中	中央日報	1931. 8.18
鮮案三次抗議卽日送出	中央日報	1931. 8.19
萬案交涉黯淡	中央日報	1931. 8.21
鮮案抗議本星期內可望送出	中央日報	1931. 8.21
馬寄crossorigin: 一個朝鮮人	中央日報	1931. 8.22
鮮案第三次抗議今晨送達日方對萬案抗議迄未答復	中央日報	1931. 8.24
《中央日報》專載: 日警撤退后萬寶山事件調查實錄	中央日報	1931. 8.14-27
鮮案調查今日發表全文	中央日報	1931. 8.25
鴨綠江江水泛濫	中央日報	1931. 8.25
中國駐日公使汪榮寶關于鮮案的調查報告書 (外交部發表之全文)	中央日報	1931. 8.27-29
平壤暴動首犯之供詞	中央日報	1931. 8.28
韓國民族運動獨立發表宣言徹底排日	中央日報	1931. 8.29
珍瓦:萬寶山事件的眞相與意義	中央日報	1931. 9. 1
鮮案第三次抗議迄未答復	中央日報	1931. 9. 1
韓民黨要人不幸被捕	中央日報	1931. 9. 7
鴨綠江水大泛濫	中央日報	1931. 9. 7
鮮案后平壤情形	中央日報	1931. 9. 9
鮮案華僑死傷數目	中央日報	1931. 9.13
韓人賑濟中國水灾	中央日報	1931. 9.16
韓國農民紛紛反日	中央日報	1931. 9.21
昌圖失陷日兵韓人到處擾亂	中央日報	1931. 9.24
日人侵略聲中韓人之復國運動	中央日報	1931.10. 3
歧阜韓人謀襲擊華僑	中央日報	1931.10.17

기사 제목	게재지	게재일자
日唆使鮮民在沈南各縣殺傷商民	中央日報	1931.11.20
韓獨立黨黨員密謀顚覆日軍車	中央日報	1931.11.26
駐美韓人發表拒日宣言	中央日報	1931.12.12
東京朝鮮留學生組織反日大同盟	中央日報	1931.12.25
旅華韓僑致函國人勉赴國難	中央日報	1932. 1.12
韓人民族主義派組大獨立黨	中央日報	1932. 1.16
日首相稱韓總督摠監仍留原職	中央日報	1932. 1.18
韓國獨立黨關于李奉昌狙擊日皇事件的宣言	中央日報	1932. 1.19
章之鴻: 日本滅滅韓之萬策與我們應有之覺悟	中央日報	1932. 1.20-23
滬日警私捕之韓人業已釋放	中央日報	1932. 2. 3
日交通部改良日鮮遼交通	中央日報	1932. 4.10
朝鮮總督府陰謀滿鮮連成一帶	中央日報	1932. 4.16
日本積极移民 每日有二三千鮮人赴東省	中央日報	1932. 4.16
《中央日報》關于虹口公園炸案之報道	中央日報	1932. 4.30
在滬韓獨立黨領袖被捕	中央日報	1932. 5. 2
日人强購東省民地	中央日報	1932. 5. 2
因虹口公園炸案滬韓人被捕十六名	中央日報	1932. 5. 4
前鮮督齋藤已奉令人宮	中央日報	1932. 5.23
一高麗黨人在上海刺殺日本要人	紅色中華	1932. 5.25
川島繼任日朝鮮軍總司令	中央日報	1932. 5.27
虹口公園炸案之嫌疑人安昌浩被押赴日本	中央日報	1932. 6. 3
朝鮮革命軍由延吉渡江攻人韓境	中央日報	1932. 6.27
卓英 : 居住我國東北四省的韓人(1931年數)	地學季刊	第1卷 第1期
謀刺日皇之李奉昌被判极刑	中央日報	1932.10. 1
金九 : 震動全世界東京炸案之眞相	中央日報	1932.10.15,16
日又發覺韓人反日重大陰謀	中央日報	1932.11.10
宇垣回鮮	中央日報	1932.11.25
日人在滬搜捕韓僑	中央日報	1932.12. 2
日明春開築羅津港 同時敷設新鐵路	中央日報	1932.12. 2
韓獨立黨向國聯遞交宣言	中央日報	1933. 2.10
日本積極修築東北鐵道圖將“鮮滿”連成一片	中央日報	1933. 2.18
社論: 韓國獨立運動的新意義	中央日報	1933. 3. 2
朝鮮日警偵察學生之行動	中央日報	1933. 3. 3
韓革命領袖李春山被綁架	中央日報	1933. 3.11

기사 제목	게재지	게재일자
我國在韓勞工悉被驅逐回國	中央日報	1933. 4.16
日在漢城大捕韓人	中央日報	1933. 4.22
日人統治下之朝鮮	中央日報	1933. 4.30
我國旅朝僑胞統計 (僑委會之調査)	中央日報	1933. 5.25
朝鮮境內各團体盡全力愛國捐款	中央日報	1933. 6. 5
日人在靑島擬招募華工赴鮮	中央日報	1933. 7.16
朝鮮聯合有限公司的資本主義面目	中央日報	1933. 7.16
北安鎭日軍東被韓人炸毁	中央日報	1933.11. 9
唐山日韓當鋪收當活人	中央日報	1933.11.30
日非法在滬逮捕華籍韓人	中央日報	1933.12.13
朝鮮人民顚沛流离失業衆多民族運動膨脹	中央日報	1934. 2.10.
韓國 "三一" 節卄五周年紀念 金九, 趙素昂發演說	中央日報	1934. 3. 2
延邊之韓僑　十二年第八期 再版	地學雜志	第12券 第8期
駐朝鮮日軍將在新義州安東演習防空	中央日報	1934. 5.12
黑省居民被驅準備日鮮移民	中央日報	1934. 5.13
韓國臨時政府部長就職	中央日報	1934. 5.16
日外務省抗議英封鎖鴨綠江橋	中央日報	1934. 7. 4
唐山日韓販毒洋行經查封尙有百家	中央日報	1934. 9. 8
日本積極向東北移送鮮民	中央日報	1934.11. 4
日將于十年內向東北移民廿萬	中央日報	1934.11.20
日急進移民東北	中央日報	1935. 1.19
僞組織將以間島划歸朝鮮	中央日報	1935. 1.30
韓人李德明在滬被捕	中央日報	1935. 4. 3
津東站破獲鮮人偸運白銀	中央日報	1935. 6.21
朝鮮訪問機飛滬	中央日報	1935. 9.26
北平日警署警告日鮮僑民不得違章營業或强組房屋	中央日報	1936. 1.19
滬戰殉國烈士紀略	救國日報	1936. 1.29
北寧路取締日鮮人非法行動	中央日報	1936. 2. 2
尹奉吉烈士遇難紀念日泣告中國同志書	救國時報	1936. 3. 5
鮮人强占北平市民房	中央日報	1936. 3.25
韓人携帶私貨强制路局南運	中央日報	1936. 5.27
韓人强運私貨南下海關與路局均無法制止	中央日報	1936. 5.28
津浦路沿線日鮮浪人走私情形	中央日報	1936. 6. 3
社評 : 國民應協助政府緝私	中央日報	1936. 6. 5

기사 제목	게재지	게재일자
天津日鮮人携帶武器押運私糖	中央日報	1936. 6.17
張北一帶日鮮僑激增	中央日報	1936. 8. 5
大宗走私已絶迹 鮮浪人多改營販毒貿易	中央日報	1936. 8.19
兩鮮人又在豊台滋事	中央日報	1936. 8.23
魯省洛口查扣私貨 韓人糾衆行凶	中央日報	1936.10.20
石家莊鮮人租房案在交涉解決中	中央日報	1936.11. 9
宋慶齡先生記念詞(節錄)	救亡情報	1936.11.12
旅美高麗僑民的援華自求運動	救國時報	1937. 1.20
韓獨立党人延秉學被浦	中央日報	1937. 1.26
津海關抗議日韓浪人搶劫私貨	中央日報	1937. 2.24
財部重視浪人搶劫私貨	中央日報	1937. 3. 1
日鮮人在津行凶	中央日報	1937. 3. 9
韓人在北平占房售毒案迭出不已	中央日報	1937. 4. 8
津市運私鮮人凶殺華人	中央日報	1937. 4.13
韓人在保政販毒	中央日報	1937. 5. 3
滬閘北捕獲毒犯鮮浪人向警探尋釁	中央日報	1937. 5.17
楊松:東北抗日救國運動的發展與反對日本 奸細偵探的斗爭(節錄)	救國時報	1937. 5.19
滬站查獲韓人私帶嗎啡	中央日報	1937. 5.30
朝鮮總督府將在津設管理處	中央日報	1937. 6. 4
鮮督在北將設僑民管理處	中央日報	1937. 6. 8
滬警局破獲韓人販毒機關	中央日報	1937. 6.11
北平抄獲韓人行使僞鈔	中央日報	1937. 6.12
東北抗日聯軍第一軍第一師師長李紅光烈士傳	救國時報	1937. 7.10
日鮮浪人圖擾我內地治安	中央日報	1937. 7.19
國 : 戰鬪中的東北抗日聯軍 (節錄)	解放周刊	第1卷 第13期
吳平 : 全國對日總抗戰與東北抗日民族革命運動 (節錄)	救國時報	1937. 9.18
日本强迫韓台人當兵	中央日報	1937. 9.29
韓國黨人在滬刺死奸細李甲寧	中央日報	1937.11.15
朝鮮民族解放運動開展中	救國時報	1937.11.30
高麗民衆開始武裝打日	救國時報	1937.12. 5
我國駐朝鮮領館人員不辱使命	救國時報	1938. 1.10
危機百出的敵國內部	群衆 (第1卷 第6期)	1938. 1.15

기사 제목	게재지	게재일자
我外交部擬封閉朝鮮總領事館	新華日報	1938. 1.15
鮮督南次郎到東京	新華日報	1938. 1.15
朝鮮人民謀組反日民族戰線	救國時報	1938. 1.31
朝鮮國民黨領袖金九的談話	新華日報	1938. 2. 5
與敵國內反敵的人民團結起來	群衆 (第1卷 第10期)	1938. 2.12
朝鮮民族戰線聯盟代表韓民向我致意	新華日報	1938. 2.12
暴敵在朝鮮强徵壯丁	新華日報	1938. 2.14
敵不准鮮人移居中亞西亞	新華日報	1938. 2.16
朝鮮三一獨立運動	新華日報	1938. 3. 1
韓革命領袖安昌浩瘦死獄中	新華日報	1938. 3.25
旅湘韓國革命志士追悼安昌浩	新華日報	1938. 4.15
再論東北抗日遊擊運動的經驗和教訓	解放週刊 (第2卷 第36期)	1938. 5. 1
朝鮮民族革命黨昨擧行反日游行	新華日報	1938. 7. 7
日本朝鮮臺灣反法西斯同盟創立準備委員會宣言	新華日報	1938. 7.14
朝鮮民族戰線聯盟演奏朝鮮歌曲	新華日報	1938. 7.14
朝鮮國民黨發表朝鮮國恥日紀念文	新華日報	1938. 8.30
朝鮮朋友出席武漢國慶記念大會	新華日報	1938.10.11
朝鮮義勇隊宣傳遊藝會	新華日報	1938.10.13
慶祝朝鮮義勇隊成立	新華日報	1938.10.14
朝鮮青年組織秘密團體爲民族獨立奮鬪	新華日報	1938.10.14
韓獨立黨捐制寒衣	新華日報	1938.11. 8
韓國國民黨領袖發表告中國民衆書	新華日報	1938.11.25
朝鮮民衆反戰甚烈	新華日報	1938.11.25
記朝鮮青年前衛同盟	新華日報	1938.12.16
平漢正太沿線韓國遊擊隊極爲活躍	新華日報	1938.12.26
韓革命黨告弱小民族書	新華日報	1939. 1.21
韓民暴動用菜刀殺敵寇	新華日報	1939. 2.18
一個反正過來的飜譯官	晋察冀日報	1939. 2.19
韓獨立宣言卄週年紀念	新華日報	1939. 2.28
建立被壓迫民族反侵略統一戰線	新華日報	1939. 3. 1
朝鮮人民的英勇闘爭	新華日報	1939. 3. 1
紀念'三一'節	新華日報	1939. 3. 2

기사 제목	게재지	게재일자
韓義勇隊在桂林開會紀念'三一'節	新華日報	1939. 3. 2
東北婦女英勇抗日的模範	新中華報	1939. 3.10
在火線上的朝鮮義勇隊	新華日報	1939. 3.13
朝鮮騷亂 棉花庫焚毁	新華日報	1939. 3.16
一位反戰投降者致我朝鮮義勇隊書	新中華報	1939. 3.16
反侵略的朋友朝鮮義勇隊活躍敵後	新華日報	1939. 4. 5
朝鮮義勇隊努力對敵宣傳	新華日報	1939. 4.12
怎樣認識國際情勢 (節錄)	中國青年 (創刊號)	1939. 4.16
東北抗日聯軍活躍	群衆 (第3卷 第1期)	1939. 5.21
旅渝韓僑紀念朝鮮亡國二十九週年	新華日報	1939. 8.29
東北朝鮮革命軍進入鮮境與敵激戰	新華日報	1939. 8.30
歡送俘虜加入朝鮮義勇隊記	新華日報	1939. 9.10
國際青年座談會	中國青年 (第10號)	1939. 9
韓國青年工作隊出發華北工作	新華日報	1939.11.17
敵寇驅使朝鮮人民移住華北	新華日報	1939.12. 6
參加八路軍的兩個朝鮮兄弟	新華日報	1940. 1.11
侵??期中日寇在朝鮮的政策	新華日報	1940. 1.24
朝鮮義勇隊活躍各戰線	新華日報	1940. 2. 8
日擬增編朝鮮軍	新華日報	1940. 2.21
來華朝鮮的朝鮮志士	新華日報	1940. 2.25
旅川韓國革命團體明日紀念獨立運動	新華日報	1940. 2.29
旅川韓國各團體敬告中國同胞書	新華日報	1940. 3. 1
紀念朝鮮三一革命運動二十一週年	新華日報	1940. 3. 1
兩個民族 一個敵人	新華日報	1940. 3. 2
朝鮮義勇隊深入敵後宣傳	新華日報	1940. 3. 2
朝鮮義勇隊總隊部遷	新華日報	1940. 4. 8
活躍在鄂北前線的朝鮮義勇隊	新華日報	1940. 5.20
韓國在華革命團體合併組織獨立黨	新華日報	1940. 6. 1
朝鮮義勇隊紀念'六十'革命運動	新華日報	1940. 6. 9
朝鮮義勇隊紀念'六十'	新華日報	1940. 6.10
韓國青年工作隊在陝擧行勞軍公演	新華日報	1940. 6.19

기사 제목	게재지	게재일자
朝鮮兩團體電蔣委員長致敬	新華日報	1940. 6.21
韓獨立黨捐款慰勞中國空軍	新華日報	1940. 6.27
抗戰三年來朝鮮人民的反日鬪爭	新華日報	1940. 7. 6
在華日韓兩團體'七七'宣言	新華日報	1940. 7. 9
旅渝韓國各團體沈痛紀念朝鮮亡國　週年	新華日報	1940. 8.29
旅渝韓人紀念國恥	新華日報	1940. 8.30
韓國光復軍成立	新華日報	1940. 9.16
朝鮮義勇隊第三隊由筑赴	新華日報	1940. 9.16
朝鮮義勇隊由前方抵筑赴XX工作	新中華報	1940. 9.22
朝鮮當局逮捕大批基督教徒	新華日報	1940. 9.22
朝鮮義勇隊總隊籌備慶祝該隊成立兩週年紀念	新華日報	1940. 9.24
活躍錦河前線的朝鮮義勇隊X區隊	新華日報	1940. 9.25
韓國光復軍成立司令部	新中華報	1940. 9.26
金若山明日公開演講	新華日報	1940. 9.27
金若山講演'中國抗戰與朝鮮革命'	新華日報	1940. 9.29
朝鮮義勇隊第三區隊近由江西前線來	新華日報	1940.10. 3
朝鮮義勇隊招待新聞界	新華日報	1940.10. 4
朝鮮義勇隊兩週年紀念	新華日報	1940.10. 8
二年來的教訓與今後的工作	新華日報	1940.10. 9
在華日本人民反戰同盟祝朝鮮義勇隊成立二週年	新華日報	1940.10. 9
向敵後進軍	新華日報	1940.10. 9
臺灣義勇隊駐渝代表劉啓光	新華日報	1940.10. 9
論朝鮮義勇隊在朝鮮革命運動中的地位	新華日報	1940.10. 9
朝鮮義勇隊昨紀念兩週年	新華日報	1940.10.10
朝鮮義勇隊定期紀念建國節	新華日報	1940.10.31
朝鮮義勇隊二分隊由前線返	新華日報	1940.12.10
朝鮮義勇隊一部即赴華北	新華日報	1940.12.12
朝鮮民族與反侵略	新華日報	1941. 1.23
華北朝鮮青年聯合會在晋東南成立 彭副司令 場講演	晋察冀日報	1941. 1.28
韓僑籌備紀念'三一'節	新華日報	1941. 2.26
與渝韓國人士明紀念'三一'節	新華日報	1941. 2.28
韓國'三一'節二十二週年紀念大會敬告中國同胞書	新華日報	1941. 3. 1
旅渝韓僑各團體昨紀念'三一'革命節	新華日報	1941. 3. 2
朝鮮義勇隊爲'七七'抗戰四週年敬告中國軍民書	新華日報	1941. 7. 7

기사 제목	게재지	게재일자
朝鮮青年聯合會支會昨日在延成立	解放日報	1941. 7. 9
朝鮮青年聯合會支會在延成立	新華日報	1941. 7. 9
日板垣赴朝鮮	新華日報	1941. 7.22
戰時朝鮮人民的生活	解放日報	1941. 7.23
新任朝鮮駐屯軍司令板垣抵達漢城	新華日報	1941. 7.24
韓國光復軍第五支隊長來	新華日報	1941. 8. 2
朝鮮青年聯合會成立陝甘寧支會	新華日報	1941. 8. 6
留渝韓僑明日紀念國恥日	新華日報	1941. 8.28
加强中韓兩民族的團結	新華日報	1941. 8.29
韓國臨時政府宣言	新華日報	1941. 8.29
留華韓國政府昨招待陪都報界	新華日報	1941. 8.29
爲朝鮮亡國卅一週年敬告中國同胞書	新華日報	1941. 8.29
寫在朝鮮兄弟民族被奴役的日子	新華日報	1941. 8.29
韓臨時政府紀念國恥	解放日報	1941. 8.30
韓旅渝僑民紀念國恥	新華日報	1941. 8.30
反法西斯鬪爭中的朝鮮青年	新華日報	1941. 9. 7
朱總司令請在延東方民族友人座談	解放日報	1941. 9.20
李範奭談韓光復軍近況	新華日報	1941. 9.26
日寇在朝鮮的統治與朝鮮的反日運動	新華日報	1941. 9.26,27
東方各民族團結起來	解放日報	1941. 9.30
韓國議長招待新聞界	新華日報	1941.10. 3
晋冀魯豫朝鮮義勇隊配合八路軍作戰	晋察冀日報	1941.10. 7
朝鮮義勇隊紀念成立三週年	新華日報	1941.10. 9
韓議院會議改選議長討論提案	新華日報	1941.10.17
東方各民族反法西斯代表大會十月二十六日開幕	解放日報	1941.10.19
韓國臨時政府招待新聞界	新華日報	1941.10.19
東方反法西斯代表大會代表齊集明日開幕	解放日報	1941.10.25
華北朝鮮青年出發前線對敵宣傳	新華日報	1941.10.26
慶祝東方各民族反法西斯大會開幕	解放日報	1941.10.27
東方各民族反法西斯大會開幕	解放日報	1941.10.27
東方反法西斯大會第三日 日, 鮮, 荷印代表報告	解放日報	1941.10.29
東方反法西斯大會上毛澤東同志號召各民族加强團結	解放日報	1941.10.31
東方反法西斯大會勝利結束 成立東方各民族反法西斯大同盟	解放日報	1941.11. 1

기사 제목	게재지	게재일자
晋冀魯豫邊府頒布優待朝鮮人民辦法	晋察冀日報	1941.11.13
朝鮮民族解放史話	解放日報	1941.11.16
敵改組朝鮮總督府	解放日報	1941.11.20
朝鮮總督府人事之變動	解放日報	1941.11.20
朝鮮青年聯合會成立晋察冀支會	解放日報	1941.11.20
華北朝鮮青年聯合會晋察冀支會開成立大會	晋察冀日報	1941.12.11
在日本法西斯鐵蹄蹂躪下的朝鮮人民	晋察冀日報	1941.12.11
日臺鮮反戰志士組織冀魯豫覺醒同盟	新華日報	1941.12.14
敵在鮮境徵兵二十五萬	解放日報	1941.12.17
朝鮮革命者在中國活動概狀	晋察冀日報	1941.12.17
韓國獨立黨人聲明共同抗日	新華日報	1941.12.19
二十七年間朝鮮民族革命運動	晋察冀日報	1941.12.20
華北朝鮮青聯晋察冀分會成立	解放日報	1941.12.21
朝鮮民族革命黨等致電中美英蘇領袖	新華日報	1941.12.25
朱德: 建立東方各民族的反法西斯統一戰線	新華日報	1942. 1. 1
朝鮮銀行通貨膨脹	新華日報	1942. 1. 6
華北朝鮮青年聯合會舉行周年紀念宣言與日本法西斯鬪爭到底	晋察冀日報	1942. 1.22
朝鮮青年聯合會對太平洋戰爭發表談話	晋察冀日報	1942. 1.24
朱德: 建立東方各民族的反法西斯統一戰線	群衆 7卷 第1期	1942. 1.25
朝鮮革命黨在渝召開第六屆全黨代表大會	新華日報	1942. 1 25
華北朝鮮青聯籌開第二次代表大會	解放日報	1942. 2. 1
朝鮮義勇軍華中支隊致新四軍全體指戰員書	解放日報	1942. 2. 2
朝鮮義勇軍英勇戰績	新華日報	1942. 2.19
孫院長談朝鮮獨立問題趙素昂氏講三均主義	新華日報	1942. 2.23
美境韓人要求美承認臨時政府	新華日報	1942. 2.24
紀念三一二十三周年	新華日報	1942. 2.27
朝鮮義勇軍追悼殉難同志	新華日報	1942. 2.27
渝中外人士昨悼韓國烈士	新華日報	1942. 2.28
新華日報社論 : 朝鮮三一革命運動二十三周年	新華日報	1942. 3. 1
朝鮮三一運動留渝韓人今舉行紀念會	新華日報	1942. 3. 1
朝鮮義勇隊爲三一紀念敬告中國同胞書	新華日報	1942. 3. 1
金若山: 朝鮮三一運動之意義	新華日報	1942. 3. 1
趙素昂: 韓國獨立運動與臨時政府	新華日報	1942. 3. 1

기사 제목	게재지	게재일자
鐵山 : 三一運動與韓國獨立運動的新發展	新華日報	1942. 3. 1
新華日報特寫 : 在更生的太極旗下 - 韓國三一獨立運動二十三周年紀念大會記	新華日報	1942. 3. 2
朝鮮自由議會在美成立	解放日報	1942. 3. 2
旅美韓僑擁護韓臨時政府及二十六國宣言	新華日報	1942. 3. 2
華北朝鮮青年聯合會晋察冀邊區支會張志民: 朝鮮三一革命運動	晋察冀日報	1942. 3. 4
敵駐朝鮮總督南次郎返東京	解放日報	1942. 3. 7
在美韓僑擧行大會 組織志愿兵參加美軍抗日	新華日報	1942. 3.11
美境韓人擁護韓國臨時政府	新華日報	1942. 3.11
朝鮮總督南次郎參謁日皇	新華日報	1942. 3.12
外交協會擧辦韓國問題演講會	新華日報	1942. 3.21
朝鮮境內韓人愛國運動活躍	新華日報	1942. 3.22
孫院長演講韓國獨立運動斥取消民族鬪爭 謬論趙素昂氏講三均主義	新華日報	1942. 3.23
美境韓僑組旅美志愿軍	新華日報	1942. 3.30
旅美韓人電謝孫院長	新華日報	1942. 4. 4
韓國臨時政府定今日宣布約憲并作聲明	新華日報	1942. 4.10
旅美韓僑青年組獨立軍參加盟國作戰	新華日報	1942. 4.10
僑美韓籍青年組織義勇隊	解放日報	1942. 4.11
韓臨時政府招待中外人士	新華日報	1942. 4.11
韓臨時政府昨擧行二十三周年紀念	新華日報	1942. 4.12
邊區朝鮮青聯支會討論整頓三風	解放日報	1942. 4.16
席水林 : 與朝鮮青聯會支會長的談話 - 幾個月來的工作情形及其他	晋察冀日報	1942. 4.25
日敦 : 日本法西斯鐵蹄下的青年與青年運動	群衆 7卷 第8期	1942. 5. 1
鐵山 : 追念韓國革命前輩玄河竹同志	新華日報	1942. 5.11
大批朝鮮貧民被日寇運往豫省就食	新華日報	1942. 5.16
金若山明日招待新聞界報告朝鮮情勢	新華日報	1942. 5.17
朝鮮準備實行征兵	解放日報	1942. 5.18
朝鮮民族解放鬪爭同盟對時局宣言	新華日報	1942. 5.18
金若山招待我報界	新華日報	1942. 5.19
朝鮮民族革命黨號召韓民抗拒征兵	新華日報	1942. 5.19
華北朝鮮青聯山東分會擧行成立典禮	晋察冀日報	1942. 5.21

기사 제목	게재지	게재일자
朝鮮革命領袖金白淵先生抵太行山彭副總司令設宴歡迎慰問	解放日報	1942. 5.22
韓美商約六十周年	解放日報	1942. 5.25
小磯國昭出任朝鮮總督	解放日報	1942. 5.30
拉鐵摩爾講韓國問題	新華日報	1942. 5.30
韓臨時政府外長趙素昂要請盟國承認韓國政府	新華日報	1942. 6.13
李青天 : 世界大局與韓國光復軍 - 爲紀念聯合國日而作	新華日報	1942. 6.14
小磯赴朝鮮覆新	解放日報	1942. 6.16
朝鮮民族解放鬪爭同盟對時局宣言	解放日報	1942. 6.17
朝鮮北部邊境韓人民反日暴動	新華日報	1942. 6.23
韓人奮起反抗暴日	解放日報	1942. 6.24
華北朝鮮青聯邊區支會歡迎來延義勇隊員	解放日報	1942. 6.30
朝鮮民族革命黨敬告中國同胞書	新華日報	1942. 7. 8
打擊敵人後方 韓人從火焚毁日機場	解放日報	1942. 7.19
新華日報短評: 韓人工人壯擧	新華日報	1942. 7.19
韓人工人英勇反日	新華日報	1942. 7.19
中共北方局等籌備追悼殉難朝鮮戰友	解放日報	1942. 7.31
中韓文協將于下月成立	新華日報	1942. 8.21
華北朝鮮獨立同盟第二次代表大會宣言	晋察冀日報	1942. 8.25
朝鮮戰友林平同志病逝	解放日報	1942. 8.27
朝鮮義勇隊二支隊深入皖北敵后對敵宣傳	新華日報	1942. 8.27
邊區全體朝鮮獨立同盟盟員歡迎朝鮮義勇軍第二隊	晋察冀日報	1942. 8.28
韓臨時政府招待我報界紀念韓國三十二周年	新華日報	1942. 8.28
華北朝鮮獨立同盟成立	解放日報	1942. 8.29
蔡野火 : 紀念八二九 - 這是朝鮮被日寇滅亡了的國耻紀念啊!	晋察冀日報	1942. 8.29
韓臨時政府發表紀念國耻宣言	新華日報	1942. 8.29
朝鮮民族戰線聯盟發表國耻紀念宣言	新華日報	1942. 8.29
中韓戰友并肩殺敵朝鮮志士捐軀華北	新華日報	1942. 8.29
留渝韓僑昨紀念國	新華日報	1942. 8.30
渝韓光復軍追悼死難將士	解放日報	1942. 9. 2
華北朝鮮獨立同盟指示所屬對敵展開政治攻勢	解放日報	1942. 9. 3
倉夷 : 朝鮮義勇軍華北支隊 第二隊李益星隊長訪問記	晋察冀日報	1942. 9. 3

기사 제목	게재지	게재일자
朝盟邊區分會擧行朝鮮國紀念會幷追悼朝盟林平同志	晋察冀日報	1942. 9. 5
朝鮮獨立同盟晋察冀分會歡迎朝鮮義勇軍北上	解放日報	1942. 9. 6
張帆: 朝鮮獨立同盟邊區分會召開第二次盟員大會	晋察冀日報	1942. 9. 8
華北朝鮮獨立同盟晋察冀分會全體盟員大會宣言	晋察冀日報	1942. 9. 9
中韓人民携手作戰 華北朝鮮獨立同盟號召韓胞	解放日報	1942. 9.10
中韓文化協會卽將成立	新華日報	1942. 9.12
韓光復軍第二支隊已在西安成立	新華日報	1942. 9.15
韓國光復軍紀念創立兩周年	新華日報	1942. 9.17
跨過鴨綠江 光復河山 - 韓國光復軍總司令李靑天談話	新華日報	1942. 9.17
金若山 : 團結復國 - 爲韓國光復軍二周年紀念而作	新華日報	1942. 9.17
蔡野火 : 朝鮮義勇軍華北第二隊奉命出征 朝盟希望黨政民指導和幇助	晋察冀日報	1942. 9.19
朱德 : 爲自由而死生命永存	解放日報	1942. 9.20
葉劍英 : 悼朝鮮義勇軍陳亡同志	解放日報	1942. 9.20
蕭三 : 紀念抗戰中在中國死難敵朝鮮同志們	解放日報	1942. 9.20
張雲 : 犧牲在中國-哀悼孫一峰, 朴哲東兩位同志	解放日報	1942. 9.20
朝鮮義勇軍犧牲同志略歷	解放日報	1942. 9.20
重光 : 朝鮮義勇軍	解放日報	1942. 9.20
中韓人民戰鬪在一起 - 記在華朝鮮死難烈士追悼會	解放日報	1942. 9.21
追悼在華朝鮮死難烈士	解放日報	1942. 9.21
華北朝鮮獨立同盟機關報更名民族解放	解放日報	1942. 9.22
中韓文協成立尙有待	新華日報	1942. 9.23
蔣委員長嘉勉韓光復軍	新華日報	1942. 9.27
韓臺兵反戰 留廣州者武裝暴動	新華日報	1942. 9.27
晋冀魯豫邊區政府聘定日韓參議員	晋察冀日報	1942. 9.29
中韓文協卽將正式成立	新華日報	1942.10. 3
平津道上韓光復軍活躍	新華日報	1942.10. 3
韓光復軍活躍冀魯豫邊幷在浙東奮勇殺敵	新華日報	1942.10. 6
中韓文協定十一日正式成立	新華日報	1942.10. 9
韓光復軍致賀感謝我援助	新華日報	1942.10.10
反對共同敵人 敵后中韓同志幷肩作戰朝鮮義勇隊金白淵等抵綏德	解放日報	1942.10.11
中韓文協昨成立 蔣委員長頒詞嘉勉	新華日報	1942.10.12
蔣委員長訓詞	新華日報	1942.10.12

기사 제목	게재지	게재일자
新華日報短評 : 祝中韓文化協會成立	新華日報	1942.10.12
敵占區八十一位朝鮮青年集體參加朝鮮義勇軍	晋察冀日報	1942.10.13
中韓文協在渝成立	解放日報	1942.10.13
朝鮮義勇隊金白淵先生等抵延	解放日報	1942.10.15
中韓文協將擧行第一次理監事會議	新華日報	1942.10.16
朝鮮義勇軍華北支隊慶祝成立四周年紀念	解放日報	1942.10.22
晋冀魯豫公葬左權將軍 朝鮮烈士石塔翼然墓側	晋察冀日報	1942.10.23
張志民 : 紀念朝鮮義勇軍成立四周年	晋察冀日報	1942.10.23
韓國議會開幕	新華日報	1942.10.26
朝鮮義勇軍華北支隊紀念成立四周年	晋察冀日報	1942.10.27
紅震被推爲韓國議會新議長	新華日報	1942.10.27
韓議政院議會續開	新華日報	1942.10.28
華北敵寇强征韓人入伍敵占區朝鮮青年紛紛逃來我根據地	晋察冀日報	1942.11. 3
韓臨時議政院選擧議員并請盟國承認臨時政府	新華日報	1942.11.10
韓建國節韓臨時政府昨擧行紀念	新華日報	1942.11.11
中韓文協招待韓國議員	解放日報	1942.11.14
韓臨時議政院閉幕	新華日報	1942.11.20
韓國臨時議政院在渝召開第三十四屆議會	解放日報	1942.11.21
朝鮮獨立同盟成立晉西北分盟	解放日報	1942.11.21
敵閣通過在韓征兵	新華日報	1942.11.22
韓光復軍改編爲三支隊	新華日報	1942.11.23
韓光復軍二支隊改編事竣	新華日報	1942.11.25
韓國臨時政府向英訪華團送備忘錄說明韓人意見	新華日報	1942.11.27
韓光復軍新餉悉與國軍一律	新華日報	1942.12. 2
韓光復軍按國軍同等待遇	新華日報	1942.12. 3
金若山播講吁請韓青年投效光復軍	新華日報	1942.12. 4
太平洋學會在加拿大開幕韓國亦有代表出席	新華日報	1942.12. 5
金若山就任韓光復軍副司令	新華日報	1942.12. 6
孫科吁請盟國承認韓國臨時政府	新華日報	1942.12. 9
漫: 朝鮮獨立同盟邊區分會一年來成績斐然	晋察冀日報	1942.12.12
韓光復軍第一支隊今日追悼殉國烈士	新華日報	1942.12.12
渝韓光復軍追悼死難將士	解放日報	1942.12.13

기사 제목	게재지	게재일자
太行朝鮮獨立同盟創辦華北朝鮮青年革命學校 晋察冀分會紀念成立一周年	解放日報	1942.12.27
韓人表示誓必阻撓敵在朝鮮征兵	新華日報	1942.12.28
韓光復軍轉戰各地希望我方更加扶持發展	新華日報	1943. 1. 5
韓國光復軍整訓	新華日報	1943. 1. 7
韓新國務委員金奎植抵	新華日報	1943. 1. 8
中韓文協昨晚擧行聯誼會	新華日報	1943. 1.10
馮儀 : 馳聘華北戰場的朝鮮民族兒女 - 記韓光復軍第三區隊的戰績	新華日報	1943. 1.10
華北朝鮮獨立同盟團結武裝迎接勝利	解放日報	1943. 1.11
華北朝鮮獨立同盟延安支部開會	解放日報	1943. 1.17
在渝韓僑婦女籌組愛國團體	新華日報	1943. 1.17
戰後韓國務須完全獨立	新華日報	1943. 1.20
敵在朝鮮征抽壯丁韓愛國青年紛逃亡	新華日報	1943. 1.26
韓旅渝婦女組織愛國會	新華日報	1943. 2. 2
韓國臨時政府籌備紀念三一節	新華日報	1943. 2.26
朝鮮民族革命黨實行改造并發布綱領, 政策	新華日報	1943. 2.26
向方禹鏞大夫學習 -爲慶祝他的五十壽辰而作	解放日報	1943. 2.27
中韓文協紀念三一	新華日報	1943. 2.27
韓國光復軍紀念三一革命	新華日報	1943. 2.28
韓國三一二十四周年 渝中韓文協擧行紀念	解放日報	1943. 3. 1
朱德 : 團結復國	解放日報	1943. 3. 1
吳玉章 : 二面鏡子 - 爲紀念韓國獨立運動二十四周年而作	解放日報	1943. 3. 1
金白淵 : 三一運動的槪況和經過	解放日報	1943. 3. 1
李延祿 : 朝鮮獨立軍運動 - 爲紀念三一而作	解放日報	1943. 3. 1
金九 : 闡揚三一大革命精神	新華日報	1943. 3. 1
新華日報社論: 韓國民族的團結與鬪爭方向	新華日報	1943. 3. 1
旅渝韓人隆重紀念三一革命節 中韓文協昨擧行紀念演講會	新華日報	1943. 3. 1
韓國三一紀念大會告中國同胞書	新華日報	1943. 3. 1
朝鮮獨立同盟活躍華北敵后	新華日報	1943. 3. 1
在延朝鮮友人紀念三一革命	解放日報	1943. 3. 2
旅渝韓僑擧行三一節紀念大會	解放日報	1943. 3. 2
中韓文協隆重紀念朝鮮三一革命二十四周年	晋察冀日報	1943. 3. 2

기사 제목	게재지	게재일자
旅渝韓人招待中外各界熱烈紀念三一革命節	新華日報	1943. 3. 2
朴建雄 : 三一大革命與韓國臨時政府	新華日報	1943. 3. 2
太行朝鮮獨立同盟等紀念三一運動	解放日報	1943. 3.10
朝鮮青年革命學校擴大規模加緊學習	晋察冀日報	1943. 3.21
朝鮮民族革命黨宣傳部長講話	新華日報	1943. 3.22
晉西北行署公布辦法協助朝鮮僑民抗日	解放日報	1943. 3.29
中韓文協紀念韓國臨時政府成立二十五周年	新華日報	1943. 4.10
敵后朝鮮友人努力生產運動	新華日報	1943. 4.11
韓國臨時政府成立二十五周年 中韓文協開會紀念	新華日報	1943. 4.12
晋察冀日報專論: 日本朝鮮軍民當前的出路	晋察冀日報	1943. 4.30
晋察冀邊區優待朝鮮人民辦法	晋察冀日報	1943. 4.30
華北朝鮮獨立同盟延安支部開會	解放日報	1943. 5. 7
中韓文協昨日擧行韓國獨立問題座談會	新華日報	1943. 5.10
華北零訊 : 歡迎朝鮮僑民到我地區參加反日工作	新華日報	1943. 5.12
魯戰工會公布保護反戰日本軍民及朝鮮反日人民條例	解放日報	1943. 5.15
晉西北各界追悼朝鮮革命戰友文明哲同志	解放日報	1943. 5.17
蔡野火 : 白晝攻入河邊村 (朝鮮義勇軍華北支隊第二隊戰線工作速記之一)	晋察冀日報	1943. 5.27
蔡野火 : 邊區朝鮮義勇軍深入敵占區宣傳	晋察冀日報	1943. 5.27
朝鮮義勇軍深入五臺敵占區對敵進行宣傳戰	解放日報	1943. 6. 1
晉西北中日韓同志聯歡	解放日報	1943. 6. 4
太行朝鮮醫療隊分赴各地救濟傷民	晋察冀日報	1943. 6.10
張志民 : 夜襲中霍鎮	晋察冀日報	1943. 6.10
太行朝鮮革命團體追悼文明哲金山崙烈士	解放日報	1943. 6.18
武亭先生發表談話: 在華朝鮮革命團體擁護共產國際解產	晋察冀日報	1943. 6.19
對岡野進同志來延表示熱烈歡迎	晋察冀日報	1943. 6.19
朝鮮戰友文明哲犧牲	新華日報	1943. 6.25
晉西北朝鮮同盟電日共中央代表岡野進	解放日報	1943. 6.28
晉冀零訊 : 留駐晉西北之朝鮮戰友文明哲君與敵激戰壯烈殉國	新華日報	1943. 7. 6
晉西北朝鮮獨立同盟總結半年工作	解放日報	1943. 7. 7
太行朝鮮革命團體追悼文明哲, 金山崙烈士	解放日報	1943. 7.20
華北朝鮮獨立同盟晋察冀分會朝鮮義勇軍華北支隊 第二隊 致國民黨當局制止內戰電	晋察冀日報	1943. 7.20

기사 제목	게재지	게재일자
扶植韓光復軍 我軍委會准增服裝費	新華日報	1943. 7.20
韓國光復軍官兵待遇提高	新華日報	1943. 7.22
韓愛國志士二人參加新四軍	解放日報	1943. 8. 3
岡野進發表告日本國民書 晉西北日韓同志悉心硏討	解放日報	1943. 8. 4
朝鮮志士二人輾轉投奔八路軍	解放日報	1943. 8.29
趙循: 對朝鮮革命志士的期望	新華日報	1943. 8.29
華北朝盟晋察冀分盟召開第三次盟員大會	晋察冀日報	1943. 9. 1
太行朝鮮戰友紀念祖國淪亡三十三周年	解放日報	1943. 9. 5
韓國光復軍明日成立三周年	新華日報	1943. 9.16
韓國光復軍發表成立三周年	新華日報	1943. 9.17
韓國光復軍成立三周年昨日擧行紀念大會	新華日報	1943. 9.18
中韓文協紀念成立一周年	新華日報	1943.10.10
中韓文協擧行茶會紀念成立一周年	新華日報	1943.10.12
曾先: 朝鮮青年不屈的鬪爭	解放日報	1943.10.24
朝鮮反日運動日益擡頭	新華日報	1943.11.18
中韓文化協會昨招待文化界	新華日報	1943.11.29
華北朝鮮獨立同盟團結武裝迎接勝利	解放日報	1943.12.11
中韓文協擧行講演會	新華日報	1943.12.11
韓國獨立和世界和平-邵力子昨天在中韓文協講演	新華日報	1943.12.13
中韓文化協會請梁寒操演講扶助韓國獨立	新華日報	1943.12.20
新華日報社論 : 掀起韓國內部的反日運動	新華日報	1943.12.21
朝鮮人民不斷擧行反日騷動	解放日報	1943.12.30
朝鮮獨立同盟華中分盟首次大會成立義勇隊華中支隊	解放日報	1944. 1.28
朝鮮義勇隊華中義勇軍支隊成立	晋察冀日報	1944. 2. 1
朝鮮志士四人參加新四軍	解放日報	1944. 2. 4
朝鮮咸錦道工人擧行大罷工 京城學生界發生萬歲事件	解放日報	1944. 2. 5
滬上四韓人投效新四軍	解放日報	1944. 2. 8
太行韓人擁政愛民	解放日報	1944. 2. 9
朝鮮獨立同盟晉東南分盟去年生產三十五萬元	晋察冀日報	1944. 2.11
華北朝鮮青年學校擴大改名爲華北朝鮮革命軍事學校	解放日報	1944. 2.13
華北朝鮮獨立同盟紀念三一展開兩個月擴大宣傳	解放日報	1944. 2.15
韓光復軍總司令李青天就要回	新華日報	1944. 2.19
太行朝鮮獨立同盟追悼死難四戰友	解放日報	1944. 2.22

기사 제목	게재지	게재일자
朝鮮人民怠工反日 東北中韓遊擊隊取得聯系	解放日報	1944. 2.29
旅渝韓僑明川紀念三一節	新華日報	1944. 2.29
晋察冀日報社論 : 朝鮮民族的戰士和我們幷肩作戰 - 紀念三一朝鮮獨立運動二十五周年	晋察冀日報	1944. 3. 1
新華日報短評: 勖韓國人士	新華日報	1944. 3. 1
今日韓國革命紀念 韓人要求盟國援助	新華日報	1944. 3. 1
韓國旅渝人士昨擧行三一紀念會	新華日報	1944. 3. 2
太行朝鮮友人鄭炎同志當選爲勞動英雄	解放日報	1944. 3. 3
朝鮮革命同盟華中分盟擧行大會 朝鮮義勇隊華中支隊同時成立	新華日報	1944. 3. 3
華北朝鮮獨立同盟紀念三一革命節	解放日報	1944. 3. 4
朝鮮學生襲擊警署	解放日報	1944. 3.13
華北朝鮮革命軍政學校擴大組織充實教育內容	新華日報	1944. 3.21
朝鮮革命幹部的搖籃	新華日報	1944. 3.21
朝鮮反日的火花	新華日報	1944. 3.23
敵后朝鮮革命團體開會追悼四個志士	新華日報	1944. 4. 3
寧眞: 朝鮮義勇軍在晋察冀	解放日報	1944. 4.24
韓國獨立政府改造 臨時議政院通過修改約憲案	新華日報	1944. 4.26
新華日報短評: 民主團結的光輝在東方開放	新華日報	1944. 4.28
韓國各革命黨擁護第三十六屆議會宣言	新華日報	1944. 4.28
新華日報社論: 韓國的民主團結	新華日報	1944. 4.30
韓國臨時政府新任七部長就職	新華日報	1944. 5.16
中韓文化協會賀韓臨時政府	新華日報	1944. 5.19
中韓文協將爲韓國臨時政府官員擧行茶會	新華日報	1944. 5.26
中韓文協擧行茶會歡迎韓國臨時政府成立	新華日報	1944. 5.29
韓國女革命家朴次貞逝世	新華日報	1944. 6. 1
朝鮮志愿兵三名武裝投誠參加朝鮮義勇軍	晋察冀日報	1944. 6.16
韓國臨時政府發表告國內外同胞書	新華日報	1944. 6.21
軍務部長金若山談韓國光復軍積極協同盟國作戰	新華日報	1944. 6.22
中韓文協將成立東南分會 朝鮮民族革命黨辦短訓班	新華日報	1944. 6.24
韓國臨時政府人士表示 : 希望盟國迅速承認	新華日報	1944. 7. 4
申基彥 : 朝鮮民族革命黨的科學與現在	新華日報	1944. 7. 5
金九 : 中國抗戰與韓國獨立 - 紀念中國抗戰七周年	新華日報	1944. 7. 7
蘇中兩個朝鮮兵向我解放區投誠	新華日報	1944. 7. 9

기사 제목	게재지	게재일자
吳鐵城等宴請韓臨時政府首長	新華日報	1944. 7.18
阿部受任朝鮮總督 遠藤受任朝鮮政務總督	新華日報	1944. 7.25
武亭先生在邊區黨政軍民隆重紀念八一大會上的講話	晋察冀日報	1944. 8. 8
韓國臨時政府機關報獨立新聞復刊	新華日報	1944. 8.18
渝發起組織基督教韓人福利促進會	新華日報	1944. 8.18
旅美韓僑籌募軍事金接濟韓光復軍	新華日報	1944. 8.18
徐逸人：敵占區華北朝鮮人民代表慰問團歷經艱險安抵軍區	晋察冀日報	1944. 8.19
中韓文協提前紀念韓國國	新華日報	1944. 8.25
林茂：華北朝鮮獨立同盟籌備召開朝鮮反日學生代表大會	晋察冀日報	1944. 8.26
韓國國耻紀念 中韓文協開講演會	新華日報	1944. 8.28
自由東方社義賣三天捐助韓國臨時政府	新華日報	1944. 8.28
新華日報社論：團結復國! - 韓國淪亡三十四周年紀念	新華日報	1944. 8.29
韓各政黨發表共同宣言 要求盟國承認韓國臨時政府	新華日報	1944. 8.29
華北朝鮮獨立同盟艱苦勇敢積極抗日	新華日報	1944. 8.29
朝鮮學生代表擧行反日本法西斯大會	晋察冀日報	1944. 9. 8
武亭同志指出過去朝鮮革命犯了許多錯誤	晋察冀日報	1944. 9. 8
學生代表報告日寇壓迫事實	晋察冀日報	1944. 9. 8
潘副主任講中韓民族親密團結打倒我們共同敵人	晋察冀日報	1944. 9. 8
全體學生代表擧行莊嚴入盟式	晋察冀日報	1944. 9. 8
全體議決成立反法西斯聯合會	晋察冀日報	1944. 9. 8
給邊區政府邊區參議會的信	晋察冀日報	1944. 9. 8
朝鮮反日本法西斯學生代表大會宣言	晋察冀日報	1944. 9. 8
致毛主席斯大林丘吉爾羅斯福電	晋察冀日報	1944. 9. 8
致朱彭總副司令信	晋察冀日報	1944. 9. 8
致東方民族反法西斯聯盟執委會電	晋察冀日報	1944. 9. 8
致中國各抗日文化團體暨各學校電	晋察冀日報	1944. 9. 8
致世界反法西斯學生聯合會電	晋察冀日報	1944. 9. 8
敵在朝鮮修築鐵路	新華日報	1944. 9.16
韓國外務部電謝我參政會	新華日報	1944. 9.17
中韓文協卽將討論承認韓國政府問題	新華日報	1944. 9.20
中韓文協擧行座談會 希望早日承認韓國政府	新華日報	1944. 9.23
中韓文協年會定八日擧行	新華日報	1944.10. 2

기사 제목	게재지	게재일자
中韓文協擧行會員大會	新華日報	1944.10. 6
朝鮮青年學生反對替日寇當砲灰	解放日報	1944.10. 9
中韓文協兩周年紀念 呼吁承認韓國臨時政府	新華日報	1944.10. 9
膠東日韓戰友反對國民黨錯誤政策	解放日報	1944.10.20
中韓文協選擧孫科任理事長	新華日報	1944.10.26
華北朝鮮人民慰問團慰勞太行軍政機關	解放日報	1944.10.28
龍煙鐵鑛朝鮮職員金山宇滿向我投誠	晋察冀日報	1944.10.31
山東成立朝鮮革命軍政學校分校	解放日報	1944.11. 2
在渝韓人紀念韓國建國紀元節	新華日報	1944.11.19
朝鮮青年學生不愿做日寇砲灰	新華日報	1944.12. 1
韓國光復軍干訓班到南陽	新華日報	1944.12.25
山東朝鮮軍政學校與群衆互助關係親密	新華日報	1944.12.30
華北朝鮮獨立同盟向毛主席朱彭總副司令賀年	解放日報	1945. 1. 4
朝鮮獨立同盟延安分盟紀念成立四周年	解放日報	1945. 1.16
敵已將朝鮮鐵路加鋪雙軌	新華日報	1945. 1.24
中韓文協定期招待韓國青年	新華日報	1945. 2. 3
小山 : 華北宣傳戰線上的朝鮮義勇軍	新華日報	1945. 2. 6
韓國青年三十多人從敵營逃出來	新華日報	1945. 2. 6
朝鮮革命軍政學校開學 朱總司令勖勉朝鮮同志	解放日報	1945. 2.10
山東日,朝鮮軍政學校第一期擧行畢業典禮	解放日報	1945. 2.19
朝鮮革命軍政學校的生產	解放日報	1945. 2.21
朝鮮革命志士談敵情 韓遊擊隊和×路軍已取得聯系	新華日報	1945. 2.21
韓國紀念三一節籌委會招待新聞界人士	新華日報	1945. 2.27
韓國三一革命記念日 中韓文協開會紀念	新華日報	1945. 3. 1
朝鮮民族解放聯盟發表時局宣言	新華日報	1945. 3. 1
韓臨時政府對德宣傳	新華日報	1945. 3. 1
朝鮮獨立同盟留延同志紀念三一獨立運動	解放日報	1945. 3. 3
雷行 : 一分區紀念朝鮮革命節 歡迎冀東歸來的朝鮮義勇軍	晋察冀日報	1945. 3. 4
韓國救濟總會昨開成立會	新華日報	1945. 3.16
韓外交部長趙素昂談希望參加舊金山會議	新華日報	1945. 3.18
重慶韓僑保健會成立	新華日報	1945. 3.22
留渝韓僑成立救濟總會	新華日報	1945. 3.24
盟機轟炸 敵本土和朝鮮間禁止通航三天	新華日報	1945. 3.31

기사 제목	게재지	게재일자
韓臨時政府要求出席舊金山會議	新華日報	1945. 4. 4
日寇殘酷統治下韓人解放鬪爭增長 多數愛國志士加入我國東北遊擊隊	新華日報	1945. 4. 8
韓國臨時政府討論出席舊金山會議問題	新華日報	1945. 4. 9
日寇準備防衛本土, 朝鮮 調整軍事人員配備	新華日報	1945. 4. 9
韓國代表非正式參加舊金山大會	新華日報	1945. 4.27
朝鮮獨立同盟深入北平宣傳	解放日報	1945. 4.28
安彬 : 朝鮮國內人民不斷進行反日鬪爭 冀熱遼韓人遊擊隊配合八路軍作戰	解放日報	1945. 4.28
韓民族眼光矚望舊金山會議	新華日報	1945. 5. 6
許世英等昨擧行茶會救濟韓僑	新華日報	1945. 5.10
韓國政府要求出席聯合國會議	新華日報	1945. 5.13
韓臨時政府要求出席舊金山會議 美國務院要他們先從內部團結做起	新華日報	1945. 5.14
金世光 : 朝鮮近況 : 日寇心臟內的炸彈將待機爆發	新華日報	1945. 5.21
新華日報時評 : 爲什麽造這個謠言	新華日報	1945. 5.28
朝鮮獨立問題 雅爾塔會議的决定和開羅會議無冲突	新華日報	1945. 5.28
格魯發表演說 說明美國對韓國政策	新華日報	1945. 6.10
格魯稱美將實現韓國獨立 對重慶韓國臨時政府不予承認	解放日報	1945. 6.11
美機襲擊朝鮮海敵運 敵主要供應線被切斷	新華日報	1945. 6.22
朝鮮獨立同盟延安分盟改選	解放日報	1945. 6.28
李斗山在國際廣播電臺發表演說	新華日報	1945. 7. 4
安彬: 朝鮮革命軍政學校搶種后抓緊時間學習	解放日報	1945. 7. 7
美七個航空隊加緊圍攻 朝鮮第一次被炸	新華日報	1945. 7. 7
朝鮮獨立同盟,軍政學校聯合慶祝中共誕生二十四周年	晋察冀日報	1945. 7.10
日酋藤原視察東北朝鮮	新華日報	1945. 7.10
朝鮮群山與對馬海峽被炸	新華日報	1945. 8. 8
安彬 : 朝鮮獨立同盟東江分盟成立	解放日報	1945. 8. 9
安彬 : 朝鮮獨立同盟延安分盟追悼李成鎬,吳民聲	解放日報	1945. 8.10
蘇軍沿遼闊戰線進攻朝鮮	新華日報	1945. 8.11
朝鮮獨立同盟總盟號召鮮籍士兵僑民投降	解放日報	1945. 8.12
蘇軍攻占韓國羅津雄基	新華日報	1945. 8.13
太行朝鮮獨立同盟軍政學校派出大批幹部領導華北朝鮮地下軍	解放日報	1945. 8.14

기사 제목	게재지	게재일자
蘇軍深入朝鮮北部	新華日報	1945. 8.14
朝鮮革命軍政學校學員整裝待發	解放日報	1945. 8.15
蘇軍登陸朝鮮兩港	新華日報	1945. 8.15
留延朝盟員紛紛請纓隨軍出發	晋察冀日報	1945. 8.17
晋察冀朝鮮獨立同盟分盟告日軍中朝鮮士兵及居留民書	晋察冀日報	1945. 8.17
太行朝鮮革命軍政學校向朝鮮士兵發出投降勸告書	解放日報	1945. 8.18
朝鮮獨立同盟蘇浙支部隨我軍到前方工作	解放日報	1945. 8.22
蘇軍克幌筵島和朝鮮元山港	新華日報	1945. 8.25
朝鮮人民協助蘇軍去打奴役者	新華日報	1945. 8.26
蘇軍攻克朝鮮吉州海州咸興等城	新華日報	1945. 8.26
美第二十四軍團傳將開朝鮮	新華日報	1945. 8.28
美軍卽將占領朝鮮漢城區	新華日報	1945. 9. 2
蘇軍在朝鮮搜捕奸逆	新華日報	1945. 9. 7
美國艦隊在黃海會師 即登陸朝鮮南部受降	新華日報	1945. 9. 8
蘇中朝鮮獨立同盟同志參加看護傷兵工作	解放日報	1945. 9. 9
美軍昨開始在朝鮮仁川登陸	新華日報	1945. 9. 9
朝鮮的日本政府不應當暫予保留	新華日報	1945. 9.11
朝鮮南部日軍簽降 日警仍在仁川殺害朝鮮人民	新華日報	1945. 9.11
朝鮮記者向盟方控訴	新華日報	1945. 9.14
韓國臨時政府擧行新聞招待會	新華日報	1945. 9.14
朝鮮現狀 : 紅軍占領區平靜 美占領區發生冲突	解放日報	1945. 9.15
朝鮮記者質問霍奇將軍 : 何時解除日軍武裝	解放日報	1945. 9.15
漢城美軍政府保留日人 朝鮮人士表示不滿	解放日報	1945. 9.15
美報主張掃除朝鮮日官吏	解放日報	1945. 9.15
阿諾德將軍任軍政府總督 杜魯門稱朝鮮境內日官員暫時保留	新華日報	1945. 9.15
朝鮮獨立同盟主席金白淵呼吁團結建設新朝鮮	新華日報	1945. 9.15
朝鮮工廠設備日本早已拆去	新華日報	1945. 9.15
杜魯門就朝鮮獨立問題發表聲明	新華日報	1945. 9.20
日寇奴役拷打下朝鮮孩子們的血	解放日報	1945. 9.22
朝鮮蘇軍占領區開始建立自治政府	解放日報	1945. 9.23
杜魯門談朝鮮獨立問題	解放日報	1945. 9.23
韓國臨時主席金九發表談話	新華日報	1945. 9.23
山東黨政軍當局歡送朝鮮獨盟山東分盟義勇軍回國	解放日報	1945. 9.24

기사 제목	게재지	게재일자
朝鮮蘇軍占領區建立自治政府	新華日報	1945. 9.24
朝鮮科姆金省成立人民委員會	解放日報	1945. 9.26
日本在朝鮮北部一地下化學廠被發現	新華日報	1945.10. 1
朝鮮共產黨領袖發表談話 必須建立聯合政府	新華日報	1945.10. 9
駐朝鮮美軍接受大公司五十六家	解放日報	1945.10.12
朝鮮日軍十月底前撤完	新華日報	1945.10.12
重建民主的朝鮮 咸興組人民委員會	新華日報	1945.10.18
美國政府聲明 朝鮮人民只可以就地方工作提出建議	新華日報	1945.10.18
韓國流亡領袖金九急于回國	新華日報	1945.10.21
李承晩反對美蘇分區占領韓國	新華日報	1945.10.22
新韓民主黨反對共管朝鮮	新華日報	1945.11. 2
朝鮮各黨派要求完全獨立	新華日報	1945.11. 4
中韓兩國名流人士籌組文化企業公司	新華日報	1945.11. 4
朝鮮近況	解放日報	1945.11.16
美軍司令霍奇宣布只許金九等以平民身分回韓	新華日報	1945.11.16
朝鮮人民黨成立	解放日報	1945.11.18
美國務院要美人負起朝鮮政府中主要責任	新華日報	1945.11.18
慶祝朝鮮國語復活	新華日報	1945.11.22
金九抵漢城	新華日報	1945.11.25
韓吉洙談三國外長會議決定	新華日報	1945.11.29
韓境美占區總督將由列爾奇擔任	解放日報	1945.12.13
美蘇英外長會議公報要點	新華日報	1945.12.30
美國擬就韓國托管制暫時協定	新華日報	1946. 1. 1
韓國金九取消示威運動	新華日報	1946. 1. 3
朝鮮臨時政府要求美軍釋放被捕人員	解放日報	1946. 1. 4
朝鮮人民共和黨與臨時政府代表會談	新華日報	1946. 1. 6
三國外長會議公報	晋察冀日報	1946. 1. 8
朝鮮京城十萬人集會贊成莫斯科會議	解放日報	1946. 1.10
韓北平讓人民游行 歡迎莫斯科會議協定	解放日報	1946. 1.12
韓北平壤十萬群衆示威游行 歡迎三强對韓決定	晋察冀日報	1946. 1.13
朝鮮五大政黨聲明 擁護暫行托管決定	新華日報	1946. 1.13
朝鮮五政黨聯合聲明擁護莫斯科會議協定 美蘇占領軍司令擬擧行會商	解放日報	1946. 1.14
美蘇決定明天會商協助朝鮮經濟行政事宜	新華日報	1946. 1.14

기사 제목	게재지	게재일자
美陸軍部長柏德遜動身去朝鮮	新華日報	1946. 1.14
莫斯科電臺廣播 : 朝鮮應設臨時民主政府	解放日報	1946. 1.16
美蘇將討論朝鮮問題	新華日報	1946. 1.17
韓五政黨聯合聲明支持三强對韓決定 美蘇駐軍司令擧行會議	晋察冀日報	1946. 1.18
朝鮮兩政府相談已破裂	新華日報	1946. 1.18
莫斯科廣播評論員評外長會議關于朝鮮決定	解放日報	1946. 1.20
爲解決朝鮮問題 蘇美軍代表會議開幕	解放日報	1946. 1.20
朝鮮蘇美軍代表集會 開始審查南北部有關問題	新華日報	1946. 1.21
評三强對朝鮮決定	晋察冀日報	1946. 1.23
蘇聯塔斯社關于朝鮮問題的公報	新華日報	1946. 1.26
哈里曼將在朝鮮停留同麥克阿瑟元帥會商	新華日報	1946. 1.26
塔斯社聲明 : 朝鮮問題眞相	解放日報	1946. 1.27
朝鮮反動分子企圖推　三外長協議	新華日報	1946. 1.28
塔斯社發表關于朝鮮問題的聲明	晋察冀日報	1946. 1.29
金九拒絶和左派合作 韓臨時政府分裂	新華日報	1946. 1.29
朝鮮新義州群衆大游行擁護莫斯科會議決定	解放日報	1946. 2. 1
國際述評 : 朝鮮形勢	解放日報	1946. 2. 1
哈里曼到達漢城	新華日報	1946. 2. 3
朝鮮美蘇軍當局合組委員會 將和南北民主政團協商建立朝鮮臨時政府	新華日報	1946. 2. 7
協助朝鮮建立臨時政府 美蘇組聯合委員會	解放日報	1946. 2. 8
美蘇軍事代表會議 朝鮮問題獲得協議	晋察冀日報	1946. 2. 9
蘇美就朝鮮境內交通問題獲致協議	新華日報	1946. 2.10
漢城會議公報 : 蘇美獲得交通協定 設聯合委員會亦商得決議	解放日報	1946. 2.12
韓境蘇美代表聯合宣布交通協定	晋察冀日報	1946. 2.15
朝鮮蘇軍占領區人民政府成立	新華日報	1946. 2.20
美尙未接獲蘇軍撤出東北朝鮮之報告	新華日報	1946. 2.21
貝爾納斯談美蘇會談朝鮮問題	解放日報	1946. 2.25
朝鮮南部禁止工業停工	解放日報	1946. 2.27
晋察冀日報資料科 : 朝鮮三一獨立運動簡史	晋察冀日報	1946. 3. 1
金日成出任朝鮮北部人民委員會主席	新華日報	1946. 3. 1
美蘇朝鮮委員會將集會協助組織臨時政府 美報評論美國對韓政策	解放日報	1946. 3. 8

기사 제목	게재지	게재일자
朝鮮將召開美蘇委員會	解放日報	1946. 3.13
美蘇混合委員會協助占領朝鮮方法	新華日報	1946. 3.19
蘇軍司令談朝鮮民主獨立問題	新華日報	1946. 3.21
實現莫斯科會議對朝鮮決定 蘇美混合委員會開始工作	新華日報	1946. 3.25
朝鮮蘇美共同委員會擧行第一次會議	晋察冀日報	1946. 3.26
漢城蘇美會議任務：協助朝鮮組民主政府	解放日報	1946. 3.28
美國朝鮮團體致函杜魯門 要求取消金九等政府職務	解放日報	1946. 3.30
在美朝鮮各團體致函杜魯門 要求建立民主自由的朝鮮	晋察冀日報	1946. 3.30
朝鮮假民主分子反對莫斯科決定	新華日報	1946. 3.30
朝鮮留美民主團體堅決主張朝鮮政府應由人民選擧	新華日報	1946. 3.31
朝鮮美蘇混合委員會商建臨時政府	新華日報	1946. 4. 1
朝鮮蘇美共同委員會公報	晋察冀日報	1946. 4. 5
朝鮮蘇美委員會商定初步工作程序	解放日報	1946. 4. 6
朝鮮美蘇混合委員會擬定組織臨時政府工作步驟	新華日報	1946. 4.12
朝鮮美軍當局扶植反動分子	晋察冀日報	1946. 4.18
韓共召開大會 爲獨立民主的朝鮮而奮鬪	解放日報	1946. 4.20
朝鮮蘇美委員會繼續開會	晋察冀日報	1946. 4.23
韓共產黨集會紀念成立二十一周年	新華日報	1946. 4.23
朝鮮北部完成土地改革	解放日報	1946. 4.26
北朝鮮完成土地改革	新華日報	1946. 4.29
韓北人民政府領袖金日成抵漢城	解放日報	1946. 5. 3
朝鮮蘇美共委會發表第六號公報	晋察冀日報	1946. 5. 8
莫斯科廣播評論：只有實施土地改革 朝鮮才有民主自由	解放日報	1946. 5.11
朝鮮美蘇混合委員會協商朝鮮臨時政府未獲顯著進展	新華日報	1946. 5.15
莫斯科廣播評朝鮮談判 指出美應負破裂責任	新華日報	1946. 5.17
莫斯科廣播評論：只有實施土地改革 朝鮮才有民主自由	晋察冀日報	1946. 5.22
美軍無理搜查朝鮮共產黨總部	新華日報	1946. 5.30
美軍警搜查韓共總部 共產黨機關報亦被封禁	解放日報	1946. 6. 1
韓北政府日益鞏固 韓南反動派異常猖獗	新華日報	1946. 6. 2
鮮南反動派猖獗	晋察冀日報	1946. 6. 4
鮑萊視察后證實韓北機器完好如故	解放日報	1946. 6. 8

기사 제목	게재지	게재일자
鮑萊發表視察韓北聲明 韓北工業在復興中	新華日報	1946. 6.11
鮮北近況	晋察冀日報	1946. 8. 1
鮮北職工群衆組織紛紛成立 出版工人報紙擁護三强決議	解放日報	1946. 8. 2
韓北建立民主生活	新華日報	1946. 8. 3
朝鮮北部面貌一新 各地政府完成民主改造	晋冀魯豫 人民日報	1946. 8. 4
朝鮮文協總同盟要求恢復蘇美委員會	解放日報	1946. 8.10
朝鮮文化協會總同盟及朝蘇文協成立	新華日報	1946. 8.10
朝鮮文協總盟成立 團結了二十四種文化協會	晋察冀日報	1946. 8.12
在民主陳線旗幟下朝鮮文化界大團結 要求恢復蘇美共同委員會	晋冀魯豫 人民日報	1946. 8.12
駐韓美軍報告書中透露 美扶植韓反動派	晋察冀日報	1946. 8.13
美軍在朝鮮鎮壓民主運動	晋冀魯豫 人民日報	1946. 8.13
朝鮮解放一周年	晋察冀日報	1946. 8.20
東京韓僑紀念朝鮮解放一周年日共領導人岡野進發表講話	新華日報	1946. 8.20
鮮南美占領當局搜査漢城民主人士	解放日報	1946. 8.21
一個朝鮮兩個大地	晋冀魯豫 人民日報	1946. 8.22
南鮮美軍當局準備組織傀儡政府	晋冀魯豫 人民日報	1946. 8.22
朝鮮美占領軍當局大規模檢擧民主人士	新華日報	1946. 8.22
美韓反動派勾結反民主 朝鮮南部政局黑暗	晋冀魯豫 人民日報	1946. 8.26
韓北通過婦女平權法案	解放日報	1946. 8.28
鮮南人民遭苦難 水災霍亂通貨膨脹	解放日報	1946. 8.30
鮮北臨時人民委員會通過婦女平權法案 鮮北訪蘇代表團抵莫斯科	晋察冀日報	1946. 8.30
朝鮮北部通過婦女平權法案	新華日報	1946. 8.31
紅軍解放朝鮮周年 鮮南光明城二十萬游行示威	晋察冀日報	1946. 9. 2
韓南三十萬人游行示威 美軍竟出動飛機坦克鎮壓	新華日報	1946. 9. 2
朝鮮代表團訪問莫斯科	新華日報	1946. 9. 8
美軍摧殘韓人言論自由 韓共機關報被查封	新華日報	1946. 9.12
日境韓僑抗議日議會侮辱韓臺人民	新華日報	1946.10. 2

기사 제목	게재지	게재일자
美代理國務卿艾奇遜發表聲明	新華日報	1946.10. 3
反對美軍蹂躪人權 朝鮮南部大罷工 農民抗捐抗租餉應	解放日報	1946.10. 6
抗議美軍暗殺政治 鮮南工人大罷工 農民群起抗捐稅	晋察冀日報	1946.10. 7
韓南人民反對暗殺政治 反對美軍蹂躪人權	新華日報	1946.10. 8
鮮北代表團由蘇返國	解放日報	1946.10. 9
鮮人反抗美占領軍壓迫 工人罷工農民抗捐	晋冀魯豫人民日報	1946.10. 9
韓北人民代表團離莫斯科返國	新華日報	1946.10. 9
南鮮工人罷工農民起義 奮起反抗美帝國主義統治	解放日報	1946.10.10
朝鮮南部廣大人民堅決反抗美軍黑暗統治	新華日報	1946.10.11
鮮南鐵路員工罷工 起義農民與美軍警察激戰	新華日報	1946.10.12
阿諾德就設立朝鮮獨立政府問題發表聲明	新華日報	1946.10.13
朝鮮南部人民反抗黑暗統治與美軍及金九政府發生激戰	晋冀魯豫人民日報	1946.10.15
鮮南人民罷教罷課抗議美軍暴行	晋察冀日報	1946.10.17
美鮮軍警殘酷鎭壓 鮮南七城人民準備反抗	解放日報	1946.10.19
美韓反動派狼狽爲奸 絞殺鮮南民主自由	晋察冀日報	1946.10.20
金九政府在美軍庇護下大肆鎭壓韓人自由	新華日報	1946.10.21
美軍逮捕韓南罷工工人	新華日報	1946.10.22
華萊士主張朝鮮獨立	新華日報	1946.10.23
反對美軍鎭壓罷工暴行 鮮南工人武裝起義	解放日報	1946.10.24
漢城警察擅捕勞工領袖	解放日報	1946.10.24
華萊士不贊成朝鮮植民地化	解放日報	1946.10.25
民主朝鮮委員會主席函貝爾納斯盼美蘇合作解決僵局	解放日報	1946.11. 1
恢復朝鮮問題談判美宣佈以蘇聯與朝鮮各領袖相談爲原則	新華日報	1946.11. 3
如何打破朝鮮僵局 鮮北蘇軍司令主張	解放日報	1946.11. 6
在美政府操縱下韓南擧行僞選	新華日報	1946.11. 6
朝鮮北部人民選擧	晋冀魯豫人民日報	1946.11. 8
韓北各地選擧人民委員	新華日報	1946.11. 8
鮮北選擧人民委員會 民主聯合陳線獲全勝	解放日報	1946.11. 9
尹光: 朝鮮民主化的症結	解放日報	1946.11.13
韓北韓南的選擧	新華日報	1946.11.18
韓北議會選代表 勞工黨獲占首席	解放日報	1946.11.20

기사 제목	게재지	게재일자
鮮北人民委員會選擧 進步力量獲得勝利	晋察冀日報	1946.11.22
蘇消息報評韓南形勢	新華日報	1946.12.26
傳漢南將組政府 美官方表示否認	新華日報	1947. 1.11
蘇美就重開朝鮮問題連席會議事交換函件	新華日報	1947. 1.12
霍奇將軍的文告	解放日報	1947. 1.31
鮮北人民委員會代表大會開幕	晋察冀日報	1947. 2.22
鮮北擧行人民代表大會	解放日報	1947. 2.22
韓北人民委員會代表大會開幕	新華日報	1947. 2.22
李承晩要求美國武裝漢南	新華日報	1947. 2.26
韓北民衆大會通過民主法案	新華日報	1947. 2.27
朝鮮北部人民委員會擧行代表大會	晋冀魯豫 人民日報	1947. 3. 4
鮮北人民代表一致贊同臨時人民委員會活動	解放日報	1947. 3. 5
鮮北百萬婦女卷入爭民主鬪爭	解放日報	1947. 3. 5
塔斯社聲明斥霍奇造謠	解放日報	1947. 3. 5
各城市代表大會閉幕 鮮北成立人民政府	晋察冀日報	1947. 3.10
人民委員會代表會議閉幕 鮮北將組臨時民主政府	晋冀魯豫 人民日報	1947. 3.10
蘇報指責美國扶植朝鮮反動派	晋冀魯豫 人民日報	1947. 3.10
鮮北人民議會首屆會議閉幕	解放日報	1947. 3.12
關於朝鮮問題 莫洛托夫再函馬歇爾	晋察冀日報	1947. 5.16
朝鮮蘇美聯合委員會恢復工作 鮮人急盼建立民主政府	晋冀魯豫 人民日報	1947. 5.27
朝鮮蘇美混合委員會在漢城恢復工作	東北日報	1947. 5.29
朝鮮蘇美聯委會復會	晋察冀日報	1947. 5.31
蘇美聯合委員會發表公報	晋察冀日報	1947. 6.12
北鮮我僑胞生活安定	東北日報	1947. 6.19
蘇美聯合委員會發表新聞公報	晋察冀日報	1947. 6.20
北朝鮮僑胞集會慶祝'七七'	東北日報	1947. 7.27
美國作破壞活動 蘇美朝鮮談判陷僵局	晋察冀日報	1947. 8. 1
美蘇關於組織朝鮮民主臨時政府的談判陷於僵局	晋冀魯豫 人民日報	1947. 8. 4
朝鮮京城二十萬人集會 要求實行莫斯科決議	東北日報	1947. 8. 8
北鮮慶祝解放兩週年	晋察冀日報	1947. 8.22

기사 제목	게재지	게재일자
美帝籌備演南鮮傀儡戱	晋察冀日報	1947. 8.22
莫洛托夫爲朝鮮問題駁復馬歇爾	晋察冀日報	1947. 8.28
美建議四國討論朝鮮問題 蘇外長依約拒絶	晋冀魯豫人民日報	1947. 9.11
美國欲使朝鮮永久陷入分裂 蘇方發表聲明斥責	晋冀魯豫人民日報	1947. 9.27
蔣介石政府開放對南朝鮮貿易	晋冀魯豫人民日報	1947. 9.27
美支持南鮮反動派籌組僞府迫害民主	東北日報	1947. 9.28
恐怖籠罩着南朝鮮	東北日報	1947. 9.29
蘇聯對朝鮮問題提出新建議 主張蘇美同時撤兵	晋冀魯豫人民日報	1947.10.20
美報揭露南鮮人民反對美國	東北日報	1947.11.17
北鮮傳誦毛主席報告 南鮮人民反分裂運動席卷全境	晋冀魯豫人民日報	1948. 2.15
南鮮和北鮮	晋冀魯豫人民日報	1948. 2.15
反對美帝分裂朝鮮陰謀 南鮮群衆鬪爭高漲	東北日報	1948. 2.17
南鮮人民反對分裂朝鮮陰謀	晋察冀日報	1948. 2.17
北鮮人民將投票決建立朝鮮人民共和國	東北日報	1948. 2.20
北鮮已有二十萬人民軍 朝鮮人民民主共和國憲法草案將表決	晋冀魯豫人民日報	1948. 2.20
南鮮人民再次擧行反美示威	東北日報	1948. 3. 2
南鮮人民游行示威 要求美軍立卽撤退	晋冀魯豫人民日報	1948. 3. 2
北鮮人民戰線發表宣言 反對美帝分裂朝鮮陰謀	東北日報	1948. 3. 5
北鮮民主人民統一戰線反對美帝奴役南鮮	晋冀魯豫人民日報	1948. 3. 5
北鮮人民民主戰線告朝鮮人民書	晋察冀日報	1948. 3. 6
北鮮人民議會公布朝鮮臨時憲草	晋察冀日報	1948. 3.19
北鮮各地六十萬人民集會 反對美帝分裂朝鮮	晋冀魯豫人民日報	1948. 3.28
北鮮各地擧行群衆大會 金日成號召爲朝鮮統一獨立鬪爭	東北日報	1948. 3.29
北鮮民青領導青年積極參加民主建設	東北日報	1948. 4.12
在民主青年聯盟領導下北鮮青運强大發展	晋冀魯豫人民日報	1948. 4.12

기사 제목	게재지	게재일자
朝鮮勞工黨主席堅稱 民主力量必將勝利	晋冀魯豫人民日報	1948. 4.19
東北日報鄭重更正	東北日報	1948. 4.23
北鮮黨派建議召開全鮮民主黨派聯席會	東北日報	1948. 4.23
北鮮人民呼吁南鮮民主黨派打敗美帝分裂朝鮮毒謀	晋冀魯豫人民日報	1948. 4.24
朝鮮民主黨派會議開幕	東北日報	1948. 4.28
南北鮮民主黨派會議在平壤開幕	晋冀魯豫人民日報	1948. 4.28
南北鮮民主黨派大團結 平壤會議隆重揭幕	晋察冀日報	1948. 4.30
南北鮮民主黨派聯席會圓滿閉幕	東北日報	1948. 5. 1
反抗美日橫暴壓迫 留日鮮僑暴發流血鬪爭	東北日報	1948. 5. 1
美鮮將陰謀武裝南鮮青年參加中國內戰	東北日報	1948. 5. 1
朝鮮民主黨派單體聯席會議勝利閉幕	晋察冀日報	1948. 5. 5
日本神戶等城朝鮮僑胞暴發反壓迫流血鬪爭	晋察冀日報	1948. 5. 5
金日成號召朝鮮人民反對美帝分裂計劃	東北日報	1948. 5. 7
南鮮人民抵制僞選	東北日報	1948. 5. 7
南鮮群衆示威 反對美帝包辦僞選	晋冀魯豫人民日報	1948. 5. 8
南北朝鮮各民主黨派保證和平合作建立統一民主政府	東北日報	1948. 5. 9
朝鮮問題的簡單經過	東北日報	1948. 5. 9
反抗民族壓迫堅持抗暴鬪爭	晋察冀日報	1948. 5.10
南北鮮民主黨派會議要美國接受蘇聯撤軍建議	晋冀魯豫人民日報	1948. 5.10
南北朝鮮政黨, 人民團體領袖平壤集會	東北日報	1948. 5.12
蘇聯答復南北鮮民主黨派 美蘇軍必須同時撤離	東北日報	1948. 5.13
北鮮經濟文化迅速發展	東北日報	1948. 5.16
北鮮經濟建設躍進 失業工人完全絶迹	晋冀魯豫人民日報	1948. 5.17
南鮮人民英勇抵制僞選	東北日報	1948. 5.20
南鮮僞鮮在恐怖暴力下擧行	晋冀魯豫人民日報	1948. 5.20
南鮮人民反抗僞選	晋察冀日報	1948. 5.21
北鮮人民歡迎蘇聯對朝鮮要求撤軍的復文	東北日報	1948. 5.23
朝鮮人民歡迎蘇聯撤軍聲明	晋察冀日報	1948. 5.24

기사 제목	게재지	게재일자
蘇打算自朝鮮撤軍 北鮮人民深表感激	晋冀魯豫人民日報	1948. 5.24
南鮮人民抵制僞選 反動派極孤立	晋冀魯豫人民日報	1948. 6. 3
南鮮已成恐怖地獄 南鮮傀儡政府已正式組成	東北日報	1948. 8.13
南鮮人民代表大會揭幕 北鮮人民委員會改爲臨時政府	東北日報	1948. 8.29
全朝鮮最高人民議會代表選擧勝利完成	東北日報	1948. 9. 5
北朝鮮 - 人民的國家	東北日報	1948. 9. 5
朝鮮人民會議開幕	東北日報	1948. 9. 7
朝鮮最高人民議會代表資格審查完畢	東北日報	1948. 9.11
國際一周	東北日報	1948. 9.11
最高人民議會首屆會議閉幕	東北日報	1948. 9.19
朝鮮最高人民議會通過政綱宣言	東北日報	1948. 9.19
朝鮮最高人民議會致電要求美蘇同時撤軍	東北日報	1948. 9.20
北鮮各地歡慶新政府成立	東北日報	1948. 9.20
毛主席朱總司令電賀朝鮮政府成立	東北日報	1948. 9.21
蘇聯宣布接受朝鮮人民議會撤軍要求	東北日報	1948. 9.25
美國各卿公然表示不願撤退南鮮美軍	東北日報	1948. 9.25
沈陽敵軍一朝鮮的參謀率兵起義到達我區	東北日報	1948. 9.25
朝鮮人民感謝蘇聯援助	東北日報	1948.10. 3
美正式拒絶撤退南鮮美軍	東北日報	1948.10. 7
朝鮮人民民主政府要求與各國建立邦交幷要求	東北日報	1948.10.18
斯大林函復金日成 同意蘇朝建立邦交	東北日報	1948.10.19
評蘇朝建交	東北日報	1948.10.22
北鮮人民歡送蘇軍返國	東北日報	1948.10.27
反抗美帝傀儡政權 南鮮一警備旅起義	東北日報	1948.10.30
解放區青年聯合會電賀朝鮮青年大會	東北日報	1948.11. 6
中鮮人民更親密團結起來	東北日報	1948.11.17
東北各地朝鮮人民歡慶朝鮮民主政府成立	東北日報	1948.11.17
朝鮮淸津僑胞盛大集會歡慶解放軍偉大勝利	東北日報	1948.11.18
朝鮮任命駐蘇大使	東北日報	1948.11.18
爭取祖國獨立解放 南鮮遊擊隊襲擊漢城東南發電廠	東北日報	1948.12.10
朝鮮人民的奮鬪	東北日報	1948.12.10

기사 제목	게재지	게재일자
美國奴役下的南朝鮮	東北日報	1948.12.10
朝鮮黨政社會團體代表熱烈送別撤離蘇軍	東北日報	1948.12.15
朝鮮民主共和國政府宣布聯大關於朝鮮問題決定無效	東北日報	1948.12.18
北朝鮮工業的躍進	東北日報	1949. 1. 9
北鮮工業迅速恢復發展	東北日報	1949. 1. 9
朝鮮實行兩年經濟計劃	東北日報	1949. 1.10
蘇軍撤離北朝鮮	東北日報	1949. 1.14
反抗李承晩傀儡政權 南鮮武裝鬪爭高漲	東北日報	1949. 1.18
南朝鮮人民武裝鬪爭現勢	東北日報	1949. 1.18
南朝鮮局勢	東北日報	1949. 1.21
北鮮建設突飛猛進	東北日報	1949. 1.24
朝鮮最高人民議會通過兩年經濟計劃等議程	東北日報	1949. 2. 8
朝鮮人民議會閉幕	東北日報	1949. 2.29
駐北朝鮮蘇軍已全部撤退	東北日報	1949. 2.14
朝鮮人民給斯大林的信	東北日報	1949. 2.26
東方人民解放運動繼續發展	東北日報	1949. 2.27
南朝鮮人民武裝活動地區擴大	東北日報	1949. 3. 5
斯大林與斯維爾尼克接見朝鮮共和國代表團	東北日報	1949. 3.10
北鮮農民聯盟代表大會閉幕	東北日報	1949. 3.17
蘇外長維辛斯基歡宴朝鮮代表團	東北日報	1949. 3.20
斯大林主席歡宴朝鮮代表團	東北日報	1949. 3.22
北朝鮮各地紛紛集會 慶祝蘇朝簽訂合作協定	東北日報	1949. 3.30
金日成結束對蘇聯的訪問	東北日報	1949. 3.30
朝鮮越南等國民主團體支持召開世界和平大會	東北日報	1949. 3.30
北朝鮮擧行地方選擧	東北日報	1949. 4.10
參加我國青年團代表大會 朝鮮青年代表團抵平	東北日報	1949. 4.10
葉劍英將軍宴朝鮮青年代表團	東北日報	1949. 4.18
朝鮮人民議會召開第三屆會議	東北日報	1949. 4.26
南朝鮮起義官兵受北鮮人民歡迎	東北日報	1949. 5.11
朝鮮各民主黨派, 群衆團體, 擁護成立聯合陣線	東北日報	1949. 5.27
朝鮮各民主黨派召開聯合陣線籌委會	東北日報	1949. 5.30
朝鮮聯合陣線成立大會開幕	東北日報	1949. 7. 1
朝鮮聯合陣線成立	東北日報	1949. 7. 6
朝鮮祖國聯合陣線發表告全國人民書	東北日報	1949. 7. 6

기사 제목	게재지	게재일자
南朝鮮士兵不願爲反動派賣命	東北日報	1949. 7. 6
南北朝鮮勞動人民擁護祖國聯合陣線	東北日報	1949. 7.17
南朝鮮遊擊隊勝利展開進攻	東北日報	1949. 8. 4
爭取祖國和平統一 南朝鮮暴發罷工巨潮	東北日報	1949. 8.12
朝鮮最高法院處決破壞分子	東北日報	1949. 8.14
朝鮮共和國欣欣向榮 南朝鮮經濟混亂	東北日報	1949. 8.22
南朝鮮遊擊隊發動新攻勢	東北日報	1949. 8.29
南韓遊擊隊屢襲僞警 攻克縣城開廠濟貧	東北日報	1949. 9.20
沖破監獄擊敗守衛 南韓千餘政治犯起義	東北日報	1949. 9.21

3. 國民政府與韓國獨立運動史料(朱家驊檔案)索引

要　旨	日　期
蕭錚致朱家驊介紹金九等人趨前延洽函	民國27.11. 4
朱家驊復金九謝賀歲并請嗣後惠書時於函面寫[親啓]字樣函	民國28. 1.11
申基彥致朱家驊乞賜時間晉謁擬面陳關於韓黨之整頓, 組織, 領導等問題函	民國28. 3.20
朱家驊復申基彥定於二十三日上午十一時於中央黨部秘書處晤談函	民國28. 3.22
申基彥致朱家驊將留渝各韓黨負責人士報請召見函	民國28. 3.25
李光濟致朱家驊爲邀韓人餐敍應注意警備函	民國28. 4. 1
星淑敬致朱家驊爲[朝鮮民族戰線]一刊即行截稿請錫以嘉言函	民國28. 5.15
汪榮生呈朱家驊爲編繕[綦江韓國七黨統一會議經過報告書]函 (附報告書一份)	民國28.10. 5
汪榮生呈秘書長(朱家驊)[韓黨統一會議決裂後各方談話紀錄]	民國28.10.19
汪榮生呈朱家驊爲[朝鮮民族革命黨]領袖陳國斌(金若山) 代表王現之等關於中央補助原則等談話函	民國28.11. 1
李超英致朱家驊爲請參加幹訓班畢業典禮及有關朝鮮革命統一組織事函	民國28.11. 2
朱家驊復李超英爲幹訓班畢業典例以在渝舉行爲便并從速進行韓黨統一工作函	民國28.11. 4
李光濟致朱家驊爲韓國天道教代表崔東昨擬進謁函 (附[崔東昨先生履歷及天道教革命略史])	民國28.12.12
金九致朱家驊爲中韓國民黨早日正常聯結函(附要求書一份) (要求書時間應較信函早)	民國29. 1. 2
李光濟致朱家驊爲韓黨統一正進行第四次運動函	民國29. 1. 6
朱家驊復李光濟爲統一工作當早日完成否則不願再過問函	民國29. 1.10
康澤,李超英,徐恩曾呈朱家驊爲奉命辦理韓黨統一運動經過函	民國29. 1.19
朱家驊復康澤(兆民), 徐恩曾(可均), 李超英爲韓事剋期赶速辦理并將共黨分子除外函	民國29. 1.25
朱家驊呈蔣總裁爲報告統一指揮韓人工作經過簽呈 (松字第29號, 草稿, 謄稿共計二份)	民國29. 1.26
金九致徐恩曾爲韓人糾紛皆由共黨主義作祟, 并請中央切實援助民族運動函	民國29. 1.26
汪榮生呈朱家驊爲[朝鮮民族解放同盟]金奎光編繕[朝鮮革命團體調查報告書]由政治部周咸堂具名擬對援助朝鮮革命運動另有策動函	民國29. 2.10

要 旨	日 期
朱家驊致政治部陳誠(辭修)部長述進行統一韓人工作經過函	民國29. 2.15
朱家驊致陳誠爲金奎光, 周咸堂等向各方活動欲藉此破壞統一運動函	民國29. 2.15
陳誠致朱家驊爲周咸堂已由秘書長面誡函(附收文登記)	民國29. 3. 3
[援助朝鮮革命運動談話會紀錄]	民國29. 4. 2
中央訓練團致調統局爲查一朝鮮人王慕白思想有無問題函	民國29. 5.17
朱家驊致康澤爲光復陣線須陳國斌發表不信仰共產主義之聲明始能商討統一函	民國29. 6. 3
康澤復朱家驊爲據陳國斌面稱民族革命黨從無左傾思想, 不能合作或係別有癥結函(附收文登記)	民國29. 6. 9
朱家驊復康澤爲當再約陳(國斌), 金(九)雙方會談促早日完成統一函	民國29. 6.19
軍政部何應欽部長致朱家驊爲詢[韓國青年戰地工作隊]成立時間, 工作性質及是否隸屬組織部電灰	民國29. 7.10
沙孟海, 朱家驊爲何應欽灰電批文(便條)	民國29. 7.21
汪榮生呈朱家驊爲[韓國青年戰地工作隊]分子複雜, 多係無政府主義者, 到處要求補助跡近撞騙函	民國29. 7.31
何應欽致朱家驊爲朝鮮義勇隊隊長金若山欲向第二俘虜收容所重慶分所領回朝鮮俘虜奉五植請核示意見電(東)	民國29. 8. 1
朱家驊復何應欽爲韓俘案係政治部經辦組織部無卷可稽函	民國29. 8. 5
朱家驊復何應欽爲[韓國青年戰地工作隊]事函	民國29. 8. 5
李光濟呈朱家驊爲團結統一韓黨并與中國國民黨密切聯絡函(附[中韓革命聯合互助公約草案]收文登記)	民國29. 8.22
段茂瀾致朱家驊爲美大使館探詢重慶市韓人之組織名稱及地址函	民國29. 9.10
汪榮生呈朱家驊爲重慶韓人組織名稱等函	民國29. 9.16
朱家驊復段茂瀾爲重慶韓人組織地址負責人等函	民國29. 9.19
(金九)致(朱家驊)爲[朝鮮民族解放鬪爭同盟]事函	民國29. 9.26 이전
金九致朱家驊爲祈指示接談之日時函	民國29. 9.26
中央執行委員會秘書處致朱家驊爲朝鮮民族革命黨將三民主義譯成韓文并奉贈原稿等事函	民國30.10.13
徐恩曾致朱家驊爲派汪榮生與金九等接洽以金九領導之獨立黨最有希望等函(附汪榮生[朝鮮各黨派活動近況報告]30.10.29, 收文登記; 又徐函重複一份見四,中國政府與韓國問題)	民國30.11. 1
朱家驊復恩曾爲報告中以獨立黨最有希望事一切早已照此辦理等函	民國30.11.23
金九致朱家驊爲韓黨內部糾紛如渠等翻然改悟停止反動則當不究既往樂與接納函	民國30.12. 6
朱家驊復金九爲當即約邀彼等一譚促其猛省函	民國30.12. 9

▐要　　旨	▐日　期
金九致朱家驊爲承詢韓獨立黨,臨時政府之組織概況及警衛隊之編製裝備等幷附奉節錄函(附獨立黨, 臨時政府, 警衛隊組織概況節錄)(附收文登記)	民國31. 1. 9
朱家驊函復軍委會爲說明韓國獨立黨及臨時政府組織情形函	民國31. 1.14
朱家驊復金九爲介紹李承晩事可用其名義致電宋,胡, 熊三人請求協助函	民國31. 5.22
金九致朱家驊爲檢附致宋,熊電報草稿暨朝鮮義勇隊所屬人員名單函(附電稿,人員一覽表)	民國31. 5.25
朱家驊呈蔣總裁爲請召見濮純,趙素昂二人簽呈(松字第231號)	民國32. 5.10
(與李超英商擬名單如左敬示核奪)便條	民國32. 6.13
黃超美致朱家驊爲請示韓國問題祈賜時間函	民國32. 6.24
沙孟海復黃超美爲朱家驊近日離渝俟下月返部後當爲轉陳函	民國32. 6.26
[朝鮮民族革命黨創立第八週年紀念宣言]	民國32. 7. 5
朝鮮民族革命黨中央執行委員會: [朴精一趙琬九等反統一派侵呑公款捏造'金九暗殺事件'眞相]	民國32. 7.20
張壽賢致朱家驊爲請短期內延見金奎植函(附金奎植學經歷)	民國32. 8.14
吳鐵城致朱家驊爲疏解韓黨糾紛擬聯名邀請兩黨重要分子於九月二日便餐聚談函	民國32. 8.27
中央執行委員會秘書處致朱家驊爲接朝鮮民族革命黨金奎植金若山來電要求積極援助該黨函(附抄原電)	民國32. 9. 1
吳鐵城致朱家驊爲金九等七人昨日突辭職明日下午便餐事應從緩擧行函	民國32. 9. 1
李光濟致朱家驊爲留渝韓人糾紛益烈爲顧中韓兩民族友誼及吾師名譽乃報告事實函(附報告書一份)	民國32. 9.24
中央執行委員會秘書處致朱家驊爲接韓國獨立黨柳東說等十七人聲明脫離該黨文件函(附聲明書)	民國32.11.17
何應欽致朱家驊以奉委座代電飭呈核排解韓黨糾紛具體辦法擬請吳鐵城擬具辦法定期召集商討會簽函(附收文登記)	民國33. 2. 3
朱家驊復何應欽爲會商排解韓黨傾軋事甚爲贊同, 當商吳鐵城請其召集商討函	民國33. 2.10
李光濟致朱家驊爲朝鮮共產黨與保皇黨修改憲法選出臨時政府主席及國務委員報告	民國33. 4.25
康澤致徐恩曾(可均)爲韓國國民黨華北工作同志報告組織光復軍情報網幷予以補助函	民國29. 2.22
徐恩曾致朱家驊爲金九面稱華北鮮籍士兵可成立光復軍情報網幷請呈委座酌予補助函(附收文登記)	民國29. 2.25
朱家驊呈蔣總裁爲金九請組光復軍情報網幷予援助簽呈(松字第42號)	民國29. 3. 2

要　旨	日　期
蔣委員長致朱家驊爲補助光復軍案准照辦希與何總長(應欽)接洽辦理電(尤)	民國29. 4.11
朱家驊致李超英爲奉總裁尤電請卽代向何總長密洽函	民國29. 4.16
朱家驊致何應欽爲奉總裁尤電特請李超英趨前請示函	民國29. 4.16
何應欽致朱家驊爲奉准補助光復軍擬定該軍編組單位及今後活動區域電(删)	民國29. 5.15
朱家驊致金九爲補助光復軍案已轉陳總裁并奉准辦理函	民國29. 5.18
朱家驊致徐恩曾爲補助光復軍已奉准辦理等函	民國29. 5.18
朱家驊致李超英爲補助光復軍案已奉准辦理并已函金九,徐恩曾函	民國29. 5.18
[援助朝鮮革命運動談話紀錄](內容以光復軍爲主)	民國29. 5.23
朱家驊復徐恩曾爲援助光復軍案已准照辦如須他項幫助請惠示具體辦法以便轉呈函	民國29. 6. 3
汪榮生審查[韓國光復軍編練計劃大綱]意見	民國29. 6. 4
李超英致朱家驊爲光復軍編練計劃已審查完畢并附呈意見函(附審查意見)(附收文登記)	民國29. 6.21
朱家驊致何應欽爲擬具光復軍編練計劃大綱并附總動員方略及附具意見函(附:附具意見,計劃大綱,總動員方略各一份)	民國29. 7. 3
朱家驊復李超英爲謝代爲審查光復軍編練計劃并簽列意見函	民國29. 7. 3
金九致朱家驊爲光復軍總司令部已於十七日成立并擬偕總司令李青天趨謁請指示地,時函(附光復軍總司部職員名單一份)	民國29. 9.19
金九致朱家驊爲擬具光復軍今後工作大綱請轉陳蔣委員長并中央有關機關函	民國30. 1.21
金九前函朱家驊批[函商何總長商主任]便條	民國30. 1.21
朱家驊致何應欽,商震爲金九函稱光復軍案代爲轉函并希詧奪示復函	民國30. 1.24
商震致朱家驊爲金九請我方簡派軍事參謀及政治工作人員案係軍政部主辦并已移函該部函(附收文登記)	民國30. 2. 3
金九致朱家驊爲請派人員案尙未核准特再附奉公函煩轉陳蔣委員長及有關當局俾早日照准函	民國30. 2.14
金九致朱家驊爲時局急迫特再抄附工作步驟煩轉陳蔣委員長及有關機關迅予核准函(附工作步驟)	民國30. 2.14
朱家驊致何應欽爲金九商震光復軍亟待編組成立, 其事對我抗戰前途頗有幫助, 似可准其成立函(附草稿一件)	民國30. 2.18
何應欽致朱家驊爲光復軍案已由軍委會事務會報決定由辦公廳主辦并已移函該廳電(江)	民國30. 3. 3
金九致朱家驊爲編組光復軍案懇撥冗提陳函(附收文登記)	民國30. 3. 3
朱家驊致商震爲金九呈請正式編組光復軍案希迅予照准函	民國30. 3. 6

要　　旨	日　期
朱家驊復金九爲編組光復軍案改由軍委會辦公廳主辦現正與商主任商洽函	民國30. 3. 6
商震復朱家驊爲便條光復軍案經聯席會議決議原則可行俟編制呈核後再酌定派遣人員等函(附收文登記)	民國30. 3.16
朱家驊致金九爲接商震來函俟編制呈核再行酌定派遣人員函	民國30. 3.20
金九復朱家驊爲光復軍編制計劃書已令李青天擬具呈核函(附收文登記)	民國30. 3.21
金九致朱家驊爲軍委會聯席會議決議派遣九員編組光復軍煩催何總長迅予核照幷提前檢呈蔣總裁函(附批示『簽呈總裁』便條一件)	民國30. 4.28
朱家驊致何應欽爲金九函催提先核辦光復軍案函	民國30. 5. 2
朱家驊復金九爲已轉函何總長請其提先核辦函	民國30. 5. 2
金九致朱家驊爲編組光復軍案尙未批示及據傳軍委會辦公廳附設[援助東方各民族革命工作會議]歸調統局管理函	民國30. 5.26
朱家驊致姚琮(味辛)爲組織光復軍案請迅予核准函	民國30. 5.30
朱家驊復金九爲編組光復軍案已函姚琮迅予核准函	民國30. 5.30
商震致朱家驊爲光復軍已准正式成立, 編制已奉核准所需人員亦經奉批等函	民國30. 3.30
金學奎,王俊誠爲光復軍問題拜訪朱家驊備忘錄	民國30. (5일이후)
韓國獨立黨金學奎[韓國光復軍問題節略]	民國30. (5일이후)
朱家驊致金九爲商震函告已准光復軍正式成立函	民國30. 6. 3
姚琮復朱家驊爲光復軍案原則已奉委員長批准正由文官處擬辦函	民國30. 6. 5
朱家驊致金九爲姚琮函告光復軍已奉准成立函	民國30. 6. 7
金九復朱家驊爲謝其斡旋光復軍案函	民國30. 6. 9
金九致朱家驊爲光復軍案仍留中不發請轉催實施幷先通令各地軍事長官對光復軍活動予以協助保護函	民國30. 6.13
朱家驊致姚琮爲金九函催光復軍案迅予實施幷先予協助保護函	民國30. 6.16
朱家驊復金九爲已函姚琮催請速辦函	民國30. 6.16
朱家驊呈蔣總裁爲光復軍已奉准成立懇令主管機關從速照辦幷請召見金九等四人簽呈(松字第126號)(附金九等略歷)(文稿共2件)	民國30. 7. 3
朱家驊致何應欽爲請從速令飭光復軍成立函	民國30. 7. 3
蔣委員長致朱家驊爲光復軍案已令何總長交軍部速辦及金九等四人可約來一談電(巧)	民國30. 7.18
朱家驊致金九爲接總裁巧電函	民國30. 7.19
朱家驊致軍委會辦公廳交際科爲接總裁巧電請按排金九等四人約見時間函	民國30. 7.19
軍委會辦公廳致李青天爲擬光復軍活動準繩九條電(刪)(附件:	民國30.11.13

要 旨	日 期
編組具報光復軍總司令編制電)(附[韓國光復軍總司令部暫行編制表])	
金九致朱家驊爲請轉陳蔣總裁准予實施光復軍工作函(附節略未見)	民國30.11.18
金九致朱家驊爲祈指示接談日時函	民國30.12. 7
金九致朱家驊爲請轉託軍令部劉次長(斐)圈定李振剛任光復軍總司令部參謀長函	民國30.12.11
朱家驊致劉斐(爲章)爲金九轉託李振剛事函	民國30.12.12
朱家驊復金九爲已致函劉斐函	民國30.12.12
金九致朱家驊爲光復軍司令部已移至西安請轉陳蔣總裁,何部長准予開始活動并派員編練函	民國30.12.13
朱家驊致何應欽爲代金九轉函奉商函	民國30.12.13 이후
朱家驊復金九爲已再函何總長察核函	民國30.12.13 이후
劉斐復朱家驊爲光復軍參謀長人選已核中李振剛函	民國30.12.15
朱家驊致金九爲劉斐函告參謀長人選核中李振剛函	民國30.12.23
金九致朱家驊爲有事拜訪請指示時址函	民國31. 1.27
金九致朱家驊爲趙素昂隨中國軍事代表團赴美事請鼎力設法期底於成函	民國31. 2. 1
朱家驊復金九爲趙素昂似宜逕赴美在華府相會較爲妥善函	民國31. 2. 3
李靑天,李範奭致朱家驊爲商震光復軍現狀請賜示拜訪時地函	民國31. 2. 4
李靑天,李範奭致朱家驊爲光復軍請派人員乞未到達經費亦未核准請予格外關拂俾早日組織完成函(附節略一件)(附收文登記)	民國31. 2. 8
金九致朱家驊爲附奉節略請簽呈蔣委座并轉賜覲見之機會函(附節略一件)(附收文登記)	民國31. 2. 9
朱家驊呈蔣總裁爲轉陳金九[關於中國政府援助韓國獨立問題之種種]節略并請賜覲謁面陳簽呈(松字第152號)	民國31. 2.11
朱家驊復金九爲已簽呈總裁函	民國31. 2.11
朱家驊復李靑天,李範奭爲所囑各節與金九節略大體相同并已簽呈總裁核示函	民國31. 2.14
金九致朱家驊爲三月一日擧行韓國三一運動第二十三周年紀念典禮希撥冗光臨函	民國31. 2.27
朱家驊復金九爲三月一日另有要事特請馬星樵代表函	民國31. 2.28
韓國光復軍總司令部['三一'獨立節第二十三週年紀念宣言]	民國31. 3. 1
朱家驊復李靑天爲光復軍參謀長及政訓處長已奉命發表函	民國31. 4. 7
朱家驊復王平一爲因病休養俟下星期一談	民國31. 4.18
何應欽致朱家驊爲收到光復軍所屬中央軍官學校畢業生名單函	民國31. 5.16
朱家驊致孔祥熙爲代金九轉請延見函	民國31. 5.18

▮要　旨	▮日　期
朱家驊復金九爲朝鮮義勇隊人員確數及已函約孔祥熙函(附便條一件)	民國31. 5.18
李青天致朱家驊爲聞其舊恙復犯慰能早占勿藥函	民國31. 5.23
康澤致朱家驊爲收到光復軍畢業生名册函	民國31. 6. 3
朱家驊復李青天爲謝其存問函	民國31. 6. 6
王平一致朱家驊爲已辭光復軍政訓處長職弁希中央黨部另成立專管機構函(附收文登記)	民國31. 7.28
朱家驊呈蔣總裁爲處理韓國問題以光復軍爲最主要問題簽呈(松字第180號)	民國31. 9.12
黃超美致朱家驊爲請任嘉陵會計學校董事函	民國31.11.11
朱家驊復黃超美爲代婉言謝絶董事函	民國31.11.17
李範奭致朱家驊爲已到西安任光復軍第二支隊隊長函	民國31.11.21
朱家驊復李範奭爲勉其恪勤淬勵函	民國31.12.21
趙素昂致朱家驊爲明日趨謁面陳函	民國32. 9.16
金九致朱家驊爲光復軍人數增加請撥助二十萬元節略	民國30. 9.26 이전
朱家驊呈蔣總裁爲轉呈金九請撥助二十萬元節略簽呈(松字第132號)(文稿共2件)	民國30. 9.30
蔣委員長致朱家驊爲金九請撥款案准發給救濟費壹十萬元電(宥)	民國30.10. 36
朱家驊致金九爲總裁奉撥壹十萬元函	民國30.10.28
何應欽致朱家驊爲請派員洽領壹十萬元電(灰)	民國30.11.10
朱家驊致金九爲奉何應欽灰電請派員辦理函	民國30.11.13
金九致朱家驊爲接濟中斷請轉陳委座每月補助黨政費,眷屬生計費(六)萬元函	民國30.12. 9
朱家驊呈蔣總裁爲金九請按月撥助六萬元簽呈(松字第141號)	民國30.12.10
蔣委員長致朱家驊爲金九請按月撥助案准向軍政部具領電(篠)	民國30.12.17
徐恩曾致楊公達爲介紹汪榮生前來說明因調統局需用浩繁無法再作經濟上調動(指援韓事)	民國30.12.25
楊公達致朱家驊爲徐恩曾派汪榮生前來稱韓人生活已成問題轉向本黨作呼籲函	民國30.12.25
何應欽致朱家驊爲接委員長篠電補助韓民費用自十二月分起洽領電(陽)(附收文登記, 便條共2件)	民國31. 1. 7
請(朱家驊)轉商糧食部特准韓國獨立黨續購官價米函(無收信人, 發信人)	民國31, 4.30 이전
朱家驊致徐堪(可亭)爲請特准韓國獨立黨續購官價米函	民國31. 4.30
朱家驊致金寶善(楚珍)希衛生署贈送韓人藥品函	民國31. 5. 9
朱家驊復金九爲已致函金寶善商洽函	民國31. 5. 9

要 旨	日 期
金寶善致朱家驊爲送韓人特價購買藥品單乙紙函(附收文登記)	民國31. 5.12
徐堪致朱家驊爲韓獨立黨每月需米逕向陪都民食供應處辦理函(附收文登記)	民國31. 5.21
金九致朱家驊爲請接洽謁晤孔(祥熙)院長面商信用借款等函	民國31. 6.24
朱家驊批示便條(函孔祥熙,金九)	民國31. 6.24
朱家驊致孔祥熙爲金九信用借款案似宜予以便利函	民國31. 6.27
朱家驊復金九爲已函孔祥熙幷請速告光復軍最近窒礙函	民國31. 6.27
金九致朱家驊爲助韓物質問題仍無結果擬覲謁委座面承函(附收文登記)	民國31. 7.17
孔祥熙致金九爲韓信用借款案宜向美國洽貸函(附收文登記)	民國31. 7.18
朱家驊復金九爲當代轉陳總裁函	民國31. 7.20
朱家驊致金九爲孔祥熙復函韓借款案宜逕向美方洽華函	民國31. 7.23
金九致朱家驊爲聞由中央決定先撥借法幣二百萬元事幷請賜約見時地函(附收文登記)	民國31. 9.10
金九致朱家驊爲韓印互取連繫已電在美機關辦理另吳秘書長對援韓經費尚未見示函(附在美機關通迅處一份,附收文登記)	民國31.10.20
朱家驊致吳鐵城爲援韓經費宜早日召開韓國問題會議函	民國31.10.23
朱家驊復金九爲援助經費案已函吳鐵城早日召開會議商討函	民國31.10.23
金九致朱家驊爲加發補助費事可否短期內簽准實施函(附收文登記)	民國32. 1.11
朱家驊復金九爲所囑事當相機進行函	民國32. 1.22
金九致朱家驊爲經費不敷祈設法以度難關函(附收文登記)	民國32. 4.24
朱家驊呈蔣總裁爲按月加發韓人補助費六萬元簽呈(按此件似未發)	民國32. 4.27
朱家驊復金九已簽呈總裁函	民國32. 4.27
旅渝韓國臨時政府每月應支經費及所屬韓僑全體生活費	民國32. 4.27
朱家驊呈蔣總裁爲韓人經費每月尙缺十四萬元請酌量寬予增加簽呈	民國32. 5.11
朱家驊致濮純爲奉總裁馬電按月加發十四萬元補助費准予照辦函	民國32. 5.25
朝鮮民族革命黨金奎植,金若山致吳鐵城,朱家驊,何應欽爲金九扣發該黨及韓僑補助費電(寒)	民國32. 7.14
何應欽致朱家驊爲查明金九是否轉發補助費函	民國32.11.30
金九致朱家驊爲侵呑公款案請惠賜證明函件函	民國32. 8. 9
沙孟海爲增發韓人經費案批注便條	民國32. 8.10
朱家驊復金九爲增發補助費案因視導黨務至七月中旬始轉發函	民國32. 8.11
朱家驊復何應欽爲六月分補助韓人經費因視導黨務之七月中旬始輾發函	民國32. 8.11

要 旨	日 期
吳鐵城致朱家驊爲接朝鮮民族革命黨稱金九扣欠該黨補助款請婉勸金九照發函(附收文登記)	民國32.11.10
朱家驊致金九請速發朝鮮民族革命黨補助款函	民國32.11.30
朱家驊復吳鐵城爲已函勸金九速發函	民國32.12. 1
金九復朱家驊爲朝鮮民族革命黨拒繳納該黨原支之眷屬生活費故自八月分起停支其每月補助費函(附收文登記)	民國32.12. 3
朱家驊致吳鐵城爲接金九復函幷已再函懇勸息爭函	民國32.12. 7
朱家驊復金九爲停發補助案已轉覆吳鐵城幷望其對內部問題宜含弘寬大函	民國32.12. 8
金九致朱家驊請轉商吳鐵城迅撥未發之壹百萬元幷轉陳委座特准加發函(附收文登記)	民國33. 1.10
朱家驊致吳鐵城爲迅撥壹伯萬元予金九函	民國33. 1.13
朱家驊復金九爲已致函吳鐵城代爲說項函	民國33. 1.13
金九致朱家驊爲年關在卽乞暫先惠予救急函	民國33. 1.18
吳鐵城復朱家驊爲壹百萬元借款案前已付二十萬元餘款卽予一次撥發函	民國33. 1.21
朱家驊致金九爲請派員洽領八十萬元函	民國33. 1.22
沙孟海爲金九請組織部撥款救急案批注便條	民國33. 1.29
金九致朱家驊請轉陳委座准予按月借助法幣壹百萬元函(附[請求借助經費概算書],收文登記)	民國33. 2. 7
朱家驊呈蔣總裁爲請自本年壹月分起每月增撥韓人補助費參拾萬元簽呈(松字第246號)	民國33. 2.16
朱家驊復金九爲經費不敷自當繼續設法函	民國33. 2.18
金九致朱家驊爲此次請求加發補助費分函何,吳以致紛亂望以後由尊處惠管函(附收文登記)	民國33. 2.23
金九致朱家驊爲職員宿舍火災損失甚重請先濟助貳拾萬元函(附收文登記)	民國33. 3. 6
簽呈總裁增發韓人月費事奉批[交何總長核辦]報告便條	民國33. 3.10
朱家驊復金九爲先予墊借二十萬元函	民國33. 3.10
朱家驊致吳鐵城爲先由組織部墊借二十萬元予金九函	民國33. 3.11
朱家驊致濮純爲慰問火災受傷函	民國33. 3.11
朱家驊呈蔣總裁爲增撥韓人月費案祈迅賜批准簽呈(松字第269號)	民國33. 4.18
朱家驊致金寶善爲介紹濮精一面洽購買藥品幷希予特別優待函	民國33. 5.19
陳果夫致朱家驊爲未奉命辦理原電理合退還函	民國33. 7.19
朱家驊復陳果夫爲總裁核准有案仍復上原代電函	民國33. 8. 3

要　旨	日　期
陳果夫致朱家驊爲總裁是否核可按月撥發金九機密費二十萬元函	民國33. 8. 3
李永新致沙孟海撥發金九機密活動費十萬元原委函	民國33. 8.10
朱家驊復陳果夫爲金九機密活動費十萬元由組織部墊發擬俟臨時政府經費問題解決再簽呈總裁函	民國33. 8.11
朱家驊簽呈總裁爲呈復遵辦籌劃日韓臺革命運動簽呈(松字第58號)	民國29. 4.29
徐恩曾致朱家驊爲派汪榮生與金九等接洽幷以獨立黨最有希望等函(附收文登記)(重複)	民國30.11. 1
郭泰祺致朱家驊爲李承晚電促正式承認高麗共和國函(附李承晚英文原電抄件一份)	民國30.12. 1
徐恩曾致朱家驊爲韓國臨時政府似應早日予承認函(附收文登記)	民國30.12.11
金九[關於承認韓國臨時政府之節略]	民國31. 1.30
中央執行委員會秘書處致朱家驊爲中央常會決議推戴傳賢等七委員研究朝鮮問題函	民國31. 8.25
朱家驊復宋子文電述辦理韓國事件經過函	民國31. 9.25
吳鐵城致朱家驊爲送扶助韓國復國運動指導方案乞核閱,如承贊同擬卽簽報總裁核示函(附收文登記)	民國31.11. 6
朱家驊復吳鐵城爲贊同扶助韓國復國運動方案,幷將原方案檢還請簽呈總裁函	民國31.12.11
朱家驊呈總裁爲密陳四年來對韓國問題辦理經過附具意見簽呈	民國32. 3. 5
李光濟致朱家驊爲報告留渝韓人糾紛函(附報告一份)(重複)	民國32. 9.24
金九致朱家驊爲慰其卸任部務函(附收文登記)	民國33. 5.28
朱家驊復金九爲謝其存問函	民國33. 6. 1
朱家驊呈蔣總裁爲經辦韓人工作已移交新任辦理報告(松字第274號)	民國33. 7.14
朱家驊呈蔣總裁爲奉令核議韓國政府承認問題已移送新任陳部長辦理報告(松字第275號)	民國33. 7.17
朱家驊致陳果夫爲韓人工作宜仍由組織部辦理函	民國33. 7.17
吳鐵城致朱家驊爲韓國問題祈惠示意見幷附總裁代電,簽呈稿函(附件：一, [韓國臨時政府主席國務委員及各部部長名單]；二, [處理韓國問題之原則]；三, [擬請核發韓國臨時政府經費清單])	民國33. 7.31
朱家驊復吳鐵城爲已交卸部務有關韓國事宜均移新任核辦函	民國33. 8. 4
李永新致沙孟海爲派岳希文調閱朝鮮案卷函	民國33.12. 9
沙孟海致朱家驊擬將全部檔案交岳希文一閱便條	民國33.12. 9
沙孟海致朱家驊爲酌示兩件韓事報告予李,岳諸同志便條	民國33.12. 9
崔東旿致朱家驊爲面陳聯絡韓國天道敎計劃,乞示時間以便晉謁函(附收文登記)	民國34. 8.16
崔東旿致朱家驊爲面陳日寇投降後之內外時局函(附收文登記)	民國34. 8.27

▮要　　旨	▮日　　期
濮純致朱家驊爲同人等返韓問題懇請分函介紹翁副院長,蔣秘書長以便趨商函(附收文登記)	民國34. 8.28
崔東旿致朱家驊爲歸國事懇請幫助, 并懇面陳委座賜予援助, 另盼賜告中央討論援韓問題之內容函(附收文登記)	民國34. 9.29
朱家驊復崔東旿爲承囑各節請俟委座批下後再作定奪, 關於援韓問題, 俟詢明後再奉告函	民國34.10. 9
行政院朱(家驊)副院長爲金九遇刺慰唁金氏家屬新聞稿	民國38. 6.27
外交部駐漢城許總領事譯轉朱家驊致金九家屬慰唁電文(附草稿一份)	民國38. 6.28
朱家驊分致李承晩,李範奭爲轉託邵毓麟大使代致問候函	民國38. 6.28
朱家驊致濮純爲悼金九遇刺并勉與政府合作函	民國38. 6.28
朱家驊致邵毓麟爲託函轉致李承晩等三人函	民國38. 6.28
朱家驊致駐漢城許總領事爲請代向金九獻花致祭并以本人名義參加葬禮電(英文)	民國38. 7. 1
朱家驊致李承晩總統祝賀韓國獨立紀念電	民國38. 8.16
李承晩致朱家驊爲派申錫雨大使駐華函	民國38. 8.20
李範奭致朱家驊爲蔣總統泣韓招待未周并望時錫指敎函	民國38. 8.20
朱家驊復李承晩爲張景賢赴韓洽食鹽運銷問題乞賜予接見函	民國38. 8.29
朱家驊致李範奭爲張景賢赴韓洽商函	民國38. 8.29
朱家驊致邵毓麟爲請協助張景賢洽商函	民國38. 8.29
張汶(景賢)學歷,現職便條	民國38. 8.29
朱家驊致孫立人爲成都陸軍軍官學校有韓畢業生五十人以歸國困難願在國軍中服務請予設法函	民國38. 9.13
孫立人復朱家驊爲韓籍學生請卽日來臺報到函(附收文登記)	民國38. 9.20
朱家驊致申錫雨爲韓籍學生請早日赴臺函	民國38. 9.28
朱家驊復孫立人爲謝其安排韓籍學生事函	民國38. 9.28
申錫雨復朱家驊爲謝其護持并當面謝孫立人函	民國38.10.10
金弘一致朱家驊爲代謝其賀李承晩生日墨寶函	民國41. 4. 5
司徒德致朱家驊爲請參加中韓文化協會成立大會并請捐助經費二千元函(附收文登記)	民國31.10. 6
中韓文化協會籌備會致朱家驊爲請參加成立大會并捐助二千元函(附收文登記)	民國31.10. 6
朱家驊賀中韓文化協會成立電文	民國31.10.11
朱家驊致金九爲未能參加成立大會特備祝詞一篇函	民國31.10.11
司徒德致朱家驊爲成立大會記錄俟整理後呈閱函(附收文登記)	民國31.10.12
中韓文化協會致朱家驊爲當選理事函	民國31.10.14

要　旨	日　期
司徒德致朱家驊爲請參加招待韓國臨時政府人員茶會函(附收文登記)	民國31.11. 6
司徒德致朱家驊爲請參加中韓文化協會成立週年茶會函(附收文登記)	民國32. 9.25
司徒德致朱家驊爲孫哲生(科)擬請其洰臨週年茶會幷致詞函(附收文登記)	民國32.10. 8
中韓文化協會致朱家驊爲當選第二屆理事函	民國32.10.21
中韓文化協會致朱家驊爲請參加理監事聯席會議函	民國32.10.21
中韓文協宣傳組長胡秋原致朱家驊爲邀請公開演講函(附收文登記)	民國32.12.11
朱家驊復中韓文化協會爲牙痛甚劇致難前來函	民國32.12.14
胡秋原致朱家驊爲請就韓國問題發表文章函	民國32.12.14
胡秋原致朱家驊爲請參加座談會函	民國32.12.14
中韓文化協會致朱家驊爲請參加公開講演會函	民國32.12.15
朱家驊贈韓國臨時政府人員玉照名單	民國34.11. 2
朱家驊致外交部東亞司爲撰就協助韓國臨時政府概要附上函(附[我和韓國的關係概要]一份)	民國44. 5. 5
中央黨部致中央研究院爲請提供朱家驊之學歷及其對韓國獨立運動有關史料函	民國57.10. 4
王世杰致中央委員會第三組爲抄送有關朱家驊學歷等資料函(附件未見)	民國57.12.14
[朱家驊先生協助韓國獨立運動檔案目錄]	
中央執行委員會組織部發展稿(巧·馬·共三電)	
[本處無案移請邊疆處核辦]便條	民國(?). 1.12
[三月二十五日送陳紹賢]便條	
[何總長呈復內容(限制用途)是否可以直敍請賜審奪]便條	

4. 中國國民黨中央委員會 黨史館所藏(韓國關特16檔案資料)目錄

번 호	제 목	지 역	일 시
特16/1	大韓民國臨時政府駐華代表團函	南京	民國35.
特16/2-1	韓獨立黨員柳東說等發表脫黨聲明另成立韓民族革命者統一同盟	軍委會, 重慶	民國32.12.15
特16/2-2	柳東說宣言書	重慶	民國32.11.
特16/2-3	中秘處致何應欽朱家驊函	重慶	民國32.11.17
特16/2-4	柳東說等聲明書	重慶	民國32.11.
特16/2-5	天道教略史, 崔東吁	重慶	民國33.10. 1
特16/2-6	韓國臨時政府軍務部長金若山請求派印工作隊及韓國國內工作問題	重慶	民國34. 1.
特16/2-7	中秘處致軍務會侍從室第二處函	重慶	民國34. 5.27
特16/2-8	軍委會致中秘處代電	重慶	民國34. 4.12
特16/2-9	軍委會致中秘處代電	重慶	民國34. 4.12
特16/2-10	軍委會致中秘處函	重慶	民國34. 5.11
特16/2-10	韓國青年團計劃組織光復軍青年團	國府參軍處, 重慶	民國 ?.11. 5
特16/2-11	增加韓國臨時政府補助費案	重慶	民國34. 4.
特16/2-12	吳鐵城致金九函	重慶	民國34. 2.15
特16/2-13	金九致吳鐵城函	重慶	民國34. 2. 6
特16/2-14	外交部致中秘處函	重慶	民國34.11. 2
特16/2-15	李光濟上吳鐵城報告書	重慶	民國33.10.27
特16/2-16	關於援助朝鮮革命要略	張壽賢, 重慶	民國33.
特16/2-17	韓國臨時政府在西安阜陽成立訓練班案	重慶	民國34. 7.
特16/3-1	蔣委員長致吳鐵城代電	重慶	民國33. 9. 8
特16/3-2	吳國楨上蔣總裁簽呈	重慶	民國32. 7.18
特16/3-3	吳鐵城致何應欽函	重慶	民國33. 7.13
特16/3-4	韓國臨時政府備忘錄之研究	溫叔萱, 重慶	民國33. 6.30
特16/3-5	吳鐵城致何應欽函	重慶	民國33. 6.16

번 호	제 목	지 역	일 시
特16/3-6	溫叔萱上吳鐵城呈	重慶	民國33. 6.13
特16/3-7	韓國光復軍九個條約行動準繩	大韓民國臨時政府, 重慶	民國33.
特16/3-8	中韓互助軍事協定草案	大韓民國臨時政府, 重慶	民國33.
特16/3-9	大韓民國臨時議政院決議案原文	大韓民國臨時政府, 重慶	民國33.
特16/3-11	韓國光復軍應印度政府之邀來印作宣傳工作	外交部情報司, 重慶	民國32. 9.18
特16/3-12	軍委會點驗韓國光復軍	外交部情報司, 重慶	民國32. 5. 4
特16/3-13	光復軍成立時之處置問題	蔣總裁, 重慶	民國31.10.
特16/3-14	韓光復軍編制函待改編	程潛, 吳鐵城 重慶	民國34. 8.
特16/3-15	濟助韓光復軍第一支隊眷屬平價米案	何應欽, 吳鐵城 重慶	民國31.11.
特16/3-16	韓國光復軍第一支隊駐渝各隊員請領眷屬平價米姓名 清册	重慶	民國31.11.
特16/3-17	韓國會議開幕	中央社 中央掃蕩聯合版, 重慶	民國32.10.26
特16/3-18	韓國光復軍駐滬辦事處動態	國府參軍處, 南京	民國35.11. 6
特16/3-19	軍委會致中秘處函	重慶	民國34.11.26
特16/3-20	金九致吳鐵城函	重慶	民國34. 4.20
特16/3-21	張壽賢上吳鐵城報告	重慶	民國34. 3. 1
特16/3-22	關於韓國光復軍中韓兩國商定辦法草案	重慶	民國34. 2.23
特16/3-23	金九致吳鐵城函	重慶	民國34. 2. 1
特16/3-24	關於韓國光復軍各項函待商洽之問題	重慶	民國34.
特16/3-25	援助韓國光復軍辦法草案	重慶	民國34. 1.23
特16/3-26	呈蔣總裁請核市援助韓國光復軍辦法	吳鐵城, 重慶	民國33.12.29
特16/3-27	軍委會致中秘處函	重慶	民國33.12.16
特16/3-28	關於[援助光復軍辦法]原文暨審核意見對照表	軍委會, 重慶	民國33.12.

번 호	제 목	지 역	일 시
特16/3-29	關於[金九請求事項]原文暨中央黨部意見與本會審核意見對照表	軍委會, 重慶	民國33.12.
特16/3-30	中秘處致軍委會函	重慶	民國33.12. 7
特16/3-31	關於韓國光復軍換文草案原文暨審核意見對照表	重慶	民國33.11.
特16/3-32	韓國光復軍換文草案原文暨審核意見對照表	重慶	民國33.11.
特16/3-33	軍委會與韓國光復軍聯繫辦法	軍委會, 重慶	民國33.11.
特16/3-34	韓光復軍善後問題之解決原則	軍委會侍從室, 重慶	民國33.11.27
特16/3-35	韓國光復軍兼第一支隊長金若山等不滿該軍總司令李青天情形	軍委會侍從室, 重慶	民國 ?. 6.11
特16/3-36	今後對韓國光復軍行文辦法	軍委會辦公廳, 重慶	民國34. 6. 9
特16/3-37	商討爾後對韓國光復軍軍實經費撥給辦法會議紀錄	軍委辦公廳, 重慶	民國34. 5. 1
特16/3-38	韓光復軍第二支隊長李範奭飛西安籌組訓練班	軍委會侍從室, 重慶	民國34. 5. 6
特16/3-39	光復軍改組後韓矛動態	軍委會辦公廳, 重慶	民國34. 4.30
特16/3-40	軍委會辦公廳致中秘處函	重慶	民國34. 4.30
特16/3-41	賀國光致吳鐵城函	重慶	民國34. 3.28
特16/3-42	金九致吳鐵城函	重慶	民國34. 3.26
特16/3-43	韓國臨時政府軍事進行計劃	軍委會辦公廳, 重慶	民國34. 3.30
特16/3-44	第5戰區幹部訓練團特設政工幹部訓練班第2期韓國學員考核成績表	第5戰區司令部 老河口	民國34. 3.11
特16/3-45	韓國光復軍新招受訓人員調查表	第5戰區司令部, 老河口	民國34. 3.11
特16/3-46	中秘處致第5戰區李宗仁司令函	重慶	民國33.11.15
特16/3-47	金若山致吳鐵城代電	重慶	民國33.11.
特16/3-48	朝鮮民族革命黨人不滿韓國臨時政府之言論	委員長侍從室, 重慶	民國33.11.11
特16/3-49	韓國光復軍換文草案及要求事項	大韓民國臨時政府, 重慶	民國33.10.
特16/3-50	韓國光復軍過去之經驗及今後發展之方針	黃紹美 重慶	民國34. 1.15

번 호	제 목	지 역	일 시
特16/3-51	韓國光復軍總司令部政訓處致中執會函	黃紹美, 重慶	民國33.12.18
特16/3-52	八一三成人訓練班計劃	黃紹美, 重慶	民國33.12.
特16/3-52	吳鐵城致金若山函	重慶	民國34. 2.10
特16/4-1	廣州市大韓僑民會致美英蘇及聯合國政府駐中國各大公使幷重慶國民政府等代電	崔宗昊等	民國35. 1.
特16/4-2	中秘處致韓國臨時政府	重慶	民國34. 5. 3
特16/4-3	中秘處致菲總支部電	重慶	民國34. 6.15
特16/4-4	葉秀峰致吳鐵城函	重慶	民國34.10.18
特16/4-5	金九致吳鐵城函	重慶	民國34.11. 3
特16/4-6	金九致吳鐵城函	重慶	民國34.11. 3
特16/4-7	金九上蔣總裁函	重慶	民國34.10.10
特16/4-8	中韓會迅(第5期)	中韓文化協會, 重慶	民國35. 1.
特16/4-9	韓國愛國歌	音樂刊社, 重慶	民國34.11.12
特16/4-10	韓國臨時政府駐華代表團團長濮純致中秘處函	重慶	民國35. 3.31
特16/4-11	建立緬甸區工作經過暨與緬國防局聯絡情形	中調局 重慶	民國32.12. 7
特16/4-12	吳鐵城致魏道明函	重慶	民國33.12. 4
特16/4-13	韓國人員動態情報	軍委會辦公廳, 重慶	民國33.11.17
特16/4-14	中組部致中秘處函	重慶	民國33.12. 1
特16/4-15	在蘇韓僑問題與韓國之將來	李忠模, 重慶	民國33. 9.23
特16/4-16	希望案一韓國問題與國際問題	李忠模, 重慶	民國33. 9.23
特16/4-17	韓革命黨人姜弘周致吳鐵城函	重慶	民國33.10.11
特16/4-18	韓正民致吳鐵城函	重慶	民國33.10.11
特16/4-19	金九致吳鐵城函	重慶	民國33.11. 2
特16/4-20	軍委會致中秘處函	重慶	民國34.12.25
特16/4-21	開羅會議公報全文	中央日報, 重慶	民國32.12. 3
特16/4-22	英副首相在下院稱朝鮮獨立必須由盟國擧行會談	重慶	民國32.12. 9
特16/4-23	獨立評論	韓國獨立黨宣傳部, 重慶	民國33. 5.1.
特16/4-24	朝鮮國恥34週年韓國臨時政府開會紀念	新華日報, 重慶	民國33. 8.29

번 호	제 목	지 역	일 시
特16/4-25	團結復國(社論)	新華日報, 重慶	民國33. 8.29
特16/4-26	不應該遺忘的韓國	T歐里弗爾, 新華日報, 重慶	民國33. 8.29
特16/4-27	華北朝鮮獨立同盟艱苦勇敢積極抗.	新華日報, 重慶	民國33. 8.29
特16/4-28	中央黨部吳秘書長宴韓臨時政府首長	中央社 中央日報, 重慶	民國33. 7.18
特16/4-29	韓臨時政府部長就職主席金九致訓詞(協助)勉	中央社 中央日報, 重慶	民國33. 8.16
特16/4-29	中秘處致中組部等函	南京	民國36. 5. 8
特16/4-30	張壽賢上吳鐵城呈	重慶	民國? .11.23
特16/4-31	朴精一趙琬九等反統一派侵呑公款捏造[金九等暗殺事件]眞相	朝鮮民族革命中執會, 重慶	民國32. 7.20
特16/4-32	總裁及英美等國人士有關韓國獨立之言論摘錄	重慶	民國33.
特16/4-33	韓國各革命團體聯合主席團在中國自由韓人大會宣言	重慶	民國32. 5.10
特16/4-34	韓國時局策進會創立宣言	時局策進會, 重慶	民國32. 9.
特16/4-35	趙素昂致吳鐵城函	重慶	民國32. 8. 5
特16/4-36	朝鮮民族革命黨改組竣事	中央社, 重慶	民國32. 2.26
特16/4-37	朝鮮民族革命黨綱領及政策	中央社, 重慶	民國32. 2.26
特16/4-38	朝鮮民族解散同盟參加韓臨時政府名單	中秘處, 重慶	民國?. ?. ?
特16/4-39	朝鮮民族革命黨創立第八週.年紀念宣言	朝鮮民族革命黨中執會, 重慶	民國32. 7. 5
特16/4-40	金若山會見記	張壽賢 重慶	民國31.12. 3
特16/4-41	金九致吳鐵城函	重慶	民國34. 5. 8
特16/4-42	吳鐵城致金九奎植函	重慶	民國33. 4.27
特16/4-43	基督教韓僑福利促進會籌備委員會致吳鐵城函	重慶	民國33. 6.21
特16/4-44	基督教韓僑福利促進會發起人第1次會議紀錄	重慶	民國33. 6.19
特16/4-45	中華基督教促進韓僑福利協會會章草案	重慶	民國33. 7.

번 호	제 목	지 역	일 시
特16/4-46	基督敎韓僑福利促進會陪都韓僑福利工作大綱草案	重慶	民國33. 7.
特16/4-47	基督敎韓僑福利促進會擬聘發起人及擬徵聘之會友	重慶	民國33. 7.
特16/4-48	李永新致溫叔萱函	重慶	民國33. 6.12
特16/4-49	中執會致大韓民國臨時政府代電	重慶	民國33. 5. 3
特16/4-50	大韓民國臨時議政院第36次臨時議會宣言	中央日報, 重慶	民國33. 4.28
特16/4-51	何應欽致吳鐵城函	重慶	民國33. 2. 3
特16/4-52	金九致吳鐵城函	重慶	民國33. 4.28
特16/4-53	吳鐵城致金若山函	重慶	民國33. 1.27
特16/4-54	司徒德致吳鐵城函	重慶	民國32.12. 8
特16/4-55	朝鮮青年會秘書長安大衛致吳鐵城函	重慶	民國32.12. 4
特16/4-56	朝鮮民族革命黨中執會致中秘處代電	重慶	民國32.11. 3
特16/4-57	中秘處致何應欽函	重慶	民國32.10.16
特16/4-58	朝鮮民族革命黨檀香山支部黃思容來案	重慶	民國32.11.
特16/4-59	韓人學者權一重赴印留學案	重慶	民國32.11.
特16/4-60	韓國學生趙桂林金貞淑保送入中央政校肄業案	重慶	民國32.10.
特16/4-61	朝鮮民族革命黨中執會致吳鐵城函	重慶	民國32.8.2.
特16/4-62	閔石麟致吳鐵城函	南京	民國37. 1.29
特16/4-63	閔石麟對韓國未來計劃之節略	南京	民國36. 3.
特16/4-64	外交部致中秘處函	南京	民國37. 6.22
特16/4-65	緬甸之政黨	外交部, 南京	民國37. 6.19
特16/4-66	日本現在主要政黨之概況	外交部亞東司第一科編, 南京	民國37. 6.
特16/4-67	韓國駐華代表團致中秘處函	南京	民國37. 3.20
特16/4-68	臺灣省執委會致中秘處代電	臺北	民國37. 6. 7
特16/4-69	中秘處致重慶市政府綦江縣政府函	南京	民國37. 6.22

번 호	제 목	지 역	일 시
特16/4-70	韓國民族獨立統一本部主席李承晩來華之用意及其與金九作風之分析	國府參軍處軍務局, 南京	民國37. 4.13
特16/4-72	韓代表團閔石麟向李承晩活動情形	國防部第二廳, 南京	民國36. 4.14
特16/4-73	北韓情況報告書	王育文, 瀋陽	民國36. 2.28
特16/4-74	關德華關於武裝南韓之建議	濟南	民國36. 6.11
特16/4-75	濮純致吳鐵城函	南京	民國36. 2.24
特16/4-76	閔石麟致吳鐵城函	南京	民國36. 2.11
特16/4-77	韓國駐華代表團致中央黨部函	南京	民國36. 5.23
特16/4-78	韓國駐華代表團致中央黨部函	南京	民國36. 3.21
特16/4-79	韓國獨立黨南京總支部召開黨務會議之經過情形	國府參軍處軍務局, 南京	民國36. 4. 8
特16/4-80	濮純致吳鐵城函	南京	民國36. 3. 4
特16/4-81	駁斥[文滙報]3.3.所載[前後韓國政局的演變]謬論(時論)	金恩忠, 救國日報南京	民國36. 3. 7
特16/4-82	孫昌植致吳鐵城函	上海	民國37.11. 3
特16/4-83	中華民國駐漢城總領事致中央黨部函	漢城	民國37.11.
特16/4-84	韓國黨派名稱組織政綱及負責人	劉馭萬, 漢城	民國37.9.28
特16/4-85	孫昌植迭次被寃繫獄經過簡要	南京	民國37.
特16/4-85	組織中韓互助會建議	臺灣省黨部, 臺北	民國37.10.
特16/4-86	臺灣韓僑協會會員名簿	臺北	民國37.
特16/4-86	中韓文化服務社之成立及簡章	南京	民國37.10～11
特16/4-87	閔石麟致張壽賢函	南京	民國37. 7.15
特16/4-87	臺灣省執委員會致中秘處代電	臺北	民國37. 7.29
特16/4-88	朱家驊致吳鐵城函	南京	民國37.10.16
特16/4-89	中秘處潘朝英函	南京	民國37.10.18
特16/4-90	國民外交協會代表潘朝英報告赴韓經過及請示事項	-	民國37. 9～10
特16/4-91	閔石麟致吳鐵城函	南京	民國37.9.24～27
特16/4-92	中大韓籍學生盧學木等五人貸款救濟事	南京	民國37.10.
特16/4-93	俞濟時致吳鐵城函	南京	民國37. 9.12

번 호	제 목	지 역	일 시
特16/4-94	閔石麟致吳鐵城函	南京	民國37. 6.18
特16/4-95	吳鐵城致金九李承晩函	南京	民國37. 6. 7
特16/4-96	韓國獨立黨中國總支部致中秘處函	南京	民國37. 6. 4
特16/4-97	韓僑孫昌植財產處理案	南京	民國36～37.
特16/4-98	中韓同濟實業公司組織綱要草案	濮純, 南京	民國36.12. 4
特16/4-99	閔石麟建議中韓親善意見案	南京	民國36. 3.～4.
特16/4-100	中秘處行政院函	南京	民國36. 3.17
特16/4-101	韓駐華代表團致中秘處函	南京	民國36.12. 8
特16/4-102	濮純爲設置韓靑政幹班節略	南京	民國36.10.27
特16/4-103	趙崔亨祿致吳鐵城函	南京	民國36.11.10
特16/4-104	閔石麟致吳鐵城函	南京	民國36.10.24
特16/4-105	濮純致中國國民黨賀電	南京	民國36.10. 9
特16/4-106	四川省執委會及靑年團致中執會電	成都	民國36.10. 3
特16/4-107	韓輪北星77號被扣請釋放事	南京	民國36. 9.
特16/4-108	遼寧省政府對於韓僑處理情形報告	遼寧	民國36. 7. 3
特16/4-109	趙崔亨祿請求救濟案	南京	民國36. 9.
特16/4-110	韓駐華代表團致魏德邁將軍備忘錄	南京	民國36. 7.19
特16/4-111	韓國駐華代表團借短波收音機案	南京	民國36. 5.
特16/4-112	在華韓僑對於南韓美軍政廳組織代表團前往東北救護韓僑工作之評論	國府參軍處軍務局, 南京	民國36. 3.23
特16/4-113	趙崔亨祿請求救濟案	南京	民國36. 5
特16/4-114	外交部對韓代表團撤鎖各地辦事處之意見	南京	民國36. 6. 5
特16/4-115	甘乃光致吳鐵城函	南京	民國36. 3.14
特16/4-116	陸軍軍校致中秘處函	南京	民國36. 3.14
特16/4-117	臺灣韓僑協會章程	臺灣	民國37. 5. 8
特16/4-118	臺灣韓僑協會會員名單	臺灣韓僑協會, 南京	民國37. 5.

번 호	제 목	지 역	일 시
特16/4-119	李承晩致吳鐵城函	漢城	民國37. 5.18
特16/4-120	韓籍學生金得信等5人來華留學案	南京	民國37. 3.
特16/4-121	聲援李承晩博士赴美呼籲韓國獨立	閔石麟, 南京	民國35.12.20
特16/4-122	韓國獨立黨中國總支部東北特派員來函譯述	韓國臨時政府駐華代表團, 南京	民國35.12.
特16/4-123	發還青島韓僑煙草公司案	南京	民國35.12
特16/4-124	吳鐵城致濮純函	南京	民國35.12.28
特16/4-125	外交部致中秘處函	南京	民國36. 2. 6
特16/4-126	金恩忠閔泳玖請頒蔣主席玉照案	南京	民國35. 2. 1
特16/4-127	[駐華韓國臨時政府代表團]改稱[韓國代表團]案	南京	民國36. 1.
特16/4-128	宣慰韓僑處理事務報告	外交部, 南京	民國36. 2.11
特16/4-129	外交部致中秘處代電	南京	民國36. 2.21
特16/4-130	韓國駐華代表團致中美英法蘇之備忘錄	南京	民國36. 3.6
特16/4-131	崔昌植夫婦保釋案	南京	民國36. 3.
特16/4-132	北韓西南地區近況情報	金學奎, 南京	民國36. 1.2
特16/4-133	韓國獨立黨組織系統表	韓國駐華代表團, 南京	民國36. 1.11
特16/4-134	韓國解放後第二度[三一]節紀念感言	閔石麟, 南京	民國36. 3.
特16/4-135	閔石麟致吳鐵城函	南京	民國36. 5.3
特16/4-136	國際問題研究對日韓政策之意見	國民政府, 南京	民國35. 4.24
特16/4-137	俄眞理報及紅星報社評	外交部情報司, 南京	民國35. 6. 4
特16/4-138	韓國四個政黨設置聯合辦公機構	韓臨時政府駐華代表團, 南京	民國35.
特16/4-139	韓國獨立黨三均制度政治經濟教育均等分學表	韓獨立黨中國總支部 南京	民國?.?. ?
特16/4-140	韓國獨立黨三均制度人與人族國與國均等分學票	-	民國?.?. ?

번 호	제 목	지 역	일 시
特16/4-141	最近韓國國內消息	韓國臨時政府駐華代表團, 南京	民國35.9.
特16/4-142	趙崔亨祿請求濟案	南京	民國36. 7.
特16/4-143	閔石麟致吳鐵城函	南京	民國36. 7. 9
特16/4-144	閔石麟致吳鐵城函	南京	民國36. 7. 9-16
特16/4-145	韓人金元植殺人愈格釋放案	南京	民國36.
特16/4146	韓國駐華代表團珠江路辦事處裝置電話案	南京	民國36. 6.
特16/4-147	趙崔亨祿請求救濟案	南京	民國36. 6.
特16/4-148	東北韓僑擬撤退返團	國府參軍處軍務局, 南京	民國36. 6. 2
特16/4-149	劉馭萬致吳鐵城函	漢城	民國36. 5. 2
特16/4-150	朝鮮民族革命黨在北鮮及東北三角核心地區活動情況	國府參軍處軍務局, 南京	民國36. 6.19
特16/4-151	韓代表團請注意東北韓僑總會籍名活動案	南京	民國35. 11.
特16/4-152	韓國臨時政府駐華代表團爲中韓兩黨維繫問題節略	南京	民國35. 12. 6
特16/4-153	國防部致中執會代電	南京	民國35. 11.11
特16/4-154	金恩忠收回河北良鄉之祖塋墓田案	南京	民國35. 11.
特16/5-1	韓僑權一平申請簽發以國護照案	重慶	民國34. 6. 6
特16/5-2	中秘處發給文逸民尹元章證明書案	重慶	民國34. 1.
特16/5-3	中秘處發給金石山證明書案	重慶	民國34. 2.
特16/6-1	韓國議會情形簡報	溫叔萱, 重慶	民國33. 4.21
特16/6-2	大韓民國臨時憲章	重慶	民國33. .
特16/6-3	韓國臨時議政院會議陷入僵局之經過	外交部情報司, 重慶	民國33. 2.26
特16/6-4	韓國臨時議政會各黨派之糾紛	軍委會侍從室, 重慶	民國34. 2.26
特16/6-5	韓國臨時議政會各黨派鬪爭情形	軍委會侍從室, 重慶	民國35. 5.12

번 호	제 목	지 역	일 시
特16/6-6	韓國臨時議政會開會情形	軍委會侍從室, 重慶	民國35. 5.27
特16/6-7	韓國國民代表民主議員會開幕	韓臨時政府駐華代表團辦事處	民國35. 2.14
特16/7-1	最近韓國政治動態	-	民國35. 4.
特16/7-2	韓國國內消息	-	民國35. 3.
特16/7-3	韓國國內消息	-	民國35. 3.
特16/7-4	韓國獨立黨系統一覽表	獨立黨中國總支部秘書處, 重慶	民國35. 3.31
特16/7-5	韓國獨立黨系統表	獨立黨中國總支部秘書處, 重慶	民國35. 3.31
特16/7-6	韓國國內消息	韓臨時政府駐華代表團辦事處	民國35. 2.
特16/7-7	韓國國內消息	韓臨時政府駐華代表團辦事處	民國35. 1.
特16/7-8	韓國漢城廣播節錄	韓臨時政府代表團辦事處	民國35. 2. 2
特16/7-9	韓國消息	-	民國35. 2.23
特16/7-10	韓國國內消息	韓代表團	民國35
特16/7-11	韓國獨立黨東北黨務之發展近況	獨立黨中國總支部	民國35.
特16/7-12	韓四個政黨設置聯合辦公機構	韓臨時政府駐華代表團, 南京	民國35.
特16/7-13	韓國政情漸露曙光	韓代表團, 南京	民國36. 1.
特16/7-14	解放後的朝鮮政治	曾恩波	民國35.
特16/7-15	美蘇分佔下的朝鮮	中央社, 重慶	民國34.10.21
特16/7-16	虐殺我僑胞事暹報猶圖强辯	中央社, 重慶	民國34. 7.21
特16/7-17	韓國政情漸露曙光	中組部, 南京	民國36. 2. 3
特16/8-1	韓情報告	軍委會辦公廳, 重慶	民國34. 4.23
特16/8-2	美蘇聯合委員會開會討論解決朝鮮問題情形	國府參軍處, 南京	民國36. 4.22
特16/8-3	韓人被敵征調入伍及潛逃我國內地情形	軍委會侍從室, 重慶	民國34. 7.31
特16/8-4	韓情近報	軍委會辦公廳, 重慶	民國34. 7.25
特16/8-5	韓情近報	軍委會辦公廳, 重慶	民國34. 6. 8

번 호	제 목	지 역	일 시
特16/8-6	韓情近報	軍委會辦公廳, 重慶	民國34. 6.13
特16/8-7	韓情近報	軍委會辦公廳, 重慶	民國34. 5. 9
特16/8-	韓情近報	軍委會辦公廳, 重慶	民國34. 5.22
特16/8-9	韓情近報	軍委會辦公廳, 重慶	民國34. 4. 7
特16/8-10	駐美韓人團體召開韓人民衆大會	軍委會侍從室, 重慶	民國34. 4. 8
特16/8-11	韓情近報	軍委會辦公廳, 重慶	民國34. 3. 7
特16/8-12	法韓將建立初步友誼關係	軍委會侍從室	民國 ?. 3.12
特16/8-13	太平洋戰爭與朝鮮現狀	中秘處, 重慶	民國34. 3. 7
特16/8-14	韓情近報	軍委會辦公廳, 重慶	民國34. 9.25
特16/9-1	韓國臨時政府現狀之調查	外交部情報司, 重慶	民國32.10.12
特16/9-2	韓代表團致國府參軍處軍務局代電	南京	民國35.11.15
特16/9-3	漢城廣播節錄	韓臨時政府代表團辦事處	民國35. 2. 2
特16/9-4	韓國臨時政府東北代表部情報	-	民國35. 2.23
特16/9-5	韓政府內部團結尙有問題	國府參軍處, 重慶	民國34.10. 4
特16/9-6	中秘處致侍從室第6組等函	重慶	民國32.10. 1
特16/9-7	韓國臨時政府醞釀改組之近況	溫叔萱, 重慶	民國34. 8.29
特16/9-8	在渝韓國臨時政府之共黨分子秘密瓦解政府組織	中統局, 重慶	民國34. .29
特16/9-9	韓國臨時政府國務會議爭辯之內容	外交部情報司, 重慶	民國32. 5. 3
特16/9-10	韓獨立黨百萬元借款之謎, 外交部情報司	重慶	民國32. 5. 3
特16/9-11	韓情近報	軍委會辦公廳, 重慶	民國34. 8.18
特16/9-12	韓國臨時政府內部問題報告	葉秀峯, 重慶	民國34. 4.26
特16/9-13	韓國臨時政府議政會討論改組韓國臨時政府	軍委會侍從室, 重慶	民國34. 4.29
特16/9-14	金九致魏德邁照會內容	軍委會侍從室, 重慶	民國34. 5. 7
特16/9-15	韓臨時政府法務次官發表反動言論	軍委會侍從室, 重慶	民國34. 5.19.
特16/9-16	韓國臨時政府軍務部長金若山與外務部長趙素昻之糾紛	重慶	民國34. 5.12
特16/9-17	朝鮮民族解放同盟	軍委會侍從室, 重慶	民國31.(1942)12.26

번 호	제 목	지 역	일 시
特16/9-18	韓國臨時政府擬遷往美國	軍委會侍從室, 重慶	民國31. 12.26
特16/9-19	韓國臨時政府最近動態	溫叔萱, 重慶	民國34. 9.15
特16/9-20	美對韓政策轉變	中央社, 重慶	民國34. 9.15
特16/9-21	杜魯門稱卽將宣布美對朝鮮具體政策	中央社, 重慶	民國34. 9.14
特16/9-22	韓國臨時政府報告光復軍情形	重慶	民國34. 9.15
特16/9-23	杜魯門宣布四强同意朝鮮獨立	路透社, 大公報, 重慶	民國34. 9.19
特16/9-24	朝鮮組共和政府	中央日報, 重慶	民國34. 9.12
特16/9-25	韓國臨時政府告國內外同胞書	中央社, 重慶	民國34. 9. 8
特16/9-26	韓國臨時政府將返國	中央日報, 重慶	民國34. 9.13
特16/9-27	韓人獲解放感激蔣主席	中央社, 重慶	民國34. 9.13
特16-9-28	閔石麟致溫叔萱函	重慶	民國34. 9.13
特16/9-29	韓情近報	軍委會辦公廳, 重慶	民國34. 9.11
特16/9-30	波蘭人費理寧所稱蘇聯對韓問題情報	軍委會辦公廳, 重慶	民國34. 9.11
特16/9-31	韓臨時政府醞釀改組情形	軍委會侍從室, 重慶	民國34. 9. 9
特16/9-32	葉秀峯致吳鐵城函	重慶	民國34. 9. 5
特16/9-33	韓國臨時政府各黨派最近活動暨光復軍動態情形	軍委會侍從室, 重慶	民國34. 9.15
特16/9-34	金九請撥借法幣5千萬元案	重慶	民國34. 8.
特16/9-35	中秘處致外交部函	重慶	民國34. 9.21
特16/36	中秘處致行政院函	重慶	民國34. 9.21
特16/9-37	中秘處致中央社及中央日報社函	重慶	民國34. 9.21
特16/10-1	中秘處致軍需署函	重慶	民國33. 9.23
特16/10-2	韓國各黨派進行合組統一機構情形	軍委會侍從室, 重慶	民國32. 4.22
特16/10-3	朝鮮民族革命黨第7次代表大會改組代表大會宣言	重慶	民國32. 2.22
特16/10-4	溫叔萱致吳鐵城函	重慶	民國?. 3.25
特16/10-5	韓國黨派之調査與分析	外交部情報司硏究室, 重慶	民國33. 4.
特16/10-6	改正臨時議政院法	韓臨時政府, 重慶	民國31.10.
特16/10-7	韓國各黨派概略	重慶	民國33. 3.
特16/10-8	韓國獨立黨中央幹部一覽表	重慶	民國33. ?. ?

번 호	제 목	지 역	일 시
特16/10-9	韓國各黨派領袖名單	重慶	民國33. ?. ?
特16/10-10	金奎植退出朝鮮民族革命黨	韓代表團, 重慶	民國35. 3. 1
特16/10-11	朝鮮民族革命黨中央執行委員會各部負責人名單	民革黨中執會, 重慶	民國33. ?. ?
特16/10-12	朝鮮民族革命黨中央委員名單	民革黨中執會, 重慶	民國33. ?. ?
特16/10-13	韓國獨立黨中央幹部一覽表	重慶	民國33. ?. ?
特16/10-14	朝鮮民族革命黨中央執行委員會各部負責人名單	重慶	民國33. ?. ?
特16/10-15	朝鮮民族革命黨每日由政府所領款額	重慶	民國33. 2.
特16/10-16	韓國臨時政府議政院各黨派名單	-	民國33. 3.15
特16/10-17	韓國臨時議政院院法摘譯	重慶	民國 ?. ?. ?
特16/10-18	韓國兩黨現狀及其爭執之點	溫叔萱, 重慶	民國33. 1.12
特16/10-19	溫叔萱上吳鐵城報告	重慶	民國33. 3. 2
特16/10-20	第25週年‘三一’節紀念宣言	朝鮮民革黨中執會, 重慶	民國33. 3. 1
特16/10-21	會見金若山談話紀要	溫叔萱, 重慶	民國33. 2.28
特16/10-22	黨政會報資料	溫叔萱, 重慶	民國33. 3. 8
特16/10-23	第25週年‘三一’節紀念宣言	朝鮮民革黨中執會, 重慶	民國33. 3. 1
特16/10-24	韓國各黨派進行組織統一機構情形	軍委會侍從室	民國 ?. 4.30
特16/10-25	韓國五黨統一會議停止召集	軍委會侍從室	民國 ?. 6.15
特16/10-26	韓各黨派對召開海外韓國獨立運動者代表大會意見粉岐	軍委會侍從室	民國33. 6.15
特16/10-27	韓國南部黨派活動情形及韓人對我國之期望	國府參軍處軍務局, 重慶	民國34.10.25
特16/10-28	韓永和組織韓國同盟委員會情報	國府參軍處	民國 ?.12.20
特16/10-29	韓國各黨派聯合組成朝鮮人民黨	國府參軍處	民國 ?.12.17
特16/10-30	朝鮮政黨概況	國府參軍處軍務局	民國35. 1.17
特16/11-1	朝鮮國內民主黨宣布政綱政策	國府參軍處, 重慶	民國34.11. 5
特16/11-2	北韓新民主黨活動情形	國府參軍處, 重慶	民國34.11.10

번 호	제 목	지 역	일 시
特16/11-3	蘇援助朝鮮左翼政黨建軍	國府參軍處, 重慶	民國34.11. 9
特16/11-4	韓國民主黨發起人宣言	重慶	民國34. 9. 8
特 16/11-5	新韓民主黨最近召開全黨代表大會修正綱領	新韓民主黨中執會, 重慶	民國34.12.21
特16/11-6	新韓民主黨聲明書	新韓民主黨中執會, 重慶	民國34.10.25
特16/11-7	新韓民主黨中執會致中國國民黨中秘處函	重慶	民國34.12.21
特16/11-8	韓人柳東說等組織新韓民主黨	溫叔萱, 重慶	民國34. 2.20
特16/11-9	韓國臨時政府參議院議長洪震等組織新韓民主黨情形	軍委會侍從室, 重慶	民國34. 4. 1
特16/11-10	陳立夫致吳鐵城函	重慶	民國34. 3.15
特16/11-11	陳立夫致吳鐵城函	重慶	民國34. 3.15
特16/11-12	軍委會致中秘處代電	重慶	民國34. 3.14
特16/11-13	新韓民主黨中執會致中國國民黨中秘處代電	重慶	民國34. 3. 6
特16/11-14	新韓民主黨總章	重慶	民國34. ?. ?
特16/11-15	新韓民主黨負責人員名單	中執會, 重慶	民國34. ?. ?
特16/11-16	新韓民主黨創立宣言	重慶	民國34. 2. ?
特16/12-1	朝鮮國民黨與韓國獨立黨合併	國府參軍處	民國33. 4.14
特16/12-2	朱家驊致吳鐵城函	重慶	民國31.10.23
特16/12-3	韓國獨立黨新選執監委	重慶	民國33. 5. 8
特16/12-4	韓獨立黨中國總支部秘書處致吳鐵城函		民國33. 8.28
特16/12-5	韓國獨立黨三均制度人與人族與族國均等分系表	獨立黨中國總支部宣傳部	民國33.
特16/12-6	韓國獨立黨三均制度政治經濟教育均等分系表	獨立黨中國總支部宣傳部	民國33.
特16/12-7	韓國獨立黨系統表	中國總支部中執會, 重慶	民國35. 4.
特16/12-8	韓國獨立黨系統一覽表	中國總支部中執會, 重慶	民國35. 4.
特16/13-1	上海韓僑動態	國府參軍處, 重慶	民國34.11.11
特16/13-2	旅滬韓僑組織大韓青年團	國府參軍處, 重慶	民國34.11.13
特16/13-3	上海朝鮮各社團最近情況	國府參軍處, 重慶	民國34.10.26

번 호	제 목	지 역	일 시
特16/13-4	北平韓僑政治動態	重慶	民國35. 2.
特16/14-1	朝鮮民族革命黨之近況	軍委會侍從室, 重慶	民國34. 1.10
特16/14-2	朝鮮民族革命黨召開第8次代表大會主要議案內容要點	軍委會侍從室, 重慶	民國33. 6.13
特16/14-3	朝鮮民族革命黨之創立與其發展經過	金若山, 重慶	民國33.12.10
特16/14-4	朝鮮民族革命黨目前事業計劃	金若山, 重慶	民國33.12.10
特16/14-5	韓國民族革命黨創立大會宣言	-	民國24. 7. 5
特16/14-6	朝鮮民族革命黨第6屆全黨代表大會宣言	重慶	民國30.12.10
特16/14-7	對於以蘆溝橋事變爲導火線的中日戰爭告同志同胞書	朝鮮民族革命黨中執會	民國26.7.
特16/14-8	朝鮮民族革命黨重要幹部簡明履歷表	重慶	民國33.
特16/14-9	金若山致吳鐵城函	-	民國33. 8.24
特16/14-10	金奎植對旅美韓僑廣播全文(英文)	金奎植, 重慶	民國32. 8. 5
特16/14-11	張壽賢上吳鐵城報告	重慶	民國33. 8.13
特16/14-12	朝鮮民族革命組織印度聯絡團之計劃協定	金若山, 重慶	民國32. 8.
特16/14-13	吳鐵城致熊式輝函	重慶	民國34. 9.28
特16/14-14	金若山擬率同周世敏等4人隨同關麟徵之部隊赴東北案	重慶	民國34. 9.
特16/14-15	告(韓國)國內外同胞書	金九, 重慶	民國34. 9.
特16/14-16	韓國獨立黨第5次臨時代表大會宣言	重慶	民國34. 8.28
特16/14-17	朝鮮民族革命黨改選結果及黨綱政策	重慶	民國34.10.15
特16/14-18	朝鮮民族革命黨中執會致中國國民黨中秘處函	重慶	民國34. 9.17
特16/14-19	朝鮮民族革命黨執監委員及特派工作員名單	金奎植, 重慶	民國34. 9.17
特16/14-20	金若山致吳鐵城函	重慶	民國34. 8.21
特16/14-21	朱家驊致吳鐵城函	重慶	民國32.12. 8

번 호	제 목	지 역	일 시
特16/14-22	朝鮮民族革命黨中執會致中國國民黨中秘處代電	重慶	民國32. 8.24
特16/15-1	邵毓麟致吳鐵城函	華盛頓	民國34. 2.22
特16/15-2	金九致吳鐵城函	重慶	民國33.12. 9
特16/15-3	邵毓麟上吳鐵城函	重慶	民國35. 5.
特16/15-4	韓獨立黨與民族革命黨之糾紛	汪榮生報告, 重慶	民國34. 7. 5
特16/15-5	派汪榮生爲赴韓國臨時政府專員案	重慶	民國34. 7.
特16/16-1	蔣總裁約見韓國各黨派領袖案	重慶	民國32. 4.~7.
特16/16-2	蔣總裁接見韓國臨時政府主席金九紀錄	重慶	民國34. 9.26
特16/16-3	蔣總裁接見韓國領袖談話紀要	張壽賢紀錄, 重慶	民國32. 7.27
特16/16-4	洪震致中秘處函	重慶	民國32. 7.25
特16/17-1	軍委會致中秘處代電	重慶	民國34.10.29
特16/17-2	濮純致孫科函	重慶	民國31. 8.26
特16/17-3	中秘處致軍委會函	重慶	民國34. 8.
特16/17-4	韓僑宣撫團服務條例	重慶	民國34.10.
特16/17-5	韓臨時政府主席金九請求保護僑民充實光復軍案	重慶	民國34. 9.11
特16/17-6	委員長侍從室致吳鐵城函	重慶	民國34. 9.18
特16/17-7	韓僑處理辦法大綱	外交部, 重慶	民國35. 6.
特16/17-8	商討對韓問題會議紀錄	重慶	民國35. 4.15
特16/17-9	關於旅華韓僑及韓籍士兵之處置辦法案	重慶	民國34.12.~35.6.
特16/18-1	外交部致中秘處代電	重慶	民國34.11.27
特16/18-2	馮玉祥致吳鐵城函	重慶	民國34.12.10
特16/18-3	辦理韓國臨時政府及僑民返國情形	重慶	民國34.11.~35.2.
特16/18-4	總裁接見韓國臨時政府主席金九談話紀要	重慶	民國34.10.29
特16/18-5	韓國臨時政府人員返回朝鮮案	重慶	民國34.10.
特16/18-6	慶祝朝鮮光復歡迎朝鮮革命領袖回國吳鐵城致辭	重慶	民國34.10.
特16/18-7	慶祝朝鮮光復歡送朝鮮革命領袖回國金九主席答詞	重慶	民國34.10.

번 호	제 목	지 역	일 시
特16/18-8	歡送朝鮮革命領袖回國孫科致詞	重慶	民國34.10.
特16/18-9	韓臨時政府宣傳部致中央社編輯函	重慶	民國34.10.24
特16/18-10	韓國天道教代表崔東旰備忘錄	重慶	民國34.10.
特16/18-11	協助韓臨時政府人員眷屬返國	重慶	民國34.11.
特16/19-1	外交部致中秘處函	重慶	民國34. 9.
特16/19-2	討論韓國越南泰國問題座談會紀要	張壽賢, 溫叔萱 重慶	民國34. 9.25
特16/19-3	韓國越南泰國問題座談會紀錄	重慶	民國34. 9.25
特16/19-4	蔣委員長致吳鐵城代電	重慶	民國34. 8.17
特16/19-5	葉秀峯致吳鐵城函	重慶	民國34. 8.13
特16/19-6	韓國臨時政府金九主席請求增撥每日經常費	重慶	民國34. 8. 4
特16/19-7	金九致吳鐵城函	重慶	民國34. 8. 3
特16/19-8	扶植朝鮮光復運動方案	張壽賢, 重慶	民國34. 8. 2
特16/19-9	駐贛鉛山韓光復軍三派協議合編爲一支隊情報	軍委會, 重慶	民國34. 7.24
特16/19-10	金九致吳鐵城函	重慶	民國34. 7.10
特16/19-11	朝鮮民族革命黨準備退出韓臨時政府及光復軍	重慶	民國34. 6.
特16/19-12	請將韓國僑民生活費另案撥借及撥借旅費	重慶	民國34. 6.
特16/19-13	關於韓國獨立問題之方案	張振漢, 重慶	民國33.10.
特16/19-14	扶助韓國復國運動指導方案	重慶	民國31.11.
特16/19-15	韓國問題之對策	田古方, 重慶	民國34.12.
特16/20-1	軍政部軍需署致吳鐵城代電	重慶	民國31.11.
特16/20-2	韓國臨時政府借助經費概算書	金九, 重慶	民國33. 2. 9
特16/20-3	金九致吳鐵城函	重慶	民國31.10. 1
特16/20-4	陳立夫致吳鐵城函	重慶	民國34. 9.28
特16/20-5	韓國臨時政府請借款案	重慶	民國32.10.～33.2.
特16/20-6	何應欽致吳鐵城函	重慶	民國32.11.18
特16/20-7	金若山致吳鐵城代電	重慶	民國33. 2.22
特16/20-8	朝鮮革命借款分配辦法	張壽賢, 重慶	民國32. 1.31

번 호	제 목	지 역	일 시
特16/20-9	對於韓國革命借款壹佰萬元分配意見	侯天士, 重慶	民國32. 1.14
特16/20-10	金九致吳鐵城函	重慶	民國34. 4.24
特16/20-11	撥發韓國臨時政府代表出席舊金山會議旅費等款	重慶	民國34. 5.
特16/20-12	韓臨時政府借特別工作費等款	重慶	民國34. 6.~9.
特16/21-1	中秘處致外交部函	重慶	民國34. 5.12
特16/21-2	閔石麟致張壽賢函	重慶	民國34. 5.11
特16/21-3	韓國臨時政府人員名單	重慶	民國34.
特16/21-4	韓國臨時政府職員其眷屬僑民名册	重慶	民國34.12. 8
特16/21-5	吳鐵城接見韓國臨時政府金九主席談話要點	重慶	民國34. 8.22
特16/21-6	吳鐵城接見朝鮮民族革命黨金若山談話要點	重慶	民國34. 8.17
特16/21-7	韓國代表呂勝民向三大領袖呼籲確保國家獨立自主	中央通迅社, 重慶	民國34. 8.26
特16/21.8	韓國臨時政府便條備忘錄	金九, 重慶	民國34. 8.24
特16/21-9	張壽賢上吳鐵城呈	重慶	民國34. 3.23
特16/21-10	中韓互助軍事協定草案	趙素昻, 重慶	民國32. 2.20
特16/21-11	韓國光復軍九個行動準繩	趙素昻, 重慶	民國32. 2.20
特16/21-12	韓國國民大會準備會趣旨書國民大會籌備會宣言	吳世昌等, 重慶	-
特16/21-13	反軸心戰中朝鮮之作用(備忘錄)	趙素昻, 重慶	民國33. 6.19
特16/21-14	韓國臨時政府外交部長趙素昻意見書	重慶	民國33. 6.19
特16/21-15	中國抗戰與韓國獨立	金九, 重慶	民國33.
特16/21-16	韓國臨時政府外交部長爲韓國業已團結聲明書	重慶	民國33. 6.10
特16/21-17	反軸心戰中韓國的任務	趙素昻, 重慶	民國33. 6.10
特16/21-18	金若山致吳鐵城函	重慶	民國34.11. 1
特16/21-19	張壽賢致溫叔萱函	重慶	-
特16/21-20	金若山致吳鐵城函	重慶	民國34.10.24
特16/21-21	金若山致吳鐵城函	重慶	民國34.10.24

번 호	제 목	지 역	일 시
特16/21-22	金九致中秘處函	重慶	民國34.11. 1
特16/21-23	韓國臨時政府首要人員名單	重慶	民國34.
特16/21-24	外交部上蔣委員長呈	重慶	民國34. 4.
特16/21-25	韓國臨時政府派遣出席舊金山會議人員川裝生活等費用清單	重慶	民國34. 5.
特16/21-26	金九致吳鐵城函	重慶	民國34. 4.25
特16/21-27	金奎植趙素昻鄭桓範林義鐸履歷書	重慶	民國34.
特16/21-28	秉彪致張壽賢函	外交部, 重慶	民國34. 4.27
特16/21-29	張壽賢上吳鐵城簽呈	重慶	民國34.10. 9
特16/21-30	[三一]節二十七週年紀念大會宣言	重慶	民國35. 3. 1
特16/21-31	韓國[三一]獨立運動小史	重慶	民國35. 3. 1
特16/21-32	韓國臨時政府工作計劃大綱	重慶	民國33. 3. 8
特16/21-33	吳鐵城致金九函	重慶	民國33. 2. 9
特16/21-34	蔣委員長致吳鐵城代電	重慶	民國33. 1.21
特16/21-35	大韓民國臨時政府秘書處致中秘處函	重慶	民國33. 9.19
特16/21-36	閔石麟致溫叔萱函	重慶	民國33. 9.20
特16/21-37	大韓民國臨時政府秘書處致中秘處函	重慶	民國33. 9.17
特16/21-38	閔石麟致溫叔萱函	重慶	民國33. 9.18
特16/21-39	旅渝韓人名簿	重慶	民國33. 8.
特16/21-40	旅渝韓僑名册	重慶	民國34.11. 4
特16/21-41	溫叔萱上吳鐵城呈	重慶	民國33. 7.15
特16/21-42	蔣委員長致宋子文代電	重慶	民國33. 8.14
特16/21-43	外交部上蔣委員長呈	重慶	民國33. 7.
特16/22-1	扶助韓國復國運動指導方案	重慶	民國31.12.
特16/22-2	商討朝鮮問題會議紀錄	重慶	民國31. 8.17
特16/22-3	商討朝鮮問題會議紀錄	重慶	民國31. 8. 1
特16/22-4	蔣委員長致吳鐵城代電	重慶	民國34. 6.27
特16/22-5	軍政部軍需署致中秘處代電	重慶	民國34. 5. 3
特16/22-6	關於扶植朝鮮光復運動之檢討意見	中秘處, 重慶	民國34.

번 호	제 목	지 역	일 시
特16/22-7	朝鮮民族革命黨第七次代表大會改組代表大會宣言	重慶	民國32. 2.22
特16/22-8	關於韓臨時議政院統一局面之形成與修改憲法	王通, 國際出版社, 重慶	民國31.12.11
特16/22-9	手槍遺失事件顚末書	大韓民國臨時政府警衛隊, 重慶	民國32. 6.
特16/22-10	吳鐵城致金若山金奎植代電	重慶	民國32.6.26
特16/22-11	朱家驊上蔣委員長呈	重慶	民國32.5.11
特16/23-1	魏道明致吳鐵城函	華盛頓	民國34.3.19
特16/23-2	處理韓國問題之原則	重慶	民國33.4.
特16/23-3	會商韓國問題報告	溫叔萱, 重慶	民國33.3.31
特16/23-4	會商韓國問題紀錄	侯成, 邵毓麟等, 重慶	民國33.3.27
特16/23-5	對於韓國問題應考慮之點	重慶	民國33.1.
特16/23-6	蔣委員長致何應欽吳鐵城等代電	重慶	民國33.1.22
特16/23-7	韓國問題簡輯	重慶	民國33.
特16/23-8	韓國臨時政府改組經過及處理原則案	吳鐵城, 何應欽, 朱家驊呈總裁文, 重慶	民國33.7.20
特16/23-9	韓國臨時政府選出各部首長	重慶	民國33.5.
特16/23-10	請核發韓國臨時政府經費淸單	溫叔萱, 重慶	民國33.
特16/23-11	處理韓國問題修正意見	朱家驊, 重慶	民國33.4.22
特16/23-12	何應欽致吳鐵城函	重慶	民國33.4.22
特16/23-13	朱家驊致吳鐵城函	重慶	民國33.4.19
特16/23-14	吳鐵城致軍委會侍二處函	重慶	民國33.9.20
特16/23-15	韓國臨時政府備忘錄及要求條件	金九, 重慶	民國33.9.5
特16/23-16	金九致吳鐵城函	重慶	民國33.9.10
特16/23-17	金九致吳鐵城函	重慶	民國33. 9. 6
特16/23-18	吳鐵城上蔣總裁呈	重慶	民國33. 8.19
特16/23-19	韓國臨時政府主席國務委員及各部部長名單	重慶	民國33.
特16/23-20	蔣委員長致何應欽吳鐵城等代電	重慶	民國33. 7.11

번 호	제 목	지 역	일 시
特16/23-21	何應欽致吳鐵城函	重慶	民國33. 8.11
特16/23-22	蔣委員長致何應欽吳鐵城等代電	重慶	民國33. -
特16/23-23	朱家驊致吳鐵城函	重慶	民國33. 8. 4
特16/23-24	吳鐵城致何應欽函	重慶	民國33. 8. 1
特16/23-25	泛論韓國問題	孫斗煥, 重慶	民國33. 4.10
特16/23-26	朝鮮問題草案	重慶	民國33.
特16/23-27	吳鐵城接見趙素昂談話紀要	重慶	民國332 9.22
特16/23-28	韓國臨時議政院中爭執之點及意見	張壽賢, 重慶	民國32.12.14
特16/23-29	吳鐵城致何應欽朱家驊函	重慶	民國32. 9. 1
特16/23-30	韓國臨時政府內務部警衛隊手槍遺失事件經過情形	重慶	民國32. 6.25
特16/23-31	朴贊翼趙琬九等核心派의 公金橫領事件과 捏造한 暗殺團事件의 眞相	朝鮮民族革命黨中執會	民國32. 7.11
特16/23-32	邵毓麟致吳鐵城函	重慶	民國32.10. 5
特16/23-33	韓國臨時政府主席金九暨國務委員濮純等辭職原因及今後趨勢	重慶	民國32. 9.17
特16/23-34	田古方上張壽賢呈	重慶	民國34. 5.14
特16/23-35	商討對韓問題處理權限及策劃開展對韓工作談話紀錄	重慶	民國34.4.25
特16/23-36	吳鐵城上蔣總裁呈	重慶	民國34.4.10
特16/23-37	中組部致中秘處函	重慶	民國34.4.16
特16/23-38	軍委會致中秘處函	重慶	民國34.3.28
特16/23-39	張壽賢上吳鐵城呈	重慶	民國34.3.23
特16/23-40	商討按濟韓籍青年策劃開展工作案談話紀錄	重慶	民國34.2.22
特16/23-41	撥款二百萬救濟韓國來歸青年	重慶	民國34. 4.
特16/24-1	行政院致中秘處函	重慶	民國30. 1.21
特16/24-2	行政院致中秘處函	重慶	民國32. 5.18
特16/24-3	蔣委員長致吳鐵城朱家驊代電	重慶	民國32. 5.11
特16/24-4	上海朝鮮青年聯合會之活動及背景	國府參軍處, 重慶	民國34.10.19

번 호	제 목	지 역	일 시
特16/24-5	中共扶植韓人組織朝鮮青年聯合會	國府參軍處重慶	民國34.10.24
特16/24-6	朝鮮共黨分子活動情形	國府參軍處, 重慶	民國34.10.26
特16/24.7	蘇聯策動中共潛入朝鮮從事革命運動情形	鄭忠華, 重慶	民國34.10.
特16/24-8	延安韓國獨立總同盟潛入東北情形	國府參軍處, 重慶	民國34.10.26
特16/24-9	朝鮮獨立民主總聯盟最近動態	國府參軍處, 重慶	民國34.11. 6
特16/24-10	朝鮮美占領區各韓國左翼政黨反美	國府參軍處, 重慶	民國34.10.31
特16/24-11	朝鮮境內成立自治政府及人民委員會情形	國府參軍處, 重慶	民國34.10.31
特16/24-12	蘇聯拉攏韓光復軍與共黨合作建立朝鮮共和國政府	軍委會, 重慶	民國34.11. 4
特16/24-13	朝鮮北部民主聯盟籌組朝鮮臨時政府籌委會情形	-	民國34. 1.31
特16/24-14	林祖涵歡宴韓國政府人員情形	重慶	民國33. 6.
特16/24-15	在滬韓人中共產主義者活動之報告文節譯	重慶	民國35. 2.
特16/24-16	奸匪與韓共關係摘要	外交府, 南京	民國36.
特16/24-17	奸匪與韓共關係檢討	國防部第二廳, 南京	民國36. 5.
特16/24-18	韓人與奸匪勾結情形報告書	外交府駐東北特派員公署, 瀋陽	民國35.11.26
特16/24-19	駐東北特派員張劍非呈外交府文	瀋陽	民國36. 4. 4
特16/24-20	蘇聯格羅多維可夫將軍負責韓人及共產黨員之訓練工作	軍委會, 重慶	民國34. 7.
特16/24-21	奸僞太行區朝鮮獨立同盟軍政學教組織先鋒隊配合奸軍作戰	軍委會, 重慶	民國 . 8.16
特16/24-22	林祖涵歡宴韓國政府人員情形	軍委會, 重慶	民國33. 6.19
特16/24-23	朝鮮民族解放軍王志延等赴莫斯科任務	國府參軍處, 重慶	民國35. 3. 5
特16/24-24	朝鮮三八度線以北地區各黨派活動情形	國府參軍處, 重慶	民國35. 2. 7

번 호	제 목	지 역	일 시
特16/24-25	旅順蘇軍進行組訓中・韓民團情形	國府參軍處, 重慶	民國35.3. 9
特16/24-26	韓北各黨派最近活動情形	國府參軍處, 重慶	民國35. 3.13
特16/24-27	蘇外交人民委員會致美駐蘇大使館有關朝鮮問題照會內容	國府參軍處, 重慶	民國35. 4.14
特16/24-28	朝鮮共產黨社會黨及工人聯盟擧行黨團代表會議內容	國府參軍處, 重慶	民國35. 4.18
特16/24-29	蘇軍在吉林安東編訓朝鮮民主建國軍情形	國府參軍處, 重慶	民國35. 4.22
特16/24-30	留渝朝鮮共黨分子發起組織新世紀文化服務社	國府參軍處, 重慶	民國35. 4.22
特16/24-31	蘇聯最近在中蘇韓邊境組設阿穆爾自治州情形	國府參軍處, 重慶	民國35. 4.22
特16/24-32	韓北民主聯盟最近活動情形	國府參軍處, 南京	民國35. 5. 9
特16/24-33	朝鮮北部共和人民政治會議授權駐南部最高執行部發動新鬪爭	國府參軍處, 南京	民國35. 6. 8
特16/24-34	朝鮮民主聯盟最近動態	國府參軍處, 南京	民國35. 6. 8
特16/24-35	韓北共黨外圍組織動態	國府參軍處, 南京	民國35. 7.19
特16/24-36	滬共黨秘密組織中韓革命同志會議情形	國府參軍處, 南京	民國35.11.30
特16/24-37	中・韓革命民主同志會召開緊急會議情形	國府參軍處, 南京	民國35.12.17
特16/24-38	蘇聯遠東政治局利用韓共發動反對南韓美占領軍情形	國府參軍處, 南京	民國35.11. 4
特16/24-39	朝鮮南部分裂行動委員會成立	國府參軍處, 南京	民國35.11.22
特16/24-40	朝鮮反法西斯青年大同盟成立華中支團	國府參軍處, 南京	民國35.11.25
特16/24-41	韓共申肅高文龍等來京作共黨之活動情形	國府參軍處, 南京	民國35.11.27
特16/24-42	韓共煽動韓南勞工分子加入勞動總同盟情形	國府參軍處, 南京	民國35.11.28
特16/24-43	韓共黨籌組全民政府	國府參軍處, 南京	民國35. 2. 8

번 호	제 목	지 역	일 시
特16/24-44	張建相在滬組中・韓民主革命同志會韓國支部及.本朝鮮兩支部之情形	國府參軍處, 重慶	民國34.12.12
特16/25-1	招待韓國革命同志解除兩黨糾紛	重慶	民國33. 9.
特16/25-2	韓國臨時政府國務委員名單	重慶	民國33. 9.
特16/25-3	趙琬九致吳鐵城等函	重慶	民國33. 8.30
特16/25-4	陽雲竹致汪公紀函	重慶	民國33. 7.12
特16/25-5	歡宴韓國臨時政府人員致詞	吳鐵城, 重慶	民國33. 9.
特16/25-6	吳鐵城致張壽賢等簽條	重慶	民國?. 6.30
特16/25-7	韓國臨時政府國務委員及各部部長名單	重慶	民國33. 9.
特16/25-8	中央黨部歡宴韓國臨時政府首長致詞稿	吳鐵城致詞, 重慶	民國33. 7.17
特16/25-9	中央黨部歡宴韓國臨時政府首長答詞	金九, 重慶	民國33. 7.17
特16/26-1	中秘處外交府等函	南京	民國36. 3. 6
特16/26-2	陣誠致吳鐵城函	南京	民國36. 4.21
特16/26-3	中秘處致東北行轅電	南京	民國36. 2.18
特16/26-4	中秘處致段錫朋關麟徵函	南京	民國36. 2.20
特16/26-5	建立中韓親善方針案	南京	民國36. 1.28-2.
特16/26-6	閔石麟節略暨陣辭要點	韓國臨時政府駐華代表團, 南京	民國36. 3.
特16/26-7	北韓現勢	閔石麟, 南京	民國36. 3.
特16/26-8	韓國現況報告	閔石麟, 南京	民國36. 3.15
特16/26-9	關於展開東北韓農合作運動之說明書	濮純, 南京	民國36. 2.
特16/26-10	關於展開東北韓農合作運動之管見	濮純, 南京	民國36. 2.
特16/26-11	東北韓僑農村合作社章程草案	濮純, 南京	民國36. 2.
特16/26-12	對東北韓農不准設置農村合作機構和委託中國農村合作社代管韓農合作事業之不平鳴	韓國駐華代表團, 南京	民國36. 2.
特16/26-13	閔石麟節略	南京	民國36.
特16/26-14	對韓問題管見	靳宗岳, 南京	民國36. 1.

번 호	제 목	지 역	일 시
特16/26-15	現下韓國情勢和必需的協助	李忠模, 北平	民國36. 8.
特16/27-1	李承晚抵華案	南京	民國36. 4.
特16/27-2	周爾壎致吳鐵城函	華盛頓	民國36. 2.26
特16/27-3	李承晚來華招待事	南京	民國36. 2.
特16/27-4	李承晚致蔣委員長函	漢城	民國35. 8. 5

5. 1947-48 중국언론의 한국관련 기사색인

기사 제목	게재지	게재 일자
Stalemate In Korea Said Fault Of Us	The China Press	民國36. 9.16
Us To Suggest UN Survey Body In Korea	The China Press	民國36. 9.19
美國正式照會蘇聯 朝鮮問題提交聯大	新民國日報(京)	民國36. 9.19
促使朝鮮獨立美將採取行動	新民國日報(京)	民國36. 9.19
Us To Ask UN Pope Comments To Take Up On Shrines Korean Issue In Holy Land	The China Press	民國36. 9.19
美國正式照會蘇聯協助聯大討論韓局	中央日報	民國36. 9.19
解決朝鮮問題關鍵端視四强能否協議	中央日報	民國36. 9.20
聯合國大會與朝鮮問題	新聞報	民國36. 9.21
聯合國應協助朝鮮獨立	和平日報	民國36. 9.21
闡釋大朝鮮問題態度 王外長答記者問	和平日報	民國36. 9.20
南韓大同青年團昨成立李承晚金九任正副總裁	申報	民國36. 9.22
北韓已成共軍基地	中央日報	民國36. 9.23
韓國獨立問題	中央日報	民國36. 9.23
聯大指導委會建議討論朝鮮獨立問題	新民國報	民國36. 9.23
Korea Placed On Agenda Despite USSR	The China Press	民國36. 9.23
聯大指導委會通過朝鮮問題列入議程	申報	民國36. 9.23
Rightists Say Soviets Slay Korean People	The China Press	民國36. 9.23
USSR Vote Overridden On Korea	The Shanghai Evening Post	民國36. 9.24
USSR Army May Quit North Korea	The Shanghai Evening Post	民國36. 9.25
UN Debate On Korea Scheduled	The China Press	民國36. 9.25
中韓貿易尙未完全開放	東南日報	民國36. 9.25
聯大通過美國提案朝鮮問題列入議程	大公報	民國36. 9.25
朝鮮問題蘇可能有驚人行動	益世報	民國36. 9.26
Soviet Pull-Out Unlikely	The Shanghai Evening Post	民國36. 9.26
澄淸韓國局勢 蘇向美提出新建議明年初同徹占領軍	新聞報	民國36. 9.26
朝鮮美方測韓北蘇駐軍或將突然撤退	中華時報	民國36. 9.26
聯合國大會議題之一朝鮮獨立問題	東南日報	民國36. 9.26

기사 제목	게재지	게재 일자
USSR Proposes To Evacuate Korea In 1948	The China Press	民國36. 9.27
韓局新發展蘇提議明春同撤兵	大公報	民國36. 9.27
對撤退蘇美駐軍韓人反響不一	中央日報	民國36. 9.28
USSR Said Not Serious In Korea Offer	The China Press	民國36. 9.2?
就對朝鮮問題立場維辛斯基發表聲明	和平日報	民國36. 9.29
蘇所提徹出朝鮮建議傳美方表示歡迎	和平日報	民國36. 9.29
韓國問題蘇聯持偏見	中央日報	民國36. 9.29
西地科夫撤軍建議美蘇譯文有了差別	中央日報	民國36. 9.29
Withdrawal From Korea	The China Press	民國36. 9.29
Koreans Said On Red NE Government	The Shanghai Evening Post	民國36. 9.29
Soviets Direct Korea Spies Paper Claims	The Shanghai Evening Post	民國36. 9.29
Unofficial Koreans To UN Not Recognized By US	The China Press	民國36. 9.29
蘇撤退韓駐軍建議美報指爲宣傳作用	中央日報	民國36. 9.30
Koreans Said Forcing Priesta To Teach Soviet Tenets	The China Press	民國36. 9.30
Koreans Set Up REd Organ In Manchuria	The China Press	民國36. 9.30
蘇俄建議退出朝鮮	救國日報	民國36. 9.30
南韓右派青年擧行反蘇示威	申報	民國36. 9.30
南韓忽視教育 美國總顧問的談話	大公報	民國36. 9.30
中韓貿易監院建議嚴予管制	大公報	民國36. 9.30
韓國問題僵持	大公報	民國36.10. 1(2?)
南韓教育問題	大公報	民國36.10. 1(2?)
美朝鮮協會會長請美蘇自韓撤軍	大剛報	民國36.10. 1(2?)
中國關心朝鮮問題	大公報	民國36.10. 2
南韓代表函聯大請允許發抒民國意	救國日報	民國36.10. 2
南韓共黨陰謀暴動美正加强監管工作	東南日報	民國36.10. 2
US To Present Korea Independence Plan In 'Next Few Days'	The Shanghai Evening Post	民國36.10. 2
解決朝鮮獨立問題美將向聯大提新建議	大公報	民國36.10. 3
促成韓國獨立計劃美國將於日內提出聯大	中央日報	民國36.10. 3
中韓貿易恢復問題	申報	民國36.10. 4
美蘇占領軍徹離後韓國可能發生內戰	中央日報	民國36.10. 4
朝鮮美蘇軍衝突霍奇向蘇提抗議	大剛報	民國36.10. 4

기사 제목	게재지	게재 일자
美蘇對韓國問題漸趨向攤牌階段	中央日報	民國36.10. 6
USSR Plans Red Gov't For Korea	The Shanghai Evening Post	民國36.10. 4
CHINA AGREES TO PUT KOREA ON ASSEMBLY AGENDA	The China Press	民國36.10. 4
美報論朝鮮問題稱蘇展開宣傳攻勢	大公報	民國36.10. 5
寒空將組政府	新聞報	民國36.10. 5
撤兵兩韓問題美官方守緘默	新民國報	民國36.10. 5
我駐韓總領定今飛紐約向聯大提報告	中央日報	民國36.10. 5
Red Plan Communist Government In Korea	The China Press	民國36.10. 5
韓右翼青年團體大示威要求美軍繼續留駐朝鮮	申報	民國36.10. 6
Korea Rightist Rally Lashes Russian Policy	The China Press	民國36.10. 6
News Blackout Put On Congressment In Korea	The China Press	民國36.10. 6
China Wants US Troops To Stay In Korea	The Shanghai Evening Post	民國36.10. 6
某要人論前後日本	益世報	民國36.10. 7
朝鮮荷印問題美蘇相持不下	大公報	民國36.10. 7
US To Urge Koreans Form Gov't	The Shanghai Evening Post	民國36.10. 8
朝鮮問題美決向聯大提出建議將先與中英兩國磋商	大公報	民國36.10. 8
US To Consult China Britain On Korea Plan	The Shanghai Evening Post	民國36.10. 8
美草擬對韓建議卽可向聯大會議提出 幷將與中英擧行磋商	中央日報	民國36.10. 8
美對朝鮮問題新建議明日可提交聯大	申報	民國36.10. 9
US To Propose Korean With UN Commission Watching	The China Press	民國36.10. 9
霍奇發表聲明渠無權決定韓普選日期	中央日報	民國36.10. 9
協助處理朝鮮問題我駐漢城總領飛抵紐約	大剛報	民國36.10.12
朝鮮問題處理棘手美盼聯合國提出解決方法	和平日報	民國36.10.13
China Britain Back US On Korea Resolution	The China Press	民國36.10.13
Molotov Sends Marshall Note On Impasse In Korean Talks	The China Press	民國36.10.13
莫斯科電台發表莫洛托夫致馬帥函	大公報	民國36.10.13
朝鮮問題癥結未解美蘇仍互相責難	大剛報	民國36.10.13

기사 제목	게재지	게재 일자
US Rejicts USSR Plan For Korean	The Shanghai Evening Post	民國36.10.13
Korean Withdrawal To Be Brought Before UN Reveals America	The China Press	民國36.10.14
南韓軍政長官談話將組五巨頭會議	大公報	民國36.10.14
朝鮮問題的結聯合國大會的一難題	和平日報	民國36.10.14(?)
實現獨立韓國計劃美將向聯大提建議 堅持由聯合國監督選擧	中央日報	民國36.10.14
韓境美蘇撤兵問題將在聯大謀取解決	大公報	民國36.10.14
美對朝鮮問題新建議中英表示原則贊同	大剛報	民國36.10.14
Withdrawal To Be Brought Before UN	The China Press	民國36.10.14
China Seoul Consul Arrives In New York	The Shanghai Evening Post	民國36.10.14
Soviets Urge Withdrawal From Korea	The China Press	民國36.10.16
美國記者筆下 北韓現狀	大剛報	民國36.10.17
US To Ask UN Commission For Korea	The Shanghai Evening Post	民國36.10.17
Louise Strong Praises USSR Rule In Korea	The Shanghai Evening Post	民國36.10.17
US Submits Proposal For UN Supervision Of Election In Korea	The Shanghai Evening Post	民國36.10.18
N. Koreans Migrating To US Zone	The Shanghai Evening Post	民國36.10.18
美對韓獨立建議案將提交聯大政委會撤軍前提須先成立政府	中央日報	民國36.10.18
North Koreans Live In Bliss - A. L. Strong	The China Press	民國36.10.18
US Urges Korean Elections	The China Press	民國36.10.19
美向聯大會提建議促韓國獨立計劃	中央日報	民國36.10.19
聯合國人士的看法對朝鮮問題悲觀	中華時報	民國36.10.20
Whose Korea?	The China Press	民國36.10.20
China Wants Consultation On Korea	出處不明	民國36.10.20
對解決韓國問題王外長發表聲明	中央日報	民國36.10.21
Stalemate In Korea Must Finish-Wang	The China Press	民國36.10.21
Russia Breaks With Joint Korea Organ	The China Press	民國36.10.21
韓國問題談判益僵蘇代表團撤回平壤	申報	民國36.10.21
美出席聯大各代表强調朝鮮獨立願望	新聞報	民國36.10.21

기사 제목	게재지	게재 일자
Russia To Oppose US Proposal For UN Supervision In Korea	The Shanghai Evening Post	民國36.10.21
Soviet Troop Withdrawal Plan Rejected	The Shanghai Evening Post	民國36.10.21
北韓民主陣線致函美蘇政府	申報	民國36.10.25
Vigorous US Action In korea Urged	The Shanghai Evening Post	民國36.10.27
漢南發生反共運動	中央日報	民國36.10.27
處理朝鮮問題蘇堅持依據莫斯科協定	和平日報	民國36.10.27
朝鮮青年透露消息蘇對朝鮮之野心	大公報	民國36.10.27
美外交協會發表麥鏗對韓國報告	中央日報	民國36.10.28
聯大又一棘手工作朝鮮問題卽上議壇	和平日報	民國36.10.29
美對韓獨立建議聯大會開始討論	中央日報	民國36.10.29
李承晚派提出統一朝鮮計劃促聯大折衷美蘇異見	中央日報	民國36.10.29
US Program For Korea Sent To UN	The Shanghai Evening Post	民國36.10.29
Soviet-US Showdown On Korea	The China Press	民國36.10.30
討論韓國獨立問題聯大小組起激辯	中央日報	民國36.10.30
US Requests Korea Tour By UN Group	The Shanghai Evening Post	民國36.10.30
旅美韓人發表聲明	東南日報	民國36.10.30
The Korean Issue	The China Press	民國36.10.30
China Calls For Early Settlement In Korea	The China Press	民國36.10.30
漢南軍政府首長由迪恩少將繼任	申報	民國36.10.31
聯大續議韓國問題美再提出新建議	中央日報	民國36.10.31
聯大爭論朝鮮問題	大公報	民國36.10.31
UN To Create Group For Korea Survey	The Shanghai Evening Post	民國36.10.31
聯大政委會通過美建議決派遣臨委會赴韓	大公報	民國36.11. 1
顧使向全美廣播重申我對韓態度	中央日報	民國36.11. 1
聯大小組通過美建議派臨時委會赴韓	中央日報	民國36.11. 1
朝鮮的左右之爭	東南日報	民國36.11. 1
Political Committee Adopts US Proposal On Korea	The China Press	民國36.11. 1

기사 제목	게재지	게재 일자
Koo Outlines China's Position On Korea	The China Press	民國36.11. 1
應讓朝鮮人解決朝鮮問題	大公報	民國36.11. 3
India To Call For Elections In Korea Before Feb.15	The China Press	民國36.11. 4
聯合國朝鮮委會下月將赴韓工作	和平日報	民國36.11. 4
聯合國朝鮮委會明年初赴漢城	大剛報	民國36.11. 5
聯大政委會討論朝鮮問題中美兩修正案通過	大公報	民國36.11. 6
關於朝鮮獨立程序美提出修正建議	和平日報	民國36.11. 6
US Korea Plan Wins UN Approval	The Shanghai Evening Post	民國36.11. 6
Korean Press Shows Little Trust In UN	The China Press	民國36.11. 6
US Asks Korea Elections For march '48	The China Press	民國36.11. 6
UN Decision On Korea	The China Press	民國36.11. 8
論聯大討論中之韓國問題	大公報	民國36.11. 5
聯合國討論朝鮮問題美提出修正建議	申報	民國36.11. 5
UN Decision On Korean Voting Nearing	The Shanghai Evening Post	民國36.11. 5
Program For Korea	The Shanghai Evening Post	民國36.11. 8
UN Motion On Korea passed In UN	The China Press	民國36.11. 7
9-Member UN body to Supervise Elections Before Mafch 31.1948	The China Press	民國36.11. 7
Chinese Objectives In Korea Defined By Koo	The China Press	民國36.11. 7
組織赴韓代表團賴伊提出豫算	大公報	民國36.11.11
對於朝鮮獨立計劃聯大即可最後決定	中央日報	民國36.11.13
朝鮮及小型大會案全體大會即可通過	和平日報	民國36.11.13
Korean Plans To Get UN Approval Soon	The Shanghai Evening Post	民國36.11.13
南韓臨時政府發表政治聲明	新聞報	民國36.11.14
本報記者訪韓駐瀋代表	和平日報	民國36.11.15
聯合國朝鮮監察團 定年內起程前往	新聞報	民國36.11.16
USSR Deteated On Proposal Of Withdrawal	The China Press	民國36.11.16
朝鮮僵局	申報	民國36.11.17
對韓國獨立問題聯大通過美建議否決蘇撤軍提案	中央日報	民國36.11.16

기사 제목	게재지	게재 일자
蔣廷黻發表演說盼韓國早日獨立	中央日報	民國36.11.15
Korea Menance - Soviet Has Propared With Care	The Shanghai Evening Post	民國36.11. 1?
美蘇分治下的朝鮮	大剛報	民國36.11.20
北韓成立議會起草臨時憲法	申報	民國36.11.20
北韓立法機構擧行成立典禮	大公報	民國36.11.20
羅凡特函莫洛托夫 拒絶撤退朝鮮駐軍	大公報	民國36.11.22
Korea No Business Paradise--China Mail	The China Press	民國36.11.22
Trained N.Korea Army Of 200000Said Ready To Invade South	The Shanghai Evening Post	民國36.11.25
Independence Of Korea Depending On Settlement Of US · USSR Row	The Shanghai Evening Post	民國36.11.26
遠東經濟委員會昨通過臨時議程 朝鮮問題決定仍列入	大剛報	民國36.11.26
朝鮮協會主席希望蘇與聯大合作	益世報	民國36.11.27
北韓積極裝備民軍朝鮮內戰難免	大剛報	民國36.11.27
韓駐華代表團人士發表韓局難感	大剛報	民國36.11.28
Role Of Korea Laeders In Present Stage Told	The China Press	民國36.11.28
KOrea Depending Two Different Economies Under Soviet, US Split	The Shanghai Evening Post	民國36.11.28
南韓美方聲明	大公報	民國36.11.29
聯合國朝鮮委會下月初赴朝鮮	新聞報	民國36.11.29
S. Korea Poll Discouraged By Gen. Dean	The China Press	民國36.11.30
UN Picks Hoo As Head Of Korea Group	The Shanghai Evening Post	民國36.12. 4
韓民主黨幕後領袖張大蘇遭暗殺	新聞報	民國36.12. 4
聯合國朝鮮委員會定明年初赴韓	益世報	民國36.12. 4
Korean Party Leader Slain by Assassins	The China Press	民國36.12. 4
朝鮮調查團 下月初出發	大公報	民國36.12. 4
Victor Hoo To Head UN Secretariat In Korea	The China Press	民國36.12. 5
韓民主黨領袖張德秀哭被刺	中央日報	民國36.12. 5
爲何美軍不願從朝鮮撤退	大公報	民國36.12. 6
聯合國赴韓委會中法澳代表派定	中央日報	民國36.12. 7
北韓整理通貨傳將發行新幣	大公報	民國36.12. 9
Korean Tragedy	The Shanghai Evening Post	民國36.12.11

기사 제목	게재지	게재 일자
聯合軍朝鮮委會定期在漢城會議	中央日報	民國36.12.12(?)
US Booklet On Korea Views People's Faith	出處不明	民國36.12.15
我駐漢城總領事劉馭萬返任	新聞報	民國36.12.16
北韓當局拒絶聯合國委員團入境	大公報	民國36.12.20
悽愴話韓國 記一位行將歸去的韓國青年	大公報	民國36.12.20
朝鮮之爭勝負難決	益世報	民國36.12.20
朝鮮之爭勝負難決	益世報	民國36.12.22
朝鮮之爭勝負難決	益世報	民國36.12.23
被[解放]了的韓國	益世報	民國36.12.26
UN Committee For Korea Starting Task	The Shanghai Evening Post	民國36.12.31
聯合國駐韓代表團 九日可望抵達漢城	大公報	民國37. 1. 1
UN Commission Ready to Enplane For Korea Tour	The China Press	民國37. 1. 1
Korean Commission Salted to Depart By Train From NY	The China Press	民國37. 1. 1
朝鮮委員會啓程赴漢城	申報	民國37. 1. 5
聯合國朝鮮委員會代表團離美飛漢城	東南日報	民國37. 1. 6
No Definite Plan Yet For Korea Voting	The Shanghai Evening Post	民國37. 1. 6
UN Mission Undecided About Korea	The China Press	民國37. 1. 7
US Pull-Out From Korea Said Likely	The Shanghai Evening Post	民國37. 1. 8
朝鮮委員會一行飛抵東京	申報	民國37. 1. 8
Koreans Hail UN Group Meet Slated	The Shanghai Evening Post	民國37. 1. 9
Korean Commission Must Act Courageously MacArthur, Says	The China Press	民國37. 1.12
US Policy In Korea Since V-J Attacked	The China Press	民國37. 1.12
UN Korea Group Ignores Boycott By Ukraine, To Go Ahead With Task	The Shanghai Evening Post	民國37. 1.13
聯合國赴韓代表團昨擧行首次會議	中央日報	民國37. 1.13
聯合國朝鮮委員會昨在漢城開首次會	大公報	民國37. 1.13
漢城會議秘密進行要請烏克蘭和薩爾瓦多參加	大公報	民國37. 1.14
Menon Urges Korea Commission To Bring Freedom Speedily	The China Press	民國37. 1.14

기사 제목	게재지	게재 일자
Boycott By Soviets Fails To halt Body	The China Press	民國37. 1.14
聯合國赴韓代表團繼續擧行會議	中央日報	民國37. 1.16
薩爾瓦多派代表參加朝鮮委員會	大公報	民國37. 1.16
聯合國朝鮮委員會要求蘇聯合作	大公報	民國37. 1.17
Korea Border Incidents Said Growing	The China Press	民國37. 1.20
朝鮮前途多荊棘	中央日報	民國37. 1.20
朝鮮普選日期決定 在三月底以前成立國民議會	大公報	民國37. 1.20
南北韓邊境衝突 美政府表示重視	新民報	民國37. 1.21
向聯大赴韓代表團獻言	大公報	民國37. 1.21
梅農訪霍奇	中央日報	民國37. 1.21
梅農對韓人播講保證自由選擧完成統一	中央日報	民國37. 1.22
朝鮮將發生戰爭蘇大砲指向美軍	中央日報	民國37. 1.23
梅農向全韓廣播稱三月底前擧行選擧	和平日報	民國37. 1.23
美將撥款二億餘助日韓經濟復原	和平日報	民國37. 1.23
Soviets Reject UN Request In Korea	The China Press	民國37. 1.24
Split In Korea Said hastened By Ideologies	The China Press	民國37. 1.24
UN Commission In Korea Worried Over Soviet Ban	The China Press	民國37. 1.25
蘇聯拒絶北韓代表團進退維谷	中央日報	民國37. 1.25
李承晩請聯合國於南韓單獨選擧	中央日報	民國37. 1.27
聯合國朝鮮代表團定今擧行全體會	中央日報	民國37. 1.28
朝鮮委會明擧行全體會商討對韓問題辦法	和平日報	民國37. 1.28
金九反對單獨選擧主張撤退美蘇駐軍	新民報	民國37. 1.28
Showdown In Korea Seen By Scripps	The China Press	民國37. 1.28
Free Korean Poll Almost Impossible, Legislative Chief Says	The Shanghai Evening Post	民國37. 1.29
KimKoo Said Wanted By Korea Police	The Shanghai Evening Post	民國37. 1.29
朝鮮委員會月底召開全體會議	大公報	民國37. 1.29
南韓立法會議要求日本歸還津島	大公報	民國37. 1.29
監督朝鮮選擧問題將待小型聯大決定	新民報	民國37. 1.30
South Korea Can Raise Army, Says Dr. Rhee	The China Press	民國37. 1.30
朝鮮問題待解決仍盼蘇聯合作	大剛報	民國37. 1.30
朝鮮之命運	救國日報	民國37. 1.31

기사 제목	게재지	게재 일자
Intense Hatred May Lead To War Between North, South Koreans	The Shanghai Evening Post	民國37. 1.30
成立南韓政府建議代表團將提出討論	新民報	民國37. 1.31
聯合國赴韓代表團將開大會決定方針	申報	民國37. 1.31
代表團訪晤諸領袖商討韓國選擧	大剛報	民國37. 2. 1
解決朝鮮選擧問題代表團徵詢各領袖意見	和平日報	民國37. 2. 1
Elections In South Korea Seen Planned	The China Press	民國37. 2. 1
American Supplies To South Korea In 1947 Total $210 Million	The China Press	民國37. 2. 1
Hoo, Menon to Report UN On S. Korea	The China Press	民國37. 2. 2
赴韓國多數代表建議贊成南韓進行選擧	和平日報	民國37. 2. 3
UN Committee Favors Poll In S. Korea	The Shanghai Evening Post	民國37. 2. 3
出席朝鮮委員會安在鴻陳述意見	申報	民國37. 2. 3
Materials Used In Drug-Making Arrive In Korea	The China Press	民國37. 2. 3
聯合國赴韓代表團今將決定對蘇態度	大剛報	民國37. 2. 4
USSR-Trained Koreans Likely To Invade South	The Shanghai Evening Post	民國37. 2. 4
南韓立卽單獨選擧中菲法咸認有必要	中央日報	民國37. 2. 5
North Koreans Said Ready To Invade South	The China Press	民國37. 2. 5
UN Korea Commission Debates Need For Early Elections	The China Press	民國37. 2. 5
中韓通商辦法已擬定	大公報	民國37. 2. 5
韓國獨立問題	中央日報	民國37. 2. 6
南韓選擧問題今日作決定	大剛報	民國37. 2. 6
南韓單獨選擧	救國日報	民國37. 2. 6
Vice-Commander In Korea Set For Short Rest	The China Press	民國37. 2. 6
UN Korea Body Seen Referring Problem To Little Assembly	The China Press	民國37. 2. 6
Korea Mission Asks For Instructions	The China Press	民國37. 2. 7
UN May Order Election In South Korea	The Shanghai Evening Post	民國37. 2. 7
朝鮮委會工作難展開決定向小型大會請示	大公報	民國37. 2. 7
監督韓國選擧問題聯合國代表團投票決定	中央日報	民國37. 2. 7
南韓騷動漸趨平息	中央日報	民國37. 2. 8

기사 제목	게재지	게재 일자
南韓有騷動左派要求美駐軍撤退	中央日報	民國37. 2. 8
Agitation In Korea Seeks To Oust UN	The China Press	民國37. 2. 8
Elections For S. Korea May Get Approval	The China Press	民國37. 2. 8
金九向聯合國小組會說南韓不能進行自由選擧	大公報	民國37. 2. 8
決定朝鮮選擧問題 小型大會卄四日開會	大公報	民國37. 2. 8
南韓發生怠工反對聯合國委會	大公報	民國37. 2. 8
鐵幕籠下的北韓 平壤設立中蘇韓聯合軍委會	中央日報	民國37. 2. 9
南韓騷動昨轉寂	中央日報	民國37. 2. 9
朝鮮選擧問題	大公報	民國37. 2. 6
Want UN To Put Through Korea Plans	The Shanghai Evening Post	民國37. 2. 9
揭開北韓鐵幕	大剛報	民國37. 2. 9
赴韓調査代表團三小組檢討工作	和平日報	民國37. 2.10
Police Alerted As New Seoul Riots Feared	The China Press	民國37. 2.10
US To Press For Action On Korea Despite USSR	The China Press	民國37. 2.10
圖造成饑饉不安 韓共黨手段毒辣	中央日報	民國37. 2.11
Hodge Blames Soviets For Korean Riots	The China Press	民國37. 2.12
朝鮮南部政治領袖同意早日辦理選擧	大公報	民國37. 2.13
赴韓監督工作多阻	中央日報	民國37. 2.13
UN Versus Russia In Korea, Filipino Delegate Believes	The China Press	民國37. 2.13
49 Said Killed In Korean Disturbances	The China Press	民國37. 2.13
Elections For Korea Unwise, Kim Declares	The Shanghai Evening Post	民國37. 2.14
梅農胡世澤過東京返美	中央日報	民國37. 2.15
平壤電台昨宣布北韓共和國出現	大公報	民國37. 2.17
短評：北韓共和國出現	大公報	民國37. 2.17
US Charges Violation Of Moscow Decision On Independent Korea	The China Press	民國37. 2.17
Puppet Gov't Set Up In N. Korea	The China Press	民國37. 2.17
Grave Implications Seen As Puppet Korean Gov't Set Up	The China Press	民國37. 2.18
韓北傀儡政府的出現	中報	民國37. 2.18
北韓出現傀儡政府	和平日報	民國37. 2.18
對北韓成立共和國事我國將發表嚴正聲明	新民報	民國37. 2.18

기사 제목	게재지	게재 일자
美將堅持對韓政策	新民報	民國37. 2.18
不幸的朝鮮	中華時報	民國37. 2.18
由北韓看東北	益世報	民國37. 2.18
蘇聯扶植[北韓]我受嚴重影響	東南日報	民國37. 2.18
北韓境內成立政府係蘇軍撤退之前奏	中央日報	民國37. 2.18
北韓共和國出現後我方態度緘默	大公報	民國37. 2.18
美對韓政策不變朝鮮問題應由聯合國處理	大公報	民國37. 2.18
聯合國小型會今天開會朝鮮問題將提討論	大公報	民國37. 2.18
北韓非法政府出現	中央日報	民國37. 2.18
Radical UN Action On Korea Asked	The Shanghai Evening Post	民國37. 2.18
North Korea To Be Discussed On February 29	The China Press	民國37. 2.19
美報評論 北韓問題	東南日報	民國37. 2.19
Chinese Not Recognizing Korea Gov't	The China Press	民國37. 2.19
公理與强權之爭 - 斥蘇聯製造 [全韓民主人民共和國]	大剛報	民國37. 2.19
Confusion In Korea	The Shanghai Evening Post	民國37. 2.18
小型聯大即行召開之際美國商討朝鮮問題	和平日報	民國37. 2.19
對北韓成立[共和國]問題	和平日報	民國37. 2.19
美將檢討韓國局勢	中央日報	民國37. 2.19
韓國問題小型大會今付討論	中央日報	民國37. 2.19
評[北韓共和國]的出現	東南日報	民國37. 2.19
小型大會面對朝鮮問題	和平日報	民國37. 2.20
小型聯大開特別會昨日討論朝鮮問題	和平日報	民國37. 2.20
扶助韓人獨立我國應盡義務	中央日報	民國37. 2.20
小型大會討論韓政	中央日報	民國37. 2.20
北韓組織人民共和國 美政府迄證實	申報	民國37. 2.20
Hodge Demands USSR Punish "Insult" to 2 US Officers	The China Press	民國37. 2.20
New Korea Regime Said Test Of US Strength	The China Press	民國37. 2.20
世界火藥庫在朝鮮	新聞報	民國37. 2.21
被赤化了的北韓	東南日報	民國37. 2.21
REPORT OF NORTH KOREA GOV'T SAID "MISINTERPRETED"	The China Press	民國37. 2.21

기사 제목	게재지	게재 일자
UN Last Hope For Korean Unity-Menon	The China Press	民國37. 2.21
朝鮮陰雲低迷 漢城美觀察家豫測 蘇可能突然撤軍	和平日報	民國37. 2.21
朝鮮問題的逆轉	和平日報	民國37. 2.21
開放中韓貿易	和平日報	民國37. 2.21
南韓軍政廳發表聲明報告北韓近況	益世報	民國37. 2.22
Russian Said Likely To Quit N.Korea	The Shanghai Evening Post	民國37. 2.21
小型大會討論朝鮮問題 朝鮮委會準備提出解決辦法	大公報	民國37. 2.20
小型大會暫休會研究梅農報告書	中央日報	民國37. 2.21
敏感韓國將有戰事 日軍火業股票上漲	中央日報	民國37. 2.21
以美駐軍爲對象漢城發生暴動	新民報	民國37. 2.29
朝鮮選擧問題小型聯大今天開會討論	大公報	民國37. 2.24
朝鮮局勢危殆	東南日報	民國37. 2.24
North Korea Radio Attacks Nations On UN Commission	The China Press	民國37. 2.24
小型大會定今復會	中央日報	民國37. 2.24
Little Assembly Asked To Okay UN Observers	The China Press	民國37. 2.25
韓代表團電聯合國 協建韓國獨立政府	東南日報	民國37. 2.25
Wants Korea To Be Friend Of Russia	The Shanghai Evening Post	民國37. 2.21
美要求小型聯大在南韓進行選擧	大公報	民國37. 2.25
中美建議小型聯大令赴韓代表團促成總選	中央日報	民國37. 2.26
蔣廷黻重申我立場建立韓獨立政府	大公報	民國37. 2.26
US, Canada Disagree Over Role Of Korea Commision	The China Press	民國37. 2.25
南韓又發生暴動	和平日報	民國37. 2.27
Romulo Urges Free Korea Elections	The China Press	民國37. 2.27
6 Killed As Reds Cause Korean Riots	The China Press	民國37. 2.27
韓國擧行選擧問題小型會通過美建議	中央日報	民國37. 2.28
重新商討朝鮮問題挪主召開聯大會	中央日報	民國37. 2.27
Korean Quits As Protest To Election	The Shanghai Evening Post	民國37. 2.28
小型聯大首次重要表決南韓單獨擧行普選	大公報	民國37. 2.28

기사 제목	게재지	게재 일자
朝鮮辦理普選後美應在南韓設基地	大公報	民國37. 2.28
UN Decides To Hold South Korea Election	The China Press	民國37. 2.28
N.Korea HelpSaid Given To Chinese Reds	The China Press	民國37. 2.28
梅農對朝鮮人廣播盼五月前進行選擧	中央日報	民國37. 2.29
Chinese Reds Backbone Of Korean Army	The China Press	民國37. 2.29
Local Koreans Hold Rally On Independence	The China Press	民國37. 2.27
US Denies "Digging In" On North Korea Border	The China Press	民國37. 3. 1
Korea Ballot Seen In May At Earliest	The China Press	民國37. 3. 1
US Commander Warns Police In Korea Zone	The China Press	民國37. 3. 1
KOreans Use War Here As Laboratory	The Shanghai Evening Post	民國37. 3. 1
North Korea Denies New State Formed	The Shanghai Evening Post	民國37. 3. 1
朝鮮委會明日離美飛漢城恢復工作	申報	民國37. 3. 1
韓邊構工事說美軍鄭重否認	新民報	民國37. 3. 1
速辦南韓選擧	大公報	民國37. 2.29
韓國--遠東的希臘	大公報	民國37. 3. 1
聯合國赴韓代表團明日再返漢城工作	中央日報	民國37. 3. 1
North Korean Gov't Denied In Pyongyang	The China Press	民國37. 3. 2
關於北韓共和國金日成聲明沒有這回事 大罵美國要使朝鮮分裂	大公報	民國37. 3. 2
南韓普選日期決定	大公報	民國37. 3. 2
共黨控制北韓	大公報	民國37. 3. 2
霍奇昨日宣布南韓定五九總選	中央日報	民國37. 3. 2
金九派代表團來華訪問	東南日報	民國37. 3. 3
韓國訪問團自漢城抵平	申報	民國37. 3. 3
北韓成立政府說金怡蓀已正式否認	和平日報	民國37. 3. 3
梅農胡世澤飛返漢城	中央日報	民國37. 3. 3
Roxas Asked To shift Delegate On Korean Body	The China Press	民國37. 3. 4
美駐南韓代表斥北韓共產化	申報	民國37. 3. 4
North Korea Financing Anti-US bodies	The China Press	民國37. 3. 5
南韓訪問團將赴東北	東南日報	民國37. 3. 5
南韓美軍當局拒絶改革警察	東南日報	民國37. 3. 5
鮮青年黨訪問團	申報	民國37. 3. 5

기사 제목	게재지	게재 일자
監督南韓選擧 貝文望速擧行	和平日報	民國37. 3. 5
朝鮮獨立政府成立後美軍可能繼續留駐	新聞報	民國37. 3. 7
US Investigator Warns Of Red Coup In Korea	The China Press	民國37. 3. 7
朝鮮委員會昨擧行會議	大剛報	民國37. 3. 9
梅農離美飛韓	大公報	民國37. 3. 5
聯合國赴韓代表團定下週一擧行大會	中央日報	民國37. 3. 5
朝鮮選擧問題聯合國委會昨在漢城商討	大公報	民國37. 3. 9
南韓籌備選擧	大公報	民國37. 3.12
監督南韓選擧	大公報	民國37. 3.13
謀刺李承晩竟是兩警察	申報	民國37. 3.18
South Korea Election On May 9 Said US Effort For Democracy	The Shanghai Evening Post	民國37. 3.18
US Commission To Observe South Korea Election...Menon	The China Press	民國37. 3.19
Korea Elections Viewed Step toward Democracy	The China Press	民國37. 3.19
Menon Says Korea Faces Czech Future	The China Press	民國37. 3.23
Victor Hoo Arrives On Home Leave	The China Press	民國37. 3.23
胡世澤抵滬	申報	民國37. 3.23
Preparations UnderWay For S.Korea Voting On May 9, Hoo Reports	The Shanghai Evening Post	民國37. 3.25
Future Of Korea Still Uncertain, Menon Says	The China Press	民國37. 3.25
英美人士指責朝鮮委員會	申報	民國37. 3.25
記者招待會席上胡世澤談朝鮮問題	和平日報	民國37. 3.26
日本人看和會認若干問題已個別決定	中央日報	民國37. 3. 7
朝鮮成立政府後美軍不致卽撤退	中央日報	民國37. 3. 7
北平中韓人士籌組聯誼會	大公報	民國37. 3. 8
美駐韓長官宣布韓總選勢在必行	申報	民國37. 3.12
朝鮮 [五九]進行選擧符合聯合國決議	申報	民國37. 3.12
UN Body Mulls Elections In South Korea	The China Press	民國37. 3.12
Marshall Says Hodge Ready For Elections	The China Press	民國37. 3.12
Elections In South Korea Slated May 9	The China Press	民國37. 3.13
聯合國赴韓代表團決留南韓觀察選擧	中央日報	民國37. 3.13
南韓選擧非上策 美蘇人士認爲不能解決問題	大公報	民國37. 3.19
返國就任外長梅農惜別韓人	中央日報	民國37. 3.19

기사 제목	게재지	게재 일자
今離日本梅農來華	大公報	民國37. 3.22
南韓普選程序決定	中央日報	民國37. 3.22
南韓土地改革	大公報	民國37. 3.23
Victor Hoo talks On Settlement Of Korean Situation	The China Press	民國37. 3.26
胡世澤談韓國 南韓大選關係朝鮮統一 目前南北韓無內戰可能	大公報	民國37. 3.26
商組朝鮮政府	大公報	民國37. 3.27
德萊勃一行今天赴南韓觀察	大公報	民國37. 3.27
南韓選期近美或將增派駐軍	申報	民國37. 3.27
北韓下月擧行會議邀請南韓領袖參加	新民報	民國37. 3.27
聯合國小型大會續商朝鮮問題	大公報	民國37. 2.27
蘇邀韓領袖會商 美表示反對	大公報	民國37. 3.28
北韓邀南韓領袖會議 美當局幷不反對	中央日報	民國37. 3.28
US Wants S.Koreans To Attend Soviet Meeting	The China Press	民國37. 3.28
US says Korea Rightists May attend Confab	The China Press	民國37. 3.29
反對南韓單獨選擧	大公報	民國37. 3.29
南韓單獨選擧	中央日報	民國37. 3.29
掘壕溝虛置砲位 北韓蘇軍修築防線	中央日報	民國37. 3.30
Russians, North Koreans Dig Trenches, Build Gun Posts Along US-USSR Zone Border	The Shanghai Evening Post	民國37. 3.30
Soviets, North Koreans Erect Fortifications AlongBorder	The China Press	民國37. 3.31
韓國普選不致展期赴韓代表團拒絶美要求	中央日報	民國37. 3.31
德萊勃由韓返日 美增兵南朝鮮	大公報	民國37. 3.31
美宣布援助朝鮮	申報	民國37. 3.31
從華盛頓看北韓	大公報	民國37. 4. 1
KOREA COMMISSION PUTS OFF POLLS DUE TO ECLIPSE	The China Press	民國37. 4. 1
南韓選擧順延一天	中央日報	民國37. 4. 1
南韓各地發生反對選擧運動	大公報	民國37. 4. 1
南韓選擧登記處遭暴徒惡意騷擾	中央日報	民國37. 4. 6
南韓籌備選擧	大公報	民國37. 4. 7
Election In Korea	The China Press	民國37. 4. 7
奇警告韓人勿受北韓共黨欺騙	大剛報	民國37. 4. 7

기사 제목	게재지	게재 일자
南韓發生暴動朝鮮人十七人遇害	中央日報	民國37. 4. 8
US Challenges Russian Stand On Korea Polls	The China Press	民國37. 4.10
促成朝鮮政治統一	大剛報	民國37. 4.10
金九金奎植赴北韓籌開會議	申報	民國37. 4.10
南韓登記選民已近八百萬人	大公報	民國37. 4.11
赴北韓開會金九等南返	中央日報	民國37. 4.11
美要求蘇聯準許北韓參加選擧	東南日報	民國37. 4.11
Korea Polls Worry Hodge, Moscow Says	The China Press	民國37. 4.14
下月南韓普選期 美軍將施行戒備	中央日報	民國37. 4.14
南北韓領袖改期會議	中央日報	民國37. 4.15
平壤電臺宣布南北韓會議展期	大公報	民國37. 4.15
北韓會議延期右派領袖金九不參加	大剛報	民國37. 4.15
Soviets Threaten to Cut Off Power Supplies To S. Korea	The China Press	民國37. 4.16
北韓人民委員會以停電威脅南韓	大剛報	民國37. 4.17
南北韓政黨聯席會昨日在平壤擧行	中央日報	民國37. 4.20
Kim Koo To Attend N. Korean Conference Despite Danger	The China Press	民國37. 4.20
南北韓聯席會議昨在平壤擧行 金九金奎植決定參加	大公報	民國37. 4.21
Kim Koo Off Secretly to North Korea	The China Press	民國37. 4.21
南北韓黨派連席會議金九已前往平壤	和平日報	民國37. 4.21
金奎植提五項條件	中華時報	民國37. 4.21
南北韓會議正式開幕金奎植昨赴平壤參加	大公報	民國37. 4.22
南北韓會議業已開幕	和平日報	民國37. 4.23
20 S.Korea Said Killed In Red Attacks	The China Press	民國37. 4.23
Korean Tenant Farmers Seizing Opportunity To Buy Rice Lands	The Shanghai Evening Post	民國37. 4.24
北韓人民委會月底將擧行會議	和平日報	民國37. 4.24
平壤的會議	東南日報	民國37. 4.25
南韓憲警出動包圍濟州城	申報	民國37. 4.25
Koreans In Kobe Fight US Troops	The China Press	民國37. 4.26
803 Koreans Nabbed In Kobe Riot	The Shanghai Evening Post	民國37. 4.26
南北韓聯席會議結束發表告全國同胞書	中央日報	民國37. 4.26

기사 제목	게재지	게재 일자
南北韓聯席會議文告反對單獨選擧	大公報	民國37. 4.26
要求釋放被捕韓人 韓人闖入神戶縣府 美軍出動協助止暴動	中央日報	民國37. 4.26
日本無理封閉韓僑 韓僑嚴辭駁斥	大公報	民國37. 4.26
日本在盟總支持下仍堅持韓僑封閉令 大阪神戶韓僑大批被捕	中央日報	民國37. 4.27
大阪萬餘韓人示威日本各地仍緊張	新民報	民國37. 4.27
大阪神戶韓僑暴動主因係不滿日本帝國	申報	民國37. 4.27
800 Koreans In Kobe Held By American Army	The China Press	民國37. 4.27
Eichelberger Charges Japanese Reds Instigated Korean Riots	The China Press	民國37. 4.27
Japs Fear Mass Korean Uprising US 8th Army Chief Charges Red Plot	The Shanghai Evening Post	民國37. 4.27
大阪神戶衝突事件韓僑千人被捕	大公報	民國37. 4.27
韓僑鄭重聲明非共黨煽動	大公報	民國37. 4.27
封閉韓僑學校命令 日政府不擬撤回	大公報	民國37. 4.27
Koreans May Unit On School Issue	The Shanghai Evening Post	民國37. 4.28
1,008 Held For Korean School Riot	The Shanghai Evening Post	民國37. 4.28
在盟總壓力下韓僑停止騷動	中央日報	民國37. 4.28
USSR Rejects Korea Power Supply Confab	The Shanghai Evening Post	民國37. 4.28
Rioting By Korean	The China Press	民國37. 4.28
Eichellberger Says Kobe, Osaka Under Control	The China Press	民國37. 4.28
Korean To Be Repatriated In US Vessel	The China Press	民國37. 4.28
日境韓僑的厄運	新民報	民國37. 4.28
對韓僑事件日本態度蠻橫	大公報	民國37. 4.28
北韓聯席會函美蘇要求終止南韓選擧	中央日報	民國37. 4.29
東京韓僑學校仍繼續上課	中央日報	民國37. 4.29
Korean Held For Rioting In Kobe, Osaka Freed	The China Press	民國37. 4.29
Seoul Police Shoot At Red-Led Crowd	The China Press	民國37. 4.29
US Plans For Korea Vote Okayed By UN	The Shanghai Evening Post	民國37. 4.29
南北韓會議代表携建議書赴漢城	大公報	民國37. 4.29

기사 제목	게재지	게재 일자
南韓下月十日選擧 朝鮮委會決往督察	大公報	民國37. 4.30
美蘇策略縱橫下的朝鮮	和平日報	民國37. 4.30
Comong Weeks To Be Critical For Development Of Korea	The China Press	民國37. 4.30
Preparations For S.Korea Poll Approved	The China Press	民國37. 4.30
US Military Ban Kobe Korean Rally	The Shanghai Evening Post	民國37. 4.30
抗議美國對韓政策	大公報	民國37. 5. 1
平壤電臺宣布北韓新憲通過	大公報	民國37. 5. 2
南韓濟州道局勢仍動亂	大公報	民國37. 5. 1
City Koreans Protest On Jap Closures	The Shanghai Evening Post	民國37. 5. 3
Soviet-Run Gov't Of Korea Claims constitution Passed	The China Press	民國37. 5. 3
Guerilla War Launched By Reds In Korea	The China Press	民國37. 5. 3
韓共企圖阻擾普選 濟州道發生暴動	和平日報	民國37. 5. 3
南韓將如期普選 胡世澤昨對記者談	中央日報	民國37. 5. 3
Red Guerillas In Korea Take Over Village	The China Press	民國37. 5. 3
Hodge Says Lies About US Part Of Soviet Program In Korea	The China Press	民國37. 5. 4
抗議日本發動虐殺陰謀 旅日韓僑今商具體對策	益世報	民國37. 5. 4
Local KOreans Blame Japs For 200 Deaths	The China Press	民國37. 5. 4
援助留日韓僑旅韓人組會	大公報	民國37. 5. 4
日境韓校問題 雙方獲致協議	中央日報	民國37. 5. 5
Korea Voting marks Fast, West Clash	The Shanghai Evening Post	民國37. 5. 4
Korean Group Urges Prob Of Kobe Riot	The Shanghai Evening Post	民國37. 5. 4
Korean School Issue Settled by Jap Cabinet	The Shanghai Evening Post	民國37. 5. 5
US Forces Not Quitting Korea: Hodge	The Shanghai Evening Post	民國37. 5. 5
神戶事件與[第三國人](一)	新聞報	民國37. 5. 4
神戶事件與[第三國人](二)	新聞報	民國37. 5. 5
神戶事件與[第三國人](三)	新聞報	民國37. 5. 6
金九金奎植昨離平壤南歸	大公報	民國37. 5. 5

기사 제목	게재지	게재 일자
Showdown In Korea?	The China Press	民國37. 5. 5
US Army Lists 384 Dead In Korean Riots	The China Press	民國37. 5. 5
Hodge Rejects Red Demand For US To Withdraw From Korea	The China Press	民國37. 5. 6
Korean Leaders Of Two Zone R Each Accord	The China Press	民國37. 5. 6
美軍拒絶徹出朝鮮	大公報	民國37. 5. 6
朝鮮問題益趨複雜	中央日報	民國37. 5. 6
日境韓僑問題暫時獲得解決	大公報	民國37. 5. 6
Kim Kiu Lands Conditions In North Korea	The China Press	民國37. 5. 7
Cheju Murders blamed On Red Korean Agents	The China Press	民國37. 5. 7
正視朝鮮的危局	申報	民國37. 5. 7
Korean Rally Demasnds Educational Autonomy	The Shanghai Evening Post	民國37. 5. 7
Koreans In Japan	The Shanghai Evening Post	民國37. 5. 7
東北有韓共卄五萬 金奎植談話予證實	中央日報	民國37. 5. 7
北韓共軍特務破壞南韓選擧	中央日報	民國37. 5. 7
US Troops To Patrol S.Korea Polls To Avert Red Attacks	The China Press	民國37. 5. 8
Koreans To Be Tried For Riots In Kobe	The China Press	民國37. 5. 8
[第三國人!][第三國人!]-兵庫事件-	大公報	民國37. 5. 8
韓國普選後日開始	中央日報	民國37. 5. 8
Korean Polls Put Off Over Sun's Eclipse	The China Press	民國37. 5. 9
Occupation Chief Asks Simultaneous Move Be made By US Troops	The China Press	民國37. 5. 9
南韓明日擧行普選各地騷動不斷發生	中央日報	民國37. 5. 9
Wave Of Violence Seen As Polls Start Today Reds Call For Boycott	The China Press	民國37. 5.10
Korean Maneuvers	The China Press	民國37. 5.10
南韓大選今擧行	中央日報	民國37. 5.10
Election In Korea	The Shanghai Evening Post	民國37. 5.10
39 Dead, 17 Hurt As Terrorism Spreads In S. Korea Election Sabotage Cuts Railways, Phones	The Shanghai Evening Post	民國37. 5.10
南韓今天選擧	大公報	民國37. 5.10

기사 제목	게재지	게재 일자
李忠模電金九等祝賀北行成功	大公報	民國37. 5.10
朝鮮僵局的形成	東南日報	民國37. 5.10
Wave Of Red Terrorism Fails To Check heavy Balloting In S. Korea	The China Press	民國37. 5.10
朝鮮分合美蘇互爭朝鮮統一無期 聯大決議南韓舉行普選	中央日報	民國37. 5.11
展望朝鮮新局勢	大剛報	民國37. 5.11
Withdrawal From Korea	The Shanghai Evening Post	民國37. 5.11
Death Tell In Korean Election Reaches 100	The Shanghai Evening Post	民國37. 5.11
南韓選擧順利擧行投票者甚躍	中央日報	民國37. 5.11
平壤電臺廣播: 北韓願與南韓會議	中央日報	民國37. 5.11
南韓的選擧	東南日報	民國37. 5.11
注意日本!	益世報	民國37. 5.11
從分裂中救出朝鮮	益世報	民國37. 5.11
南韓昨擧行首次普選	大公報	民國37. 5.11
平壤昨向南韓廣播邀請派員北上會談	大公報	民國37. 5.11
注視南韓普選	新聞報	民國37. 5.11
聯合國代表讚南韓選擧	中央日報	民國37. 5.11
選擧前後的韓國局勢	中央日報	民國37. 5.12
對南韓選擧的觀感	和平日報	民國37. 5.12
王世杰 (?)讚南韓右派	新民報	民國37. 5.12
Korea Election Successful As 8 Million Vote	The China Press	民國37. 5.12
南韓普選進行順利	大公報	民國37. 5.12
由瀋撤退韓僑在津候船返國	大公報	民國37. 5.12
美擬實施援韓計劃下年度撥款六十萬	大公報	民國37. 5.12
韓選擧初步結果李承晩獲票最多	中央日報	民國37. 5.13
Hodge Highly Gratified With Korea Voting	The China Press	民國37. 5.13
朝鮮第一屆議會將爲李承晩掌握	中央日報	民國37. 5.14
爲打開朝鮮僵局美盼蘇聯與合作	中央日報	民國37. 5.14
南韓黨派首領看韓局	和平日報	民國37. 5.14
UN Body For Korea may Come to S'ai	The China Press	民國37. 5.14
Supporters Of Rhee Leading In Korea Poll	The China Press	民國37. 5.14
聯合國赴韓代表團改在上海草擬報告	中央日報	民國37. 5.15

기사 제목	게재지	게재 일자
北韓停向南韓供電	中央日報	民國37. 5.15
北韓停止供電南韓大受影響	大公報	民國37. 5.15
南韓的選擧	大公報	民國37. 5.15
Korea Election Results	The China Press	民國37. 5.15
N. Korea Shuts Off Electric Power To South	The China Press	民國37. 5.15
朝鮮選擧問題	中央日報	民國37. 5.16
聯合國朝鮮委員會首批人員明天抵	大公報	民國37. 5.16
US Hits USSR For Power Cut In Korea	The Shanghai Evening Post	民國37. 5.15
Red Shutdown Of Power In Korea Rapped	The China Press	民國37. 5.16
Koreans Warning to japanese Officials and Leaders	The China Press	民國37. 5.18
Army To Try 9 On Korean Riot Charges	The China Press	民國37. 5.18
Opium Traffic In S. Korea Said Thriving	The China Press	民國37. 5.18
劉馭萬抵達日本談韓境華僑近況	中央日報	民國37. 5.18
日本管制韓僑教育	大公報	民國37. 5.18
美國決定退出朝鮮	東南日報	民國37. 5.18
Opium Being Smuggled From North to South Korea, Consul Claims	The Shanghai Evening Post	民國37. 5.18
金九將隱居痲谷寺 金奎植拒見美國人	大剛報	民國37. 5.19
韓議會定期集會	中央日報	民國37. 5.19
劉馭萬談朝鮮僑情	新聞報	民國37. 5.19
南朝鮮首屆議會下週將擧行會議	大公報	民國37. 5.19
南韓普選以後的朝鮮政局	申報	民國37. 5.19
聯合國赴韓代表首批一行昨抵	中央日報	民國37. 5.20
聯合國朝鮮委會首批代表昨抵	大公報	民國37. 5.20
韓政府卽將成立美國將首先承認	和平日報	民國37. 5.20
North Korea Regime to halt Supply Of Power Until US Pays Old Bill	The China Press	民國37. 5.20
UN Korean Commission Lands here	The China Press	民國37. 5.20
USSR Closes N. Korea To NE Repartriates US Zone Officials To Aid	The Shanghai Evening Post	民國37. 5.19
No Money, No Power, North Korea Insiste	The Shanghai Evening Post	民國37. 5.19
南韓臨時立法院昨擧行末次會議	和平日報	民國37. 5.21

기사 제목	게재지	게재 일자
如何挽救朝鮮	和平日報	民國37. 5.21
美總統要求議會撥款資助日韓	大公報	民國37. 5.21
聯合國朝鮮委會第二批人員抵	大公報	民國37. 5.21
南韓臨時議會昨日奉令解散	大公報	民國37. 5.21
南韓美軍眷屬將於最近撤離	和平日報	民國37. 5.22
US Army Starts To Withdraw All Dependents In S. Korea	The China Press	民國37. 5.22
Hodge Protests soviet Action In Cutting Korean Electricily	The China Press	民國37. 5.23
Kim Koo Retiring From Korean Politics	The Shanghai Evening Post	民國37. 5.22
南北韓對立局勢	中央日報	民國37. 5.23
美軍卽使撤出南韓顧問仍將留駐	中央日報	民國37. 5.23
Hodge Hits USSR action In Korea	The Shanghai Evening Post	民國37. 5.22
US Authorities In Korea Seeking To Return USSR pilot	The China Press	民國37. 5.24
韓議會月底召開	中央日報	民國37. 5.25
Nanking Court To Probe Korean Case	The Shanghai Evening Post	民國37. 5.25
Korean Shipped To Nanking For Millitary Trial	The China Press	民國37. 5.25
促進朝鮮南北統一金九等組織新團體	大公報	民國37. 5.26
朝鮮委會代表全部到達上海	大公報	民國37. 5.26
赴韓代表團在滬密草報告	中央日報	民國37. 5.26
霍奇發表文告準召開韓議會	中央日報	民國37. 5.26
Korean Border Incidengt Said Growing Daily	The China Press	民國37. 5.27
北韓警察槍擊美人奇稱蘇應負責任	和平日報	民國37. 5.28
南北韓邊界三美人遭襲擊	大公報	民國37. 5.28
N. Koreans Ambush 4 Americans	The China Press	民國37. 5.28
朝鮮國民議會將於後天揭幕	和平日報	民國37. 5.29
朝鮮議會臨時主席李承晚當選	出處不明	民國37. 5.29
Korean Police Head Flies To Quell Clashes	The China Press	民國37. 5.29
Koreans Elect US Citizen To New national Assembly	The China Press	民國37. 5.29
南韓新國會首次集會李承晚當選主席	中央日報	民國37. 6. 1

기사 제목	게재지	게재 일자
南韓首屆國民議會李承晩當選議長	大公報	民國37. 6. 1
Rhee Elected Chairman Of korea Assembly	The China Press	民國37. 6. 1
Korean Choose Rhee	The China Press	民國37. 6. 1
Korean Students Demonstrate On USSR Occupation	The China Press	民國37. 6. 1
US To Give Recognition To Korea	The Shanghai Evening Post	民國37. 6. 2
Hand Grenade Cache Uncovered In Korea	The China Press	民國37. 6. 2
美準備於時期成熟時將承認南韓政府	申報	民國37. 6. 2
Koreans May Pick Rhee As President	The Shanghai Evening Post	民國37. 6. 2
韓選擧首屆總統各黨將展開競爭	中央日報	民國37. 6. 3
美軍司令忽提三項建議南韓議會表示憤慨	大公報	民國37. 6. 3
南北韓分別進行設立獨立政府	東南日報	民國37. 6. 4
ECAFE Meet Deadlocked On N. Korea Issue	The China Press	民國37. 6. 4
South, North Korea Both Plan Gov'ts	The Shanghai Evening Post	民國37. 6. 3
韓國局勢展望	和平日報	民國37. 6. 4
韓國憲法開始草擬國會已組成憲法起草委會	和平日報	民國37. 6. 4
Civil War In Korea Believed Virtually Unavoidable In Seoul	The Shanghai Evening Post	民國37. 6. 5
南韓政團一致決議繼續推進統一運動	大公報	民國37. 6. 5
Korea Seen Heading For Inevitable Civil War	The China Press	民國37. 6. 5
Apology Over Korea Clash Sought By US	The China Press	民國37. 6. 6
UN Korean Group Scheduled To Leave Tomorrow	The China Press	民國37. 6. 6
聯合國赴韓代表團離返漢城	中央日報	民國37. 6. 8
朝鮮委會代表昨離返漢城	大公報	民國37. 6. 8
反對朝鮮分裂南韓民政長官辭職	大公報	民國37. 6. 8
Korean Commission Back In Korea To Give Report	The China Press	民國37. 6. 8
赴韓代表團暫不發表報告	中央日報	民國37. 6. 9
北韓蘇軍決定減少駐軍人數	大公報	民國37. 6. 9
US Milltary Gov't In Korea Loses Key Administrator	The China Press	民國37. 6. 9

▌기사 제목	▌게재지	▌게재 일자
駐韓蘇軍多於美軍	中央日報	民國37. 6.10
日人重掌韓政美方予以否認	中央日報	民國37. 6.10
USSR Troops In Korea To Be Reduced	The Shanghai Evening Post	民國37. 6. 9
朝鮮美軍政府否認起用日人	大公報	民國37. 6.10
UN Gaining Bad Reputation From Commission On Korea	The China Press	民國37. 6.11
韓人不滿赴韓代表團	中央日報	民國37. 6.11
北韓蘇軍逐漸減少	中央日報	民國37. 6.12
Korea Troops Due For Cut, USSR Asserts	The Shanghai Evening Post	民國37. 6.11
不明國籍飛機襲韓漁船	中央日報	民國37. 6.13
南韓警備艦逃往北韓	中央日報	民國37. 6.13
朝鮮國會邀北韓參加	中央日報	民國37. 6.13
韓將採總統制	中央日報	民國37. 6.13
Recent Korea Polls Okayed By UN Group	The China Press	民國37. 6.13
Attackers Of Korean Craft Said American	The China Press	民國37. 6.13
South Korean Assembly Calls On North To Hold Elections	The China Press	民國37. 6.13
US Air Force Not Sure On Korea Bombing	The China Press	民國37. 6.15
Red Cut Of korean Powerline Brings Economic Crisis	The China Press	民國37. 6.15
1 Wounded In Shooting On Korea Border	The China Press	民國37. 6.16
US Air Force Admits Korean bombing Done By americans	The China Press	民國37. 6.17
Hodge Warns Koreans Against Red Propaganda Campaign	The China Press	民國37. 6.17
南韓海防艇又一北逃	中央日報	民國37. 6.17
南韓願付器材請北韓續供電	中央日報	民國37. 6.17
美國遠東航空隊聲明承認韓漁船被炸責任	中央日報	民國37. 6.17
奇發表聲明否認利用日人	中央日報	民國37. 6.17
US paper Asks Settlement Of Korea Bombing	The China Press	民國37. 6.18
北韓蘇軍司令拒供南韓電力	和平日報	民國37. 6.18
奇警告韓人要提防共黨的宣傳	大公報	民國37. 6.19
南韓濟州道不靖憲兵司令被殺	大公報	民國37. 6.19

기사 제목	게재지	게재 일자
Hodge Flies To MacArthur.s HQ On Unannounced Visit	The China Press	民國37. 6.22
奇突離韓飛日謁麥帥	中央日報	民國37. 6.22
奇由日返韓	中央日報	民國37. 6.23
Communism In Korea	The China Press	民國37. 6.24
聯合國赴韓代表團將協助南韓組政府	中央日報	民國37. 6.26
Reds In Korea Harp On New Japan Threat	The China Press	民國37. 6.28
US To Restore South Korea Power Supply	The Shanghai Evening Post	民國37. 6.29
Experts Study Supply Of Power To S. Korea	The China Press	民國37. 6.30
US Demands S. Korea Power Flow	The Shanghai Evening Post	民國37. 6.30
US Asks Moscow To Arrange For S. Korea Power Supply	The China Press	民國37. 7. 1
UN Commission to Korea Okays Elections	The China Press	民國37. 7. 1
US Appointing Envoy To South Korea	The Shanghai Evening Post	民國37. 7. 1
聯合國赴韓代表團承認韓選擧結果	中央日報	民國37. 7. 1
聯大在巴黎開會前南韓將成立新政府	大公報	民國37. 7. 1
南韓電力問題美直接向蘇交涉	大公報	民國37. 7. 1
聯合國朝鮮委員會促南北韓雙方會商	大剛報	民國37. 7. 1
北韓共軍計劃月內進入南韓	大剛報	民國37. 7. 1
北韓方面恢復南韓水電供應	大公報	民國37. 7. 1
南韓警國截獲共黨謀叛文件	中央日報	民國37. 7. 1
Representative To S. Korea Named By US	The China Press	民國37. 7. 2
Red Plot On S. Korea Bared By US	The China Press	民國37. 7. 2
The New Korea	The Shanghai Evening Post	民國37. 7. 3
Korean Commission Sees Red Invasion Possible	The China Press	民國37. 7. 3
美軍獲得秘密文件北韓共軍計劃南侵	大公報	民國37. 7. 3
南韓國會憲草以我憲爲藍本	中央日報	民國37. 7. 6
徐載弼聲明不競選韓總統	中央日報	民國37. 7. 6
南韓憲草二讀通過	中央日報	民國37. 7. 6
朝鮮行憲政府傳月底可成立	中央日報	民國37. 7. 8
韓國會通過憲法政府有權管制工商業 李承晩將出任新總統	中華時報	民國37. 7. 9

기사 제목	게재지	게재 일자
S. Korea Vote Assue Sent To General Assembly	The China Press	民國37. 7. 9
南韓選擧問題將提聯大決定	中央日報	民國37. 7. 9
南北韓第二次聯席會反對南韓設立政府	大公報	民國37. 7.10
North Korea Radio Hits South Korean Elections	The China Press	民國37. 7.10
南北韓唱對台戲 兩方都在討論憲法	大公報	民國37. 7.11
北韓將出現新政府定十五日擧行選擧	中央日報	民國37. 7.12
對抗南韓國民會議 北韓將擧行普選	大公報	民國37. 7.12
Elections For North Korea Slated Aug.25	出處不明	民國37. 7.12
南韓憲法三讀通過新政府卽將成立	大公報	民國37. 7.13
South Korea Assembly Okays New Democratic Constitution	The China Press	民國37. 7.13
大韓民族的悲哀	救國日報	民國37. 7.14
韓國的是非	中央日報	民國37. 7.14
朝鮮的危局	新聞報	民國37. 7.14
North Korea Election	The China Press	民國37. 7.14
韓國憲法卽可公佈	和平日報	民國37. 7.14
韓未來政府將效中國採責任內閣制	中央日報	民國37. 7.15
南韓議會討論政府組織法	大公報	民國37. 7.15
韓國的前途	和平日報	民國37. 7.16
韓國憲法今起生效國會定期選擧總統	中央日報	民國37. 7.17
强權政治與韓國悲劇	申報	民國37. 7.17
李承晩議長昨籤子後大韓民國憲法公佈	中央日報	民國37. 7.17
韓國憲法公佈後日選擧正副總統	中央日報	民國37. 7.17
韓華商困於苛政	大公報	民國37. 7.18
朝鮮問題的回顧與前瞻	中央日報	民國37. 7.20
中韓共黨締盟約	中央日報	民國37. 7.20
韓國今選擧總統	和平日報	民國37. 7.20
Korea, china Reds Said signing Pact	The China Press	民國37. 7.21
李承晩當選韓總統李始榮當選副總統	中央日報	民國37. 7.21
New Korea President Seen As To US	The China Press	民國37. 7.22
韓國獨立統一的曙光	申報	民國37. 7.22
南韓新政府卽成立	大公報	民國37. 7.22
北韓設政府 金九等反對	大公報	民國37. 7.22
李承晩當選韓國總統	中央日報	民國37. 7.22

기사 제목	게재지	게재 일자
New Korea Constition Places Rhee In Saddle	The China Press	民國37. 7.23
恢復南韓供電問題英美兩方同意談判	中央日報	民國37. 7.23
解決朝鮮電力美願與蘇談判	大公報	民國37. 7.23
US Policies In Korea Come In For Criticism	The China Press	民國37. 7.24
韓正副總統今就職	中央日報	民國37. 7.24
大韓民國憲法(草案)	中央日報	民國37. 7.25
韓正副總統就職李承晚宣布睦隣政策	中央日報	民國37. 7.25
韓國首任總統 李承晚就職致詞擊共黨	東南日報	民國37. 7.25
韓國總統李承晚	東南日報	民國37. 7.25
Rhee assumes Presidency Of South Korean Gov't	The China Press	民國37. 7.25
朝鮮--遠東的火藥庫	大公報	民國37. 7.26
李承晚的痛表示	新聞報	民國37. 7.26
S. Korea to Be independent In Power Supply	The China Press	民國37. 7.26
US Withdrawal From S. Korea Said Begining In August	The China Press	民國37. 7.26
美駐軍下月將撤退 韓國治安深感恐懼	中央日報	民國37. 7.26
大韓民國憲法(草案)	中央日報	民國37. 7.26
韓國政局的開展	和平日報	民國37. 7.26
美國準備送南韓給蘇俄	救國日報	民國37. 7.26
美卽將南韓政權移交韓新政府	大剛報	民國37. 7.26
US Winning "Cold War" In Korea, Expert Says	The China Press	民國37. 7.27
李承晚首遇挫折李允榮任總理遭否決	和平日報	民國37. 7.27
Hodge Says Elections In North Korea Fake	The China Press	民國37. 7.27
韓首任總理人選決再提出李範奭	中央日報	民國37. 7.30
北韓下月之選擧聲稱要擴及南韓	中央日報	民國37. 7.30
Korea UN Member Says Government Wants US Arms	The China Press	民國37. 8. 1
向聯合國陳述意見韓國代表團赴巴黎	中央日報	民國37. 8. 3
李範奭任韓國總理組閣工作日內完成	中央日報	民國37. 8. 3
Lee Bum Suk Becomes Premier Of North Korea Government	The China Press	民國37. 8. 3
中美英將採一致行動同時承認大韓民國 共同努力繁榮安定東方	申報	民國37. 8. 4
韓新聞名單部分公佈	中央日報	民國37. 8. 4
中日韓聯盟傳說外交當局無所悉	中央日報	民國37. 8. 4

기사 제목	게재지	게재 일자
關於李範奭	和平日報	民國37. 8. 4
韓國政局的發展	和平日報	民國37. 8. 4
韓首屆內閣昨組成	中央日報	民國37. 8. 5
南韓選任駐美大使	大公報	民國37. 8. 6
鑒於北韓共軍威脅韓將請美軍續留駐	中央日報	民國37. 8. 6
南北韓邊界蘇構築工事	和平日報	民國37. 8. 6
韓國獨立政府成立	中央日報	民國37. 8. 7
李範奭談話	大公報	民國37. 8. 8
李範奭談韓國國防	和平日報	民國37. 8. 8
韓總統任命要官員多人	中央日報	民國37. 8. 8
Which way Korean?	The China Press	民國37. 8. 9
李承晩昨通知奇請將政權移交韓國	和平日報	民國37. 8.10
美韓將組委辦理行政移交	中央日報	民國37. 8.11
我臨時承認韓國政府王外長昨日發表聲明	中央日報	民國37. 8.13
韓政府月中成立	中央日報	民國37. 8.13
韓政府後日成立我宣佈臨時承認	新聞報	民國37. 8.13
China Extends Recognition To Korea Gov't	The China Press	民國37. 8.13
韓國向獨立途程邁進	和平日報	民國37. 8.13
美暫行承認韓政府	中央日報	民國37. 8.14
麥帥夫婦 應邀訪韓	中央日報	民國37. 8.14
我承認韓國照會昨已送達李承晩	中央日報	民國37. 8.14
President Rhee To Proclaim Korean Gov't	The China Press	民國37. 8.14
macAther To attend Korean Inaugration	The China Press	民國37. 8.14
祝韓國政府成立	新聞報	民國37. 8.15
韓國政府的世界責任	救國日報	民國37. 8.15
韓政府今宣布成立漢城將有盛大遊行	中央日報	民國37. 8.15
Jubilation Reigns At Ceremony	The China Press	民國37. 8.16
旅日韓僑分成兩派	東南日報	民國37. 8.16
韓國人爲界線必須予以消滅	中央日報	民國37. 8.16
美駐韓軍政府奇宣布結束	中央日報	民國37. 8.16
韓國政府成立李承晩盼與各國友好 並揭示六大立國原則	中央日報	民國37. 8.16
北韓選擧本月卄五日擧行	大公報	民國37. 8.16
聯合國代表團出席慶祝儀式	大公報	民國37. 8.16

기사 제목	게재지	게재 일자
京韓僑集會慶祝	大公報	民國37. 8.16
太極圖旗重新飄揚大韓民國昨告成立	大公報	民國37. 8.16
對韓國獨立的祝望	和平日報	民國37. 8.16
US Plans Transfer Of Rule To Korea Gov't	The China Press	民國37. 8.17
Korean Jubilant Over Creation Of Republic	The China Press	民國37. 8.17
從朝鮮到印度	東南日報	民國37. 8.17
美韓商移交事宜	和平日報	民國37. 8.17
Grenade Blast Mars Korea Celebration	The China Press	民國37. 8.18
朝鮮一週	新聞報	民國37. 8.18
菲律賓承認 大韓民國	中央日報	民國37. 8.19
韓將向蘇聯洽商請求承認韓政府	中央日報	民國37. 8.19
韓各黨不滿李承晩議員謀改組內閣	中央日報	民國37. 8.20
慶祝韓國政府成立日本時報放厥辭	大公報	民國37. 8.18
Discussions Said Proceeding In US To Put Korea Into ECA	The China Press	民國37. 8.19
Rhee says Korea Stdt Woo Soviet Recognition	The China Press	民國37. 8.19
PI Extends Recognition To New Korean Republic	The China Press	民國37. 8.19
朝鮮一週	新聞報	民國37. 8.19
韓統一問題馬卿拒絶置評	申報	民國37. 8.29
朝鮮一週	新聞報	民國37. 8.21
韓國會通過緊急議案要求徹換親日閣員	和平日報	民國37. 8.21
美駐韓代表繆錫俄今飛韓	中央日報	民國37. 8.23
美駐韓特別代表今離東京飛漢城	大公報	民國37. 8.23
南韓人民代表會在北韓海州擧行	大公報	民國37. 8.24
美駐韓大使抵漢城	大公報	民國37. 8.24
US Envoy To Korea Sees End Of Control	The China Press	民國37. 8.24
美韓訂臨時協定保安隊交韓管轄	中央日報	民國37. 8.25
南韓議會肅奸會發表民族叛徒兩名	大公報	民國37. 8.25
美隊韓占領結束	中央日報	民國37. 8.25
US Military Occupation Of Korea Comes To Official Close	The China Press	民國37. 8.25
平壤政權昨總選南韓全境無騷亂	中央日報	民國37. 8.26
奇惜別韓人勸促精誠團結	中央日報	民國37. 8.26
赴韓代表團下月初離韓	中央日報	民國37. 8.26

기사 제목	게재지	게재 일자
駐韓美軍總司令奇明日返美	大公報	民國37. 8.26
Hodge Leaves S. Korea, Warns Of Red Menace	The China Press	民國37. 8.26
北韓擧行選擧	大公報	民國37. 8.27
奇離韓返美	中央日報	民國37. 8.28
劉馭萬飛美 韓將派特使訪華	大公報	民國37. 8.29
增進日韓貿易援韓計劃單獨擬定	中央日報	民國37. 8.29
南韓議會通過懲治韓奸條款	中央日報	民國37. 8.29
美援韓計劃	新聞報	民國37. 8.29
美韓軍事協定	中央日報	民國37. 8.29
平壤政權在南韓曾擧行秘密選擧	中央日報	民國37. 8.30
[民族叛逆]問題韓議會辯論激烈	中央日報	民國37. 8.30
北韓人民會議[九二]在平壤召開	大公報	民國37. 8.31
聲稱要毁韓政府北韓將開傀儡議會	中央日報	民國37. 8.31
Puppet Radio Menaces South Korean Regime	The China Press	民國37. 8.31
韓境美軍暫不撤退	大公報	民國37. 9. 1
美是否徹離南韓	中央日報	民國37. 9. 1
North Korea Assembly Due To Meet Soon	The China Press	民國37. 9. 1
Washington Denies Korea Withdrawal	The China Press	民國37. 9. 1
US Speeds Transfer Of Power To New S. Korean Republic	The China Press	民國37. 9. 3
南韓美軍撤退尙待聯大決定	中央日報	民國37. 9. 3
南韓接管軍權	大公報	民國37. 9. 4
韓內政部接管警政	和平日報	民國37. 9. 4
US To maintain Control Over South Korean Forces	The China Press	民國37. 9. 4
馬卿對記者宣布韓美駐軍不撤退	申報	民國37. 9. 1
北韓召開人民議會	大公報	民國37. 9. 5
南韓要求美援	大公報	民國37. 9. 5
北朝鮮最高人民議會在平壤開會選出議長	中央日報	民國37. 9. 5
韓代表卽來華	大公報	民國37. 9. 5
美國對朝鮮的謀略	大公報	民國37. 9. 5
劉馭萬抵舊金山	中央日報	民國37. 9. 6
中韓關係息息相關	東南日報	民國37. 9. 6
對南韓第一屆內閣美國人士均感失望	大公報	民國37. 9. 8

기사 제목	게재지	게재 일자
Koreans Face Civil War Over Regime	The China Press	民國37. 9. 8
Soviet Generals Attend Korean People's Meet	The China Press	民國37. 9. 9
平壤電臺廣播北韓籌組政府	中央日報	民國37. 9. 9
北韓議會籌組政府	和平日報	民國37. 9. 9
南韓內部妥協各黨已停止倒閣	大公報	民國37. 9. 9
韓特使趙炳玉定明來華報聘	和平日報	民國37. 9.10
韓代表飛東京明天可到上海	大公報	民國37. 9.10
金日成當選北韓新總理	大公報	民國37. 9.10
北韓共和國金日成任閣揆	中央日報	民國37. 9.10
Korean Goodwill Party Expected Here Monday	The China Press	民國37. 9.10
Korean Envoy Voices Hope US Troops Remain	The China Press	民國37. 9.11
日軍官訓練韓陸軍李承晩拒絶接手	大公報	民國37. 9.11
韓特使趙炳玉抵日謁麥帥	申報	民國37. 9.11
北韓新閣名單公布	大公報	民國37. 9.11
北韓內閣名單發表	和平日報	民國37. 9.11
美韓訂財政協定	和平日報	民國37. 9.12
韓使華申謝團昨日抵	和平日報	民國37. 9.12
韓國訪問團昨抵	大公報	民國37. 9.12
韓代表趙炳玉今晨由來京	中央日報	民國37. 9.12
Kin Il Sung Named N. Korea Premier	The China Press	民國37. 9.12
Korean Group Entrains To Visit Chiang	The China Press	民國37. 9.12
Hodge Says Withdrawal From Korea Premature	The China Press	民國37. 9.12
US Agrees To Keep Army In Korea 2 Years	The China Press	民國37. 9.13
蔣總統接見韓代表	大公報	民國37. 9.13
韓代表團昨抵首都趙炳玉等晉謁總統	中央日報	民國37. 9.13
李承晩複謝吳鐵城	中央日報	民國37. 9.13
迎韓國代表	中央日報	民國37. 9.13
南韓軍政府各部今移交韓新政府	中央日報	民國37. 9.13
北韓要求美蘇軍撤退	中央日報	民國37. 9.13
Korean Goodwill Chief Says Soviets In Way Of Unity	The China Press	民國37. 9.14
Korea Set To Unify After UN Approves	The China Press	民國37. 9.15
韓將要求聯大會員國法理上承認南韓政府	申報	民國37. 9.15
漢城發現紅旗	大公報	民國37. 9.16

기사 제목	게재지	게재 일자
各界歡迎韓特使團	申報	民國37. 9.16
1st Lady, Mayor Fete Korean Goodwill Group	The China Press	民國37. 9.16
送韓特使團飛赴菲美	申報	民國37. 9.16
漢城宣布戒嚴防共黨在聯大會期暴動	中央日報	民國37. 9.17
韓國會通過一項法案嚴懲親日韓人	和平日報	民國37. 9.18
趙炳玉抵菲	和平日報	民國37. 9.18
莫斯科電臺宣布韓境蘇軍將撤退	大公報	民國37. 9.20
北韓也派代表參加聯大會議	大公報	民國37. 9.20
北韓蘇軍下月撤退限今年底全部徹竣	新聞報	民國37. 9.20
莫洛托夫宣佈決撤退駐韓軍	中央日報	民國37. 9.20
Red Regime Request Leads To Decision Ask US To Follow Suit	The China Press	民國37. 9.21
美駐韓國占領部隊馬歇爾表示不撤退	中央日報	民國37. 9.21
麥帥將反對蘇撤軍建議	中央日報	民國37. 9.21
聯大一難題韓境撤軍問題微妙	大公報	民國37. 9.21
North Korean Withdrawal	The China Press	民國37. 9.22
US Says Korea Forces Not To Withdraw Yet	The China Press	民國37. 9.22
對韓國前途問題我代表深爲關切	中央日報	民國37. 9.22
美軍徹出韓國須由聯大決定	和平日報	民國37. 9.22
美擬訓練韓國防軍計劃建立朝鮮經濟	新聞報	民國37. 9.22
朝鮮問題與蘇聯撤軍	新聞報	民國37. 9.24
議員不滿內閣人選韓政府遭遇危機	中央日報	民國37. 9.24
北韓議會要求美軍徹離朝鮮	大公報	民國37. 9.24
趙炳玉在美曾晤羅維特	中央日報	民國37. 9.25
韓國獨立問題列入聯大議程	東南日報	民國37. 9.26
我將在韓國設立駐韓外交代表公署	東南日報	民國37. 9.26
王外長聯大演說韓代表極感興奮	中央日報	民國37. 9.26
CHINA SETTING UP KOREAN EMBASSY AFTER AUGUST 15	The China Press	民國37. 9.26
美蘇自韓撤軍事蘇稱美不表同意	和平日報	民國37.10. 1
不同意徹駐韓軍蘇不滿美方照會	中央日報	民國37.10. 1
關於朝鮮撤軍事美答覆蘇通知	大公報	民國37.10. 2
韓國再度要求參加對日和會	大剛報	民國37.10. 2
自韓撤軍問題美將提交聯大	和平日報	民國37.10. 2

기사 제목	게재지	게재 일자
Plot To Overthrow S. Korean Gov't leads To 20 Arrests	The China Press	民國37.10. 5
美巨額物資現款移交南韓政府	大公報	民國37.10. 5
圖傾覆李承晩政府韓國破獲陰謀案	中央日報	民國37.10. 5
Korean Leader Seeks More American Help	The China Press	民國37.10. 6
韓特使趙炳玉訪晤杜魯門	申報	民國37.10. 6
韓政府聲明指責聯合國	和平日報	民國37.10. 8
Korea President Scheduled To Hold Talks With SCAP	The China Press	民國37.10. 9
蘇軍或即自韓撤退北韓共軍向南集結	中央日報	民國37.10. 9
北韓軍有調動	大公報	民國37.10. 9
李承晩將訪日	大公報	民國37.10. 9
北韓要求參加聯大	和平日報	民國37.10.13
北韓議長要求派員出席聯大	大公報	民國37.10.13
北韓警察襲擊美兵	和平日報	民國37.10.13
北韓指定代表要求出席聯大	大公報	民國37.10.13
蘇聯承認平壤政府	大公報	民國37.10.14
韓代表團經加赴法	中央日報	民國37.10.14
Soviet Recognition Of N. Korea Now Ready	The China Press	民國37.10.14
蘇與[北韓政府]將建立外交關係	和平日報	民國37.10.14
蘇將與北韓建外交關係	中央日報	民國37.10.14
參加聯大暗礁重重韓代表感慨系之	和平日報	民國37.10.15
聯大拒絶北韓參加	中央日報	民國37.10.15
對承認北韓政府事美國務院持緘默	中央日報	民國37.10.15
懸掛平壤旗幟仙台韓僑被捕	大公報	民國37.10.15
Rhee Plans To Visit SCAP For F.E. Talks	The China Press	民國37.10.15
Korean Leader Keeps Silent On US Troops	The China Press	民國37.10.16
美檢討韓國糾紛國務院發表聲明	中央日報	民國37.10.16
對北韓成立新政權 美國務部發表聲明	大公報	民國37.10.16
Korea Leader Warns Manchuria, China Lost If Seoul Falls	The China Press	民國37.10.17
Poland Recognizes N. Korean Gov.t USSR Envoy Named	The China Press	民國37.10.17
波蘭承認北韓政府	東南日報	民國37.10.17
趙炳玉將向聯大提出朝鮮問題	東南日報	民國37.10.17

기사 제목	게재지	게재 일자
蘇承認北韓政府	東南日報	民國37.10.17
蘇派定駐北韓大使	中央日報	民國37.10.17
Korean Reds Step Up Attachs As Rhee Due On Japan Vist	The China Press	民國37.10.18
蘇傳南韓有暴動美軍當局予否認	中央日報	民國37.10.18
莫斯科電臺傳南韓發生暴動	大公報	民國37.10.18
慶祝平壤政府成立東京韓僑昨開大會	大公報	民國37.10.18
Korean Press To Follow Western nations Style	The China Press	民國37.10.19
Rhee Leaving Korea Today To See SCAP	The China Press	民國37.10.19
韓總統李承晚今日訪問日本	中央日報	民國37.10.19
李承晚訪日今天抵東京	大公報	民國37.10.19
Hawaii's Japanese, Korean Workers May Settle On mainland	The China Press	民國37.10.20
Plot To Kill Rhee Foiled Reaches Tokyo	The China Press	民國37.10.20
李承晚飛抵東京	中央日報	民國37.10.20
李承晚在日(?)酢忙 離韓前險遭暗殺	大公報	民國37.10.20
Uprising Said Attempt To Overthrow Gov't Soviet Evacuation Seen	The China Press	民國37.10.21
Teusion In Korea	The China Press	民國37.10.21
北韓蘇軍已開始撤退	大公報	民國37.10.21
李承晚眼中的日本	大公報	民國37.10.21
美韓秘密談判經濟援助問題	大公報	民國37.10.21
韓警察發生叛變全境將宣佈戒嚴	中央日報	民國37.10.21
蘇聯與北韓政府	新聞報	民國37.10.21
華盛頓官員表示美方態度持重	大公報	民國37.10.21
美報社評	大公報	民國37.10.21
華府注視韓局	中央日報	民國37.10.21
韓總理李範奭透露金九參加南韓變亂	大公報	民國37.10.21
Korean Revolt Watched By US Army Hqrs.	The China Press	民國37.10.21
南韓叛軍占領麗水	中央日報	民國37.10.22
Korean Loyalists Rout Rebels near Kwangju To halt South Advance	The China Press	民國37.10.22
韓國叛亂金九涉嫌	和平日報	民國37.10.22
Uprising In S. Korea	The China Press	民國37.10.23
南韓政府軍昨攻擊麗水城	大公報	民國37.10.23

기사 제목	게재지	게재 일자
韓政府軍克復麗水	中央日報	民國37.10.23
叛亂事件幕後人韓外長隱指金九	中央日報	民國37.10.23
北韓電臺廣播稱蘇軍確開始撤退	中央日報	民國37.10.23
朝鮮局勢急轉	東南日報	民國37.10.23
南韓又將自促滅亡乎?	東南日報	民國37.10.23
念朝鮮的前途	新聞報	民國37.10.23
從南韓看亞洲的危機	申報	民國37.10.23
韓軍克復順天	中央日報	民國37.10.24
韓前駐華代表團長閔錫麟將返國	大公報	民國37.10.24
韓叛軍向西南徹	中央日報	民國37.10.25
金九發表聲明與叛軍無關	中央日報	民國37.10.25
韓政府軍克寶城	中央日報	民國37.10.26
韓任命鄭桓範爲駐華代表	中央日報	民國37.10.26
Korean Troops Said Moving Toward Yosu	The China Press	民國37.10.26
南韓反政府軍放棄順天奪獲長興	大公報	民國37.10.26
韓軍收復與水光陽昨亦奪回	中央日報	民國37.10.27
南韓叛亂的意義	大公報	民國37.10.27
中國將在聯大提新建議美軍長期留住南韓	申報	民國37.10.28
金九發表談話責美對韓政策	中央日報	民國37.10.28
朝鮮人民渴望獨立 美國意不加以鼓勵	大公報	民國37.10.28
Red-Led Korea (?)(?) As Loyalists	The China Press	民國37.10.28
韓國叛亂事件係由共黨領導	中央日報	民國37.10.28
南韓叛亂擴大中	大公報	民國37.10.28
與水變亂之透視	大公報	民國37.10.28
蘇軍徹出平壤	大公報	民國37.10.28
羅與北韓政府建立外交關係	大公報	民國37.10.28
US Seeks Right On Korea Stay	The China Press	民國37.10.28
關於朝鮮問題聯大定十日內辯論	大公報	民國37.10.28
Korean Revolt Results In Over 1,000 Killed	The China Press	民國37.10.29
韓國官方昨日宣布政府軍攻麗水港	大公報	民國37.10.29
韓宣佈叛軍消滅	中央日報	民國37.10.29
韓叛軍領袖已被處死刑	大剛報	民國37.10.30
南韓建新武力	大公報	民國37.10.30
韓將建保安隊	中央日報	民國37.10.30

기사 제목	게재지	게재 일자
聯合國韓國委會發表致聯大報告	和平日報	民國37.10.31
聯合國朝鮮委會建議南北韓擧行談判	中央日報	民國37.10.31
聯合國朝鮮委會主張繼續占領朝鮮	大公報	民國37.10.31
南韓順天巷戰	大公報	民國37.10.31
漢城西江華島又有暴徒登陸	中央日報	民國37.10.31
Soviet Troops Said Leaving Korean Sector	The China Press	民國37.10.31

찾아보기

ㄱ

ㅇ